경상대학교 사회과학연구원 사회과학연구총서 47

대안사회경제를 향한 여정

The Road for Alternative Society Economy

경상대학교 사회과학연구원 엮음

패트릭 본드 · 김어진 · 장대업 · 마틴 하트-랜즈버그 · 김영수 · 리처드 웨스트라 지음

한울
아카데미

차례

이상을 위한 여정의 이정표

역사적으로 자본주의 사회경제의 대안을 제시하는 노력들은 지속적으로 존재했다. 자본주의 초창기에는 공상적 사회주의 운동이 있었고, 1917년 러시아혁명으로부터 시작된 현실 사회주의 국가들의 건설, 북유럽의 사민주의 등이 대안적인 사회경제체제를 수립하려는 시도였다고 할 수 있다. 그러나 지난 세기 말 현실 사회주의 국가들이 붕괴하고 자본의 세계화 공세에 따라 유럽식 사민주의도 자본 친화적으로 변모하면서, "(자본주의 외에는) 대안이 없다(There Is No Alternative: TINA)"는 주장이 득세했다. 하지만 그러한 이데올로기적 부풀림은 "고삐 풀린 자본주의"와 함께 가라앉았다. 자본주의 사회체제는 사회경제적인 모순의 심화와 함께 지옥세계(hell global)의 문을 열어젖히고 있다.

20세기 말 세계 학계의 지배적 담론이 '세계화'였다면, 21세기 들어 오늘날은 '대안세계화운동(alterglobalization movements)'과 '대안사회경제 모델(The model of alternative society and economy)'이 세계 사회과학연구의 새로운 화두로 떠올랐다. 세계화가 지배적 담론으로 자리 잡게 되었던 것은

지난 1991년 옛 소련과 동유럽이 붕괴하고 '역사의 종언'이 풍미하면서
부터였다. 그러나 지난 1990년대 이후 세계는 걸프 전쟁, 코소보 전쟁,
1997~1998년 세계경제위기, 이라크 전쟁 등에서 보듯이, 세계화 담론이
약속했던 평화와 번영의 '지구촌'과는 거리가 먼, 전쟁과 위기, 양극화의
시기였으며, 1994년 멕시코의 치아파스 봉기에서 시작되어 1999년 시애
틀 WTO 반대 투쟁을 계기로 전면적으로 대두한 대안세계화운동은 세계
화의 모순을 극복하기 위한 대안 전략들을 제기했다. 대안세계화운동은
단지 '세계화에 대한 불만'의 돌발적 표출을 넘어 신자유주의 세계화를 대
체하는 '대항 헤게모니(counter-hegemony)'와 '대안사회경제모델'을 지향하
고 있었다는 점에서 세계사적 의의를 갖고 있다.

2007~2009년 세계경제위기는 오늘날 세계가 자본주의의 운동법칙을
초월한 어떤 새로운 세계로 접어들었음을 주장하는 획기적 변화론뿐만 아
니라 혁신적 개혁론에 의문을 제기했다. 또 세계경제위기는 유로존의 위
기와 미국·중국 간의 헤게모니 경쟁 등으로 구체화되었다. 개별 국민국가
에서는 계급 간의 소득양극화와 노동의 고용차별화가 심화되었다. 세계화
는 국민국가들 간의 지정학적 경쟁을 격화시키고, 계급 간의 갈등을 강화
하는 전략에 불과한 것이었다. 세계적으로 보편화된 경제위기, 날로 심각
해지는 양극화, 빈부 격차로 인한 실질적 민주주의의 제한, 인류의 생존을
위협하는 환경 파괴와 생태적 위기 등 현대 자본주의 사회경제체제의 문
제들은 잘 알려져 있으며, 많은 학자와 정책결정자들은 끊임없이 이러한
현상을 완화하기 위한 정책들을 제시하고 입안하고 있다.

그러나 자본주의 사회체제의 작동 원리가 존재하는 이상, 이러한 정책
들은 단지 문제들을 잠시 연기하거나 완화하는 것뿐이다. 자본주의 사회
체제의 다양한 문제를 근본적으로 제거하기 위한 고민이 실제로 이루어질
필요가 있다. 역사적 여정의 시작인 것이다. 그 출발은 대안사회경제모델

을 향한 여정의 짐 꾸림이 될 것이다. 물론 그것을 위한 여정은 종착지에 다다르지 않고 끝날 수도 있지만 말이다. 이러한 여정에 여섯 명의 국내외 필자가 참여했다. 필자들은 각자 자신의 전문 분야에서 대안사회경제모델의 돌파구들을 찾으려 한다. 다양한 연구 대상이 책의 통일성을 약화시킨 원인이기도 하지만, 장점으로도 작용한다. 다양한 연구 대상을 관철하고 있는 대안사회경제모델의 이정표만큼은 놓치고 있지 않기 때문이다.

제1장의 저자인 패트릭 본드(Patrick Bond)는 'BRICS 은행과 아류제국주의 논쟁'에서 BRICS 중 특히 남아프리카 공화국의 사례를 통해 BRICS 금융의 아류제국주의적 성격을 폭로한다. 패트릭 본드는 BRICS 블록이 서구 경제 패권으로 유지되는 세계 금융체계에 대한 대안이라고 주장하는 진보적인 국제정치 평론가들을 인용하며 이들의 주장이 정말 타당한가를 BRICS 금융의 다양한 투자 사례를 통해 설명한다. 특히 남아프리카 공화국의 남아공 개발은행과 신개발은행의 투자 사례는 남아공이 아프리카 대륙에서 수탈적인 투자를 통해 수익을 벌어들이며 그 과정에서 다채로운 금융 부패를 메뉴로 한 뷔페이다. 남아공 수도인 프리토리아의 기업이 남아공 인근 국가를 수탈하여 벌어들인 이윤이 남아공을 통해 런던으로 흘러가는 사례는 BRICS가 주변부에서 제국주의 금융의 보조적 역할을 맡고 있다는 점을 드러낸다. 심지어 남아공은 BRICS에서 미국의 금융패권에 맞서기는커녕 워싱턴의 입장에 서서 금융거래에 대한 국제적인 규제에 저항하기까지 한다. 저자는 이제까지의 사례를 통해 결론부에서 로자 룩셈부르크(Rosa Luxemburg)의 주장을 토대로 BRICS의 금융이 자본 수출을 통해 과잉 축적 위기를 해결하려고 시도한다면 BRICS 블록은 아제국주의적 성격을 띤다는 점을 지적한다. 이어서 그는 제국 BRICS가 현재의 미국 금융패권을 대체하기 위해서는 현재와 같이 세계 금융패권 구도를 흉내 내는 위로부터의 BRICS가 아니라 진정한 아래로부터의 BRICS의 건설이 필

요하다고 지적한다. 그러한 아래로부터의 BRICS는 세계 자본주의 공황과 자본의 이윤을 줄이기 위한 상향식 결합의 저항이라고 주장한다.

제2장의 저자인 김어진은 대안사회경제로의 전환을 군수산업을 예로 들어 설명한다. 현대 자본주의에서 가장 비밀스럽고도 위계적인 체계로 구축되어 있는 군수산업은 대안사회경제하에서 존재할 이유가 없을 것이다. 저자는 군수산업이 사회 구성원 대다수가 사회적으로 유용하다고 믿는 산업으로 재구성된다면 어떤 일이 벌어질지를 상상해보자고 제안한다. 선진국부터 군산복합체를, 사회적으로 유용한 생산을 하는 산업체로 환골탈태시켰을 때 새롭고 유용한 인간과 자연 사이의 물질대사가 이뤄질 것이라는 게 저자의 설명이다. 동북아시아의 긴장이 날로 고조되고 한국의 무기 수출이 확장되고 있는 반면 전통적인 제조업 노동자들이 고용 불안을 겪고 있는 상황에서 저자의 주장은 현실적 적실성까지 갖추고 있다. 특히 저자는 한국 군수산업의 현황에 관해서도 분석한다. 저자는 냉전 해체 이후에도 한국을 포함한 글로벌 군수산업이 경제와 사회에 비효율성과 불균형을 가중시켜왔다고 분석한다. 새롭고 흥미롭게도, 저자는 군수산업 노동자들의 노동조건에 관해서도 서술하고 있다. 저자는 '전 지구적 책임을 생각하는 과학자 모임(Scientists for Global Responsibility)'의 구체적인 통계를 활용하여 제조업 노동자의 7%가 고용되어 있는 군수산업이 '그린칼라(greencollar)' 일자리 중심의 재생 가능한 에너지 산업으로 전환되었을 때 어떤 일이 일어나는지 흥미롭게 서술하고 있다. 군수산업이 갖고 있는 기술력이나 고용 능력을 자연환경과 생명을 파괴하는 데에 쓰지 말고 인류를 위한 유용한 생산에 사용하는 것이야말로 대안사회경제의 산업구조 재편 원리의 핵심임을 저자는 강조한다. 저자는 군수산업이 재생가능한 에너지 산업이나 의료산업 등의 새로운 산업으로 재편될 필요성과 현실성을 제기한다. 이를 통해 군수산업에 소요되는 사회적 가치가 지정학적

경쟁의 도구가 되기보다는 사회적으로 유용한 생산 및 재생산에 기여할
수 있다는 결론을 내린다.

제3장의 저자인 장대업은 신자유주의에 대한 일반적인 연구가 노동을
자국의 국경 안에서 가족과 공동체 국민국가에 묶여 있는 것으로 묘사함
으로써 노동이 가지고 있는 유동성과 주체성을 삭제할 뿐 아니라 자본주
의에서 국경이 차지하는 역할과 이 국경에 도전하는 유동적인 노동의 전
복적 성격 또한 거세한다고 주장한다. 유동노동을 사용하는 동시에 통제
하고자 하는 국민국가들의 노력은 요새화된 국경으로 구분되는 새로운 지
구적 아파르트헤이트(apartheid)를 만들고 노동을 국경을 따라서 분절적으
로 구성한다. 축적 공간을 관리하는 자본주의적 국민국가는 노동인구를
젠더, 인종, 계급을 근거로 분리하고 차별하는 국경이라는 제도를 만들어
냄으로써 노동이 자본의 요구에 부합하는 형태의 유동성만을 가지도록 강
제해왔고 이러한 경향은 최근에 더욱 강화되고 있는 것으로 보인다. 하지
만 이러한 '국경화된 전지구적 자본주의'가 노동의 이동을 매우 힘들고 고
된 과정으로 만들 수는 있지만 노동의 공간적 이동을 막지는 못한다. 노동
의 공간적 이동을 막을 수 없거나 자본의 요구에 따라 이동을 수용해야한
다면 국경은 국경 너머로 이동하는 노동을 좇아 훈육한다. 국경이 시행하
는 노동의 훈육은 국민국가가 자국민에게 부여하는 시민권으로부터의 배
제와 사회적 차별을 통해 이루어진다. 하지만 영토적 국경을 일단 넘어선
유동노동은 국경 투쟁을 통해서 국경의 외연에 도전하고 국경의 내연적
내용으로서의 배제적 시민권에 도전한다. 장대업은 홍콩과 한국에서 유동
노동이 저자가 '사회운동적 시민권'이라고 부르는 권리를 행사하는 과정
을 고찰함으로써 유동노동이 어떻게 국경화된 자본주의에 대항하여 투쟁
하고 해방적 의미를 상실하고 도태되어버린 자유주의적 시민권 개념과 억
압적 이주노동관리 체제를 아래로부터 재편하는지 살펴본다. 장대업의 글

은 이러한 움직임들이 '국경화된 자본주의'의 비빈주적 재생산에 핵심적 역할을 수행하는 위계적 시민권에 대한 대안으로서의 보편시민권을 위한 기반을 형성하고 있으며 이것이야말로 국민국가를 넘어서는 진정한 민주화에 큰 함의를 가지고 있다고 주장한다.

제4장의 저자인 마틴 하트-랜즈버그(Martin Hart-Landsberg)는 그리스의 사례를 중심으로 사회주의 전환의 함정과 가능성을 타진해보고 있다. 2015년 선거에서 승리한 시리자(SYRIZA-USF)는 유럽연합 창설 이래 유럽 정부를 이끄는 첫 좌파 정당이 되었다. 흔히 말하는 것처럼 트로이카의 요구에 대한 항복은 그리스 인민에게 국한된 문제가 아니라, 모두에게 쓰라림을 안기는 새로운 국면이었다. 특히 유럽에서 변화를 요구하는 목소리는 어느 때보다 거세게 일고 있으며, 선거를 기반으로 전환을 꾀하려는 노력 역시 계속되고 있다. 마틴 하트-랜즈버그는 세계의 활동가들을 상대로 이 글을 썼다. 자본가 권력에 맞서면서 마주할 도전에 좀 더 효과적으로 대응할 수 있게끔, 그리스의 경험, 특히 시리자의 정치적 선택지와 그들의 선택을 평가하고 있는 것이다. 첫째, 2001년에서 2007년 사이 그리스가 유로 지역 회원국 지위로 인해 어떻게 점점 더 허약해지고, 지속 불가능한 상태로 나아가게 되었는지 검토하고 있다. 다음으로는 2008년에서 2014년 사이 그리스가 겪은 불황의 악순환에서 트로이카의 역할에 관해 살폈다. 세 번째로는 국가적 위기에 대한 그리스의 대중적 저항이 시리자를 새로운 유형의 좌파 정치조직, 즉 "대중결합정당(mass connective party)"으로 구현하고 성장시킨 과정을 밝히고 있다. 네 번째로는 시리자 정부의 정치적 선택, 즉 정부가 트로이카의 그리스 경제를 끝장내고 그리스 인민이 더욱 급진화하게끔 할 수 있었지만, 선택되지 않은 두드러지는 대안적 정책들을 비판적으로 분석한다. 마지막으로는 장래의 투쟁과 관련해 그리스의 경험에서 다섯 가지 교훈을 제시하며 결론을 맺고 있다.

제5장의 저자인 김영수는 남아공과 베네수엘라의 사례에서 '권력과 권리의 융합' 방안을 찾고 있다. 이러한 융합 구조야말로 민주주의의 새로운 대안을 찾아가는 여정이라고 여기기 때문이다. 김영수가 던지는 문제의식은 간단하다. 민주주의는 인간이 추구해나가야 할 영원불변한 가치인가 아니면 사회의 권력과 시스템을 보조하는 수단인가? 이도 저도 아니라면 '가치로서의 민주주의'와 '수단으로서의 민주주의'는 서로 융합되어 있는 것인가? 어느 한 가지로 규정하기 어렵다. 역사의 구성물이기도 한 민주주의는 바라보고 규정하는 사람들에 따라 그 모양이 달라져 있기 때문이다. 남아공과 베네수엘라의 다양한 사례들은 권리가 권력을 통제하고 관리할 수 있고 또한 인민들이 권력을 평등하게 공유할 수 있다는 것도 보여준다. 다양한 사례를 대안사회의 민주주의와 연관시켜볼 때, 그 의미는 다양하다. 첫째, 권력과 권리를 융합시키는 토대는 인민이 정치의 주체로 나서야만 한다는 것이다. 둘째, 민주주의의 사회화에 대한 추상적인 선언을 넘어서서, 국가권력을 인민의 권리로 통제할 수 있다는 것이다. 셋째, 권력과 권리가 융합되더라도, 국가나 사회체제가 위험에 빠지지 않는다는 것이다. 넷째, 권력 속에서 권리가 실제로 작동할 때, 국가의 소멸을 지향할 수 있는 것이다. '권력과 권리의 융합'이 권력 중심의 국가를 권리 중심의 개인으로 전화시키는 과정이자, 국가 중심의 정치가 일상생활을 중심으로 하는 정치로 전이되는 과정의 산물임을 보여주고 있다. 국가와 권력을 소멸시키고, 개인의 자연적 권리를 중심으로 하는 '개인의 자유로운 연합사회'의 기틀이 권력과 권리의 융합체제로 구축된다는 의미이기도 하고, '21세기 대안사회에서 구상할 수 있는 민주적인 자치 모델'의 시원성으로 작용한다는 의미이기도 하다.

제6장의 저자인 리처드 웨스트라(Richard Westra)는 신자유주의 시대를 극복해나가는 대안으로 "일상적 공산주의(baseline communism)"와 같은 원

리를 제시하고 있다. 신자유주의 시대의 망상과 그 이데올로기는 상당히
많은 좌파와 (당연하게도) 우파들에게 그대로 받아들여졌는데, 그것은 신자
유주의에서 "시장", 즉 자본주의가 재장전되었다는 것이다. 그래서 리처
드 웨스트라는 진보적이고 재분배적이며 물질적·경제적으로 재생산 가능
하고 생태적으로 지속 가능한 인류 번영의 사회를 이룩하기 위한 방안을
모색해야 한다고 강조한다. 인류가 번영할 수 있는 사회주의적 미래의 제
도적 구성에 대한 창조적인 사고뿐 아니라 이를 위해 조직되고 있는 잠재
적인지지 집단들에 대한, 그리고 무엇을 할 것인가에 대한 전략적 사고까
지 마비시키는 효과를 감안하더라도, 명심해야 할 것이 있는데, 그것은 다
름 아닌 자본주의 사회체제 속에서는 대안을 찾을 수 없다는 원리이다. 리
처드 웨스트라는 변혁을 위한 가장 합리적이고 최적화된 프로그램도 제시
하고 있다. 그것은 "큰 정부"가 부채와 차입을 통한 카지노 게임을 조장하
는 데 돈을 찍어낼 것이 아니라, 인간 번영을 증대시키기 위해 설계된 재
분배적이고 생태적으로 지속 가능하며 재생 가능 에너지에 기반을 둔 사
회주의적 3부문 공동체를 구축하는 계획이 준비된 진보적인 지역과 공동
체를 지원하기 위해 돈을 찍어내라는 것이다. "공생적 변형"과 "틈새적
변형"의 결합이 이루어지는 과정이 곧 대안으로 작용할 수도 있다는 것이
다. 이러한 대안의 주체들은 다양한 종류의 반체제적 지역 투쟁, 운동, 풀
뿌리 조직들이다. 이러한 주체들이 원하는 것은 더 이상 공동체의 생존을
보장해주지 못하는 자본의 시장원리나 국가의 계획원리 같은 물질적 재생
산의 경제적 원리들이 아니라, 호혜나 "일상적 공산주의"와 같은 원리인
것이다.

경상대학교 사회과학연구원은 2007년 12월 1일부터 '자본주의 사회
체제를 넘어서는 대안사회경제모델'을 구축하기 위한 여정에 들어갔다.
한국연구재단(구 한국학술진흥재단)이 대학중점연구지원 사업(NRF-2013S1

A5B8A01055117)을 지원했기 때문에 가능한 것이었다. 하지만 이 여정에 처음부터 끝까지 함께하고 있는 한울엠플러스(주)의 윤순현 선생님 외 다른 편집진에게 공을 돌리지 않을 수 없다. 필자들의 원고는 늘 더뎠지만, 출판사에는 묵묵히 출판 일정을 맞추어주었다. 다시 한 번 여섯 명의 필자들을 대신해서 감사의 말을 전한다. 이제 그 여정이 2016년 11월 30일에 대단원의 막을 내렸다. 이 책 『대안사회경제를 향한 여정』은 대안사회경제모델을 위한 9부 능선의 결과물이자, 대안사회경제모델을 위한 마지막 징표인 것이다. 하지만 이 징표는 끝이 아니라 새로운 시작을 알리는 이정표에 불과할 것이다. 출발지는 서로 달랐을지라도, 이제는 새로운 목적지를 향해 어깨와 등을 맞댄 동반자가 되었기 때문이다.

2016년 11월

경상대학교 사회과학연구원 연구교수

김영수

제1장

BRICS 은행과 아류제국주의 논쟁[*]

패트릭 본드 ┃ 남아프리카공화국 콰줄루-나탈 대학교 교수
[옮긴이] 오병헌 ┃ 경상대학교 정치경제학과 석사과정

1. 들어가며

100년 전 제국주의론이 만들어질 때 로자 룩셈부르크(Rosa Luxemburg)는 오늘날 '세계화'라 불리는 것, 자본주의 공황의 과정이 어떻게 '자본 시장의 지속적인 확장에 박차를 가하는지'에 주목했다. 로자는 이 문제의식을 끌고 가서 '계속되는 점진적인 비자본주의 조직의 붕괴는 자본의 축적이 만들어낸다'고 했고 남아프리카의 나미비아와 콩고민주공화국(Democratic Republic of the Congo: DRC)의 사례는 특별히 참고할 만하다(Luxemburg, 1968: 397; Bond et al., 2007). 특히 아파르트헤이트(apartheid) 시기의 남아프

---

* 한국연구재단의 지원으로 2015년 8월 경상대학교에서 발표한 것이다(grant number NRF-2013S1A5B8A01055117).

리카공화국(이하 남아공)은 브레턴우즈(Bretton Woods) 기관을 통해 식민주
의의 시대 이후 권력관계는 더 효과적이고 진정한 의미의 제국주의적 축
적으로 여겨지는 다변적이고 초국가적인 새로운 관계를 촉진했다(Wolpe,
1980; Marini, 1965: 22). 반세기 후 루이 마우로 마리니(Ruy Mauro Marini)는
브라질 사례를 '아류제국주의' 개념으로 설명했다. 지난 10년간 '새로운
제국주의'에 대한 이해를 필요로 하는 공황, 시장의 확장, 자본주의와 비
자본주의 영역 사이의 초과 착취의 확장, 금융상품화된 경제, 상품의 수퍼
사이클(super cycle)과 신흥 권력의 협력을 필요로 하는 지정학적인 재배치
등이 새롭게 이루어졌다. 이 현상은 단지 북반부 자본주의 도시에서만 비
롯된 것이 아니라 오히려 최근 몇 년간 '"아류제국주의"라 불릴 수 있는
것이 발생했다'. 데이비드 하비(David Harvey)에 따르면 일단 '각각의 발전
된 자본 축적의 중심은 영토로 정의된 수탈 지역을 바탕으로 체계화된 시
공간에서 자신의 잉여 자본을 찾아낸다'(Harvey, 2003:185~186).

그러한 잉여 자본은 출구를 필요로 한다. 2015년 중반, 지난 15개월간
외환관리가 무색하게 중국에서 5000억 달러가 날아가고 BRICS에서 자본
이 유출되었다. 터질 듯한 중국 주식 시장의 거품은 이후 3.5조 달러를 순
식간에 없애버렸다. 브라질, 러시아 그리고 남아공의 경제공황은 자본 도
피라는 다른 원인에서 비롯되었다. 그 외에 인도 자본 도피의 경우에도 더
많은 이익을 자국 수뇌부에게 보내는 것이 목적이었다.

아프리카 안에서도 남아프리카의 이해관계는 수탈받는 지역인 사하라
이남 아프리카 같은 아대륙(亞大陸)으로 정의된다. 아프리카의 개발을 위
한 '새로운 파트너십 2001'이나 '아프리카 상호 검토 2005' 같은 프로젝
트는 이런 활동 이전의 헌신을 반영한다(Bond, 2005; Bond, 2009). 그러나
오늘날 그들은 2012년의 아프리카의 기반시설 개발을 위한 프로그램(Pro-
gramme for Infrastructure Development in Africa: 이하 PIDA)을 포함해 더 노골

적인 금융 방침이 직접적으로 잠재적 이익에 내포된 잉여의 장기적 출구를 필요로 한다는 거대한 모순과 역행에 시달린다. 아프리카의 신식민지 축적 담론은 많은 점에서 식민주의와 비슷한데 PIDA는 플랜테이션(plantation)으로부터 상품을 이동시키거나 광산에서 제련시설을 거쳐 항구로 이동하기 위해 도로, 철도, 교량, 항구, 송유관, 특히 에너지 전송 기반시설을 지원했다.

계획된 모든 단계가 마무리된다면 4만 2000메가와트의 전력을 생산하는[이는 중국 싼샤(三峽) 댐의 세 배 용량이다] 콩고 강의 80억 달러짜리 잉가(Inga) 수력발전 계획을 포함하여 투자 규모에 대해 아프리카연합(African Union: AU)과 유엔(UN)에서 중대하게 논의되고 있다. 광업과 제련업은 현재 모부투(Mobutu) 체제에서 잉가 계획의 초기 단계의 수혜자이다. 이것은 그저 기반시설에 대해 연 93억 달러 규모의 투자를 하는 PIDA의 메가 프로젝트 중 가장 큰 사례일 뿐이다.

이 많은 계획의 결과 국경을 넘나드는 확장을 위해 남아공의 남부 아프리카 개발은행(Development Bank of Southern Africa: DBSA)에 2013~2014년 사이에 200만 달러가 추가로 주어졌다. 세계은행에서 가장 큰 37억 5000만 달러짜리 사회기반시설 융자의 일부는 2010년부터 극심한 가격 인상으로 인한 무수한 폭동의 원인이 된 4800메가와트짜리 화력발전소를 위해 남아공의 준(準)국영기업 에스콤(Eskom)으로 차입되었다. 한편 1994년 아파르트헤이트 시대 담합으로 만들어진 세계에서 가장 큰 광업 가문인 BHP 빌리톤(Billiton)은 여전히 소비자가의 10분의 1 수준인 킬로와트당 0.01달러로 세계에서 가장 저렴한 전력을 에스콤으로부터 공급받는다(Bond, 2014).

그러나 2011년부터 2014년까지 드라마틱한 악화를 불러온 2008년 상품 가격 폭락이 터지기 이전부터 이미 아프리카의 채무 상환 조건과 투자 수익율은 유지될 수 없는 것이었다. 틀림없이 이는 변덕스러운 세계시장 뿐 아니라 아프리카의 성장 전망에 대한 극단적인 과대평가의 결과이다. 일차적 상품의 수출주도경제모델 실패의 재정당화로서 홍보되었던 '아프리카의 부흥'은 GDP는 신용으로서의 비재생에너지의 추출과 계산되지 않는 지출로서의 '자연자본의 소모'로 측정되었다는 단순한 이유에서 연간 소득이 6% 성장할 동안 아프리카의 부는 동일한 수준으로 감소했다는 세계은행의 측정을 고려하는 데 실패한 것이다(World Bank, 2011). 아프리카 10개국과 세계은행 그리고 국제보호협회의 지지를 받고 아프리카의 경제적 복리를 더 체계적으로 드러낼 자연자본 계정인 2012년 가보로네(Gaborone) 선언에 따르면 대규모의 수탈이다. 은행의 언어로는 다음과 같다. '총저축의 집합과 인적자본의 형성은 자연자본의 고갈과 인구 성장, 생산된 자본의 가치 하락을 보충하기에는 충분하지 않다. 그 결과 지역의 부는 감소된다'(World Bank, 2014: vol.v~vi). 사하라 이남 아프리카 국가가 한 번 '상승'할 때 그중 12%에서만 잃어버리지 않은 순자산이 측정되었다. 2002년에서 2008년까지 상품 가격 수퍼사이클 붐은 그저 가장 뚜렷한 자연자본 감소의 순간이었다.

한편으로 다른 종류의 수탈인 아프리카로부터의 '불법 금융 흐름'은 가장 보수적인 방법으로 어림잡아도 불법적 금융 흐름의 최고 수준 전문가들에 의해 확인된 것만 최소 연간 500억 달러이다(High Level Panel on Illicit Financial Flows, 2015). 전문가들은 2012년에 AU(아프리카 연합)와 UN 아프리카 경제위원회에 의해 위촉되었고, 남아공의 전임 대통령인 타보 음베키(Thabo Mbeki)가 주도했다. 음베키는 잘못된 송장 작성으로 발생된 과실 송금의 부패한 방식인 이전가격 조작의 다양한 갈래를 금지했다. 그러나 해외직접투자(FDI)로 인한 이윤과 이익이라는 합법적인 금융 흐름에 대해서도 눈감을 수는 없다. 남아프리카 연방 준비은행에 의하면 2009년에서

2014년까지의 배당금 영수증에는 남아공에서 활동하는 다국적기업의 높은 배당금 유출의 20~50% 정도만 반영되어 있다(South African Reserve Bank, 2015: 39). (같은 시기 미국과 네덜란드 같은 기업의 본사가 있는 부유한 나라에서는 그 비율이 일반적으로 200% 이상이었다.) 대륙의 나머지 지역은 남아공의 기업들이 거대 기업의 본사가 있는 런던, 뉴욕 그리고 멜버른으로 흐르는 이윤을 아프리카에서 상쇄하면서 훨씬 더 고통받았다.

2. BRICS와 아류제국주의 금융의 입장

2002년 상품 가격 붐 이래 남아프리카와 나이지리아 그리고 이집트의 주요 경제 집단을 포함한 아프리카로부터의 자본 유출은 더욱 심각해지고, 잉여 자본의 상쇄 흐름은 해외직접투자(FDI)와 금융 부문의 '포트폴리오' 투자자를 찾아갔다. 이런 흐름은 서구와 서구의 융자 조건에 과도하게 영향을 받지 않는 기관 간 권한 조정에서 훨씬 더 많이 관찰될 것이다. 2016년에 접어들며 BRICS 블록은 상하이에 있는 BRICS의 신개발은행(이하 NDB)의 수장과 유동성을 위한 위기대응기금(이하 CRA) 양쪽을 통해 대출할 것이다. 그 양자는 국가적으로 1000억 달러의 자본을 갖추었지만 NDB는 단지 250억 달러의 즉각적 자본 유입(각각 50억 달러씩)과 나머지는 '수의상환'일 뿐이고 위기대응기금은 긴급 구제자금에서 외환보유고를 이전할 뿐이다. 기관에서의 심의는 2012년 3월 뉴델리, 2013년 더반, 2014년 포르타레자 그리고 2015년 BRICS 우파(Ufa) 정상회담에서 강조되었다.

2012년 자본 조달을 위해 750억 달러를 사용해버렸음에도 BRICS의 재무 장관들은 이 회담과 다양한 브레턴우즈 기관의 연례 총회, G20 회담의 사이사이에 IMF의 통치에 불만을 표현했다. BRICS의 많은 지지자들이 놀랐고 실망했지만, 위기대응기금이 IMF에 권한을 부여한 이유는 회원 국가가 대출 할당의 30% 이상을 필요로 한다면 CRA에 접근하기 전에 구조조정 융자와 융자 조건을 먼저 찾게 되기 때문이다. 남아프리카에서 2003년 300억 달러였던 해외 부채는 12년 후 부채 위기의 위험수위인 GDP의 40%가량, 즉 1500억 달러로 급등했고 이건 그저 IMF에 의지하기 전에 필요한 CRA에서 30억 달러만이 이용 가능하다는 것이다. (1985년 당시 부채비율의 타격이 있을 때 남아프리카 아파르트헤이트의 지도자는 만기가 되는 130억 달러짜리 단기 융자 지불을 채무불이행하기 위해 증권거래소를 닫고 외환관리를 도입했다.)

게다가 CRA와 NDB 양측은 그들의 화폐인 레알(BRL), 루블(rubl), 루피(rupee), 렌민비(renminbi, 위안), 란드(rand)를 복합적으로 쓰는 체계를 수립하기보다는 미국 달러를 표기하는 대출 기관이다. 이러한 BRICS의 복종은 프라메리카(Pramerica) 투자 관리의 오스메네 자크 만뎅(Ousmène Jacques Mandeng)의 관심을 끌 수 있었고 만뎅은 ≪파이낸셜 타임스(Financial Times)≫ 블로그에 '세계 금융 체제의 주요 제약을 극복하도록 도울 것. 그건 틀림없이 현재의 금융 세계화를 활성화하기 위해 잃어버린 조각일 것'이라고 했다(Mandeng, 2014). 이는 사람들로 하여금 2015년 7월 브라질의 재무장관이 CRA에서 '국제 금융 안정을 진정시키듯 현존하는 금융 보호의 세계 네트워크의 보완에 기여할 것이다. 또한 이는 세계 경제와 재무관의 신뢰를 돈독히 할 것이다'라고 한 것을 떠올리게 한다(BRICS Post, 2015).

하지만 진보적인 국제정치 평론가들 사이에서는 BRICS 블록의 진정성은 잠재적인 세계 금융 개입에 대한 적극적인 수사학에 달려 있다고 한다. 호레이스 캠벨(Horace Campbell)은 '결국 현재의 환율 전쟁이라는 맥락에서

CRA는 BRICS 회원과 그 외에도 국제수지 문제를 겪는 가난한 나라들을 위한 자원 공급자로서 IMF를 대체할 것'이라고 했다(Campbell, 2014). 마크 웨이스브로트(Mark Weisbrot)는 CRA가 '잠재적으로 미국-유럽연합의 세계 지배권뿐 아니라 일반적으로 국제수지 지원에 부여하는 해로운 조건까지 깨부술 것'이라 논했다(Weisbrot, 2014). 월든 벨로(Walden Bello)에 따르면 CRA와 NDB 양자 모두 '세계의 북반부의 금융과 개발의 초크홀드(chokehold)를 깨부수는 것을 목표로 한다'(Bello, 2014). 라디카 데사이(Radhika Desai)는 'BRICS는 서구 경제 패권에 대한 도전을 건설한다'고 했다(Desai, 2013). 그리고 우파 회담 이후 카운터펀치의 마이크 휘트니(Mike Whitney)는 '달러는 끝장났다. IMF도 끝장났다. 미국 부채 시장(미 국무부)도 끝장났다. 우파는 생각과 접근 방식 그리고 전략적 방향의 근본적 변화의 증거이다'라고 했다(Whitney, 2015).

이러한 희망 사항이 무색하게 CRA의 규정에 따라 1회 할당량인 30% 내의 대출은 IMF 협정의 위반을 필요로 하기에 IMF의 동기를 불어넣는 수단이자 재정당화의 수단을 제시한다. 게다가 (다른 국가는 안 되고) CRA 회원만 CRA에 접근할 수 있다. 그러므로 '대안적' BRICS 금융 계획에 대한 찬사는 필연적으로 세계은행의 김용 총재와 IMF의 크리스틴 라가르드(Christine Lagarde)에게서 온 것이다. 마찬가지로 2015년 영국을 비롯한 몇몇 유럽 국가를 포함해 40개가 넘는 국가에서도 중국의 아시아 인프라투자은행(Asian Infrastructure Investment Bank: AIIB)의 창립 회원이 되었고 버락 오바마의 방해 공작 과정에서도 김용의 지지를 받았다(Reuters, 2014).

이러한 점에서 마리니에 따르면 BRICS는 '제국주의적 팽창에 능동적으로 협력하고 팽창에서 중요한 역할을 맡는' 자신들의 지역 지배 전략의 발전을 위해 국제 금융의 힘의 관계에서 아제국주의적 안정화에 대한 이해관계가 있는 블록이다. 만약 이 경우가 아니었더라면 BRICS 대신 방코 델 수르(Banco del Sur, 남미 은행)에 지원하는 것이 더 논리적이었을 것이다. 2007년 우고 차베스(Hugo Chavez) 집권 후기에 베네수엘라가 설립하고 아르헨티나, 볼리비아, 브라질, 에콰도르, 파라과이 그리고 우루과이가 지지한 방코 델 수르는 2013년에 이미 70억 달러를 모았다(Andes, 2013). 이것은 에콰도르의 급진적 경제학자인 페드로 파에스(Pedro Paez)가 주도한 구상에서 더 발전된 형태로 워싱턴 컨센서스(Washington Consensus)에 더 심오하게 대항한 개발 금융이다. 하지만 이것은 더 보수적인 브라질 관료에 의해 번번이 방해받고 마찬가지로 가입을 거부한 음베키 집권기 동안 프리토리아[Pretoria, 남아공 행정수도(역)]에 의해 배척당했다.

그러나 글로벌 금융 설계에 선명하게 남아 있는 결함과 또 다른 세계 금융공황이 어렴풋하게 나타난다고 하면 미국, 영국, 유럽연합 그리고 일본은 새로운 직접투자의 형태로 어느 정도인지 근거도 없는 유동성을 세계은행에 투입했다. 특히 아프리카의 광물, 석유, 가스와 환금작물을 광적으로 채굴하는 BRICS의 전략은 서구와 비교했을 때 기업 위주의 경제성장 모델이 얼마나 어려운가에 대한 질문을 불러일으키고 세계자본주의에서 그 역할이 제한적인 흡수라기보다는 개발 금융에 대해 급진적이고 새로운 접근처럼 현존하는 정통 모형에 파열을 일으킬 필요가 있다. 아프리카보다 이것이 들어맞는 곳은 없다(Bond, 2003).

실은 2013년 금융시장의 대란(BRICS 5개국 중 4개국을 감동시킨), 2011년과 특히 2014년에 벌어진(특히 브라질, 러시아 그리고 남아공을 괴롭게 한) 광물과 석유 가격의 급속한 하락은 말할 것도 없고 2014~2015년 러시아의 지정학적 문제로 인한 재정 압박을 통해 상품의 수출 전략과 세계 화폐시장의 위험이 드러났다. CRA는 더 심각한 금융 대폭락이 일어나면 1000억 달러를 급속하게 소모한다. 어쩌면 현재 그들은 1998년 중반 570억 달러의 구제금융을 받은 러시아의 기록을 포함해 1990년대 중반 이후 증명되었듯 신흥 시장의 금융 폭락을 피할 수 없기 때문에 570억 달러의 구제금융을 받은 1998년 중반 러시아의 기록을 포함해 많은 국가가 하룻밤 사이에 우후죽순처럼 벌어지는 금융투자 회수를 막기 위해 500억 달러의 외환 보유고를 필요로 했다.

마치 2013년 9월 워싱턴의 시리아 폭격에 대해 모스크바가 [블라디미르 푸틴(Vladimir Putin)이 상트 페테르부르크(St Petersburg)의 G20 회담에서 BRICS의 지원을 받아] 머뭇거렸다가 2년 후 (아사드와 ISIS 양쪽에 반대하는 온건파를 포함한) 반군을 폭격해 아사드 정권을 굴복시켰듯이 BRICS와 제국주의 사이의 긴장감에 따른 지정학적 역할이 있다. 푸틴은 우크라이나에 대해 러시아의 지정학적 이해관계를 적극적으로 밀어붙였다. 마찬가지로 시진핑(習近平)은 남중국해에서 그렇게 했다. 하지만 에드워드 스노든(Edward Snowden)에 대한 푸틴의 보호를 제외하고 BRICS 지도자들은 세계에 뿌리 깊은 지정학적 불균형을 해결하지 못하고 세계의 경제적·생태계적 위기를 덜 심각하게 다루었다. 설명하자면, 원래 러시아와 중국은 타국의 비토권(veto)이 자신들의 힘을 약화시킬 것이기 때문에 다른 BRICS 국가가 UN 안보리 상임이사국으로 진출하는 것에 반대해왔다.

그리고 IMF에서 중국의 투표권은 상당히 증가했지만 그 기관의 의제에는 별다른 변화를 주지 못했다. 그들이 시행한 2010년의 IMF 개혁은 가난한 국가들의 투표 영향력을 상당히 낮출 것이다. 그 외에도 세계은행에서는 2012년 BRICS의 통합된 대응 없이 버락 오바마(Barack Obama) 대통령의 추천으로 김용이 수장에 올랐다(Fry, 2012). 그러나 여전히 두 개의 새로운 BRICS 금융기관이 반제국주의적 잠재성을 지니고 있으며 대안을 제시할 수 있다는 기대가 존재한다.

3. 아류제국주의 금융

카를 마르크스(Karl Marx)가 『자본론』 서문에서 '개인이 문제가 되는 것은 오직 그들이 경제적 범주의 인격화, 일정한 계급관계와 이익의 담지자인 한에서다'[1]라고 한 후 우리는 유용한 훈련으로 개인의 일대기에 대해 생각한다. 결국 세계 금융질서의 재정당화는 명백히 2015년 7월 프리토리아에서 새롭게 NDB 지도자 두 명을 임명한 결과이다.

- 신개발은행(NDB)의 부행장 레슬리 마스도르프(Leslie Maasdorp)는 남아공 국가 자산의 주요 민영화주의자이자 뱅크오브아메리카(Bank of America Corporation)와 바클리스(Barclays) 은행의 지역 대표이며 수백억 달러의 환율 조작으로 기소당했다.
- ≪유로머니(Euromoney)≫가 2001년 '올해의 중앙은행 총재'로 뽑은 신개발은행의 총재 티토 음보웨니(Tito Mboweni)는 미 연방준비제도이사회(FRB)의 악명 높은 자유시장주의자이자 자유통화주의자인 앨런 그린스펀(Alan Greenspan)에게서 배웠다는 사실을 주기적으로 자랑했다. 1999년부터 2009년까지 음보웨니는 현대 남아프리카공화국 역사상 가장 보수적인 은행가이다. 그는 외환관리를 수없이 느슨하게 만들었을 뿐 아니라 그 결과 지역 은행의 이윤이 세계의 한계치까지 치솟을 동안 이자율이 과도하게 높아지게 했다.

남아공 사람 두 명은 NDB에 분산되었는데 한 명은 요하네스버그의 골드만삭스(Goldman Sachs) 사무실에서 오랫동안 대표와 핵심 자문으로 있

---

1) 김수행, 『자본론』, 1권(비봉출판사, 2015), 6쪽 — 옮긴이.

고, 다른 한 명은 만연한 불법적 대출 관행으로 인해 2007~2009년 세계 금융위기에 부분적으로 책임이 있는 뉴욕 투자은행에 있다. 그 관리자들은 우선적으로 구제금융을 받고서 수백만 달러의 벌금을 선고받았지만 워싱턴과 프리토리아 이외 다수의 수도 지역에서 이뤄지는 회전문 인사 때문에 형사 기소를 면했다. 골드만삭스의 최고 전략가인 짐 오닐(Jim O'Neill)은 2001년 제국주의적 논의를 하는 G7을 본떠 'BRIC'밈(meme)을 만들어냈다. 골드만삭스의 남아공 지역 최고 책임자인 콜린 콜먼(Colin Coleman)은 정기적으로 친정부적 입장을 표현했는데 이를테면 ≪파이낸셜타임스≫에 'BRICS 5개국 중 하나인 남아공은 다가올 10년간 세계 경제 발전에서 결정적인 역할을 수행할 것'이라고 기고했다(Coleman, 2014). 마스도르프에 따르면 그 '결정적인' 것은 실제로 신자유주의 금융가들과 일한다는 점에서 개량적이다. '우리는 그 기관들의 오랜 경험으로부터 수익을 얻어낼 것입니다.' 그는 이어서, '2002년부터 골드만삭스의 국제 조언자로 있으면서 나는 공공 부문과 대륙의 나머지 구역을 포함하는 새로운 시장의 확대에서 주도적인 역할을 맡았다'고 했다(Mnyandu, 2015).

마스도르프와 남아공의 대규모 사업 동맹들은 자금 세탁, 뇌물 수수, 부패, 조달 사기, 사이버범죄의 '세계 챔피언'급이었기에 그는 아프리카 사회기반시설 융자의 높은 부패의 산증인이다. '나는 국영기업이 남아공의 사회기반시설 프로젝트의 금융과 시행을 외주로 하는 트랜스 칼레돈 터널 기관(이하 TCTA)의 의장으로 복무했고 정부의 관점에서 7년간 거대 사회기반시설 프로젝트의 감독 역할을 했다'(Mnyandu, 2015). TCTA 파이프는 아프리카에서 가장 높은 레소토(Lesotho) 댐에서 출발해서 요하네스버그까지 연결되는데, 이 프로젝트는 세계은행의 대출 기록 중에서 가장 악명 높은 건설기업 뇌물수수 사건으로 이어졌다. '더러운 12개'의 다국적 기업에서 200만 달러 이상의 자금이 레소토 댐 관리자인 마스파 솔(Masupha

Sole)의 스위스 계좌로 흘러들어갔고, 그는 감옥에서 9년을 보냈지만 자신의 정치적 영향력을 통해 복직하여 모두를 놀라게 했다. 가장 타락한 회사 몇몇은 세계은행의 금지에도 굴하지 않았으므로 캐나다의 강력한 토목공학 기업인 아크레스 인터내셔널(Acres International) 파산의 촉매가 되었는데 마스도르프의 TCTA를 포함해 프리토리아의 기업 관계자는 아무 처벌도 받지 않았다. 몇몇은 2010 하얀 코끼리 월드컵 경기장과 다른 메가 프로젝트에서 수백만 달러를 뜯어낸 건설 담합 사례로 다시 나타났다.

음보웨니는 1993년 IMF의 금융거래에서 남아공의 역사 중 신자유주의에 굴복하는 중심적 역할을 맡았다. 음보웨니는 자신이 굴복했다는 것을 알고 있지만 '아파르트헤이트 정부는 은밀한 방법으로 우리를 IMF의 구조조정 프로그램에 묶어두려고 했는데 그것에 의해 이후의 민주 정부도 손이 묶였다. …… 우리는 신념을 버릴 수 없었다!'고 설명했는데 8500억 달러의 융자에는 엄격한 경제정책과 인사 조건이 붙어 있었다(Mboweni, 2004). 전 ANC(아프리카 민족 회의)의 정보 장관인 로니 카스릴스(Ronnie Kasrils)는 이 거래를 '치명적인 전환점. 그 순간이 바로 우리가 탐욕의 덫에 빠진 파우스트적인 순간, 오늘날 우리가 비명 지르듯이 부르는 "국민에 대한 배신"'이라고 부른다(Kasrils, 2013).

그 이후 남아프리카 연방 준비은행 총재 음보웨니는 특히 용감하게도 극단적인 금리 인상으로 반복되는 IMF의 박수를 받았다. 음보웨니가 떠났을 때 주요 경제국 중 이자율이 높은 곳은 러시아뿐이었고 그 후 남아공의 유일한 교역 상대는 자본비용이 더 드는 그리스였다. 은행이 그들의 자산과 돈에 대한 평가절하를 싫어하기 때문에 저인플레이션의 유지는 음보웨니의 주요 정책이었다. 그러나 스스로 사심을 가지고, 2008년 세계 금융위기 직전 그 기관에서 최대 인플레이션을 6%로 목표 설정한 순간 그는 자신의 보수를 28% 인상했다. (일반적인 신자유주의의 추종자인) 비즈니스 전자 매거진 ≪머니웹(Moneyweb)≫이 다음과 같이 주목했다. '호의호식하는 총재는 그에 대한 사진이 공개되는 것에 대한 검열을 시도한 이후 지나치게 자존심을 차린다는 평판을 받고 있다'(Cobbett, 2008). 인용된 바에 따르면 음보웨니는 그들이 '내가 땀을 닦을 때 사진을 찍었다'는 이유로 준비은행에 대한 사진가들의 언론 활동을 금지했다.

음보웨니는 그린스펀을 포함하여 단순히 몇몇 자리만 옮겨진 [언급했듯 중국은 더 많은 투표권을, 아프리카 나라들은 더 적은 투표권을 가지며 미국의 사보타주(sabotage)에는 아무런 벌칙도 부여하지 않았던] 2006년의 IMF 개혁 자문단에 들어갔다. 모순적이지만, 2013년 초 BRICS 회담이 더반(Durban)에서 열릴 때 음보웨니는 다음과 같이 NDB를 공격하는 발언을 했다. '매우 비싸다. 나는 차라리 그 돈보다는 바로 이곳 엘리자베스 항구에 코에가 페트로SA(Coega Petro SA) 정유 공장을 건설하겠다(Matavire, 2013)'. 음보웨니는 지역 정유회사의 임원이기도 하다. 그리고 NDB의 '지속 가능한' 사회기반시설에 대해서 살펴보자면 BRICS 기업협의회의 남아프리카 프로젝트의 희망 사항 목록에는 2014년부터 새로운 화력발전소, 해상 유정과 더반의 250억 달러짜리 새 항만 등 전부 환경 보호론자에 의해 뜨겁게 논의되는 것들이었다. 음보웨니가 블룸버그(Bloomberg)에 언급했듯 1000억 달러짜리 러시아-남아공 핵 거래를 'NDB의 위임으로 넘겼다(Bloomberg News, 2015).

NDB의 마스도르프와 음보웨니는 현실적인 빈곤, 생태적 파괴 그리고 기후변화, 민영화와 부패, 현재의 글로벌 대출과 관련된 불법적 금융 흐름 혹은 자원의 저주에 대해 상세히 논하기는커녕 싸우리라 예상조차 하지 못했다. 한 가지 우려할 점은 새로워진 탄소시장 전략에서 BRICS의 역할은 명백한 아류제국주의 사례로써 기후변화를 다룬다는 것이다(Bohm et al., 2012). BRICS의 남아공 은행가들의 배경을 고려하면 프리토리아가 브레턴우즈 체제, 달러 헤게모니에 도전하거나 글로벌 파워의 다른 구조에 도전할지에 대해 합리적으로 질문할 수 있다.

변하지 않는 연속성에 대한 주요한 증거는 중국에서 1.5조 달러 이상의 미 재무부 채권(이하 T-bills)으로 인한 대규모 무역적자로 진행 중인 워싱턴의 자금 조달이다. 실은, 연방준비제도이사회의 통화정책이 2013년 중반 BRICS 그룹을 찢어버리는 것을 돕는 신호를 보낸 그 시점에 중국은 T-bill의 보유고를 늘렸다. 2015년 상반기에 1억 달러어치 미국 T-bill의 강매(3.7조 달러의 중국 외화보유고의 유출)와 더불어 한 달 동안 600톤의 금 구입에 기반을 둔 부채축소의 징후가 있었다(Durden, 2015). 하지만 이는 2015년 상반기의 2800억 달러와 2015년 5200억 달러의 드라마틱한 자본 유출의 결과였다. 제로헤지(ZeroHedge)란 이름의 블로그에 필자 '타일러 더든(Tyler Durden)'은 다음과 같이 언급했다.

> 이 속도와 규모의 자본 유출은 중국 경제만이 아니라 자본시장과 자본 통제가 대단히 잘못되었다는 점이 (적어도 일반적인 사람에게는) 실질적으로 해외로의 자본 도피를 막지 못했고 …… 중국은 역사적으로 볼 수 없던 자본 유출에 자금을 대는 것이 되더라도 미국 국채를 강제적으로 청산했다(Durden, 2015).

BRICS 통화나 바터(barter) 무역 증가에 대한 미사여구가 무색하게 미국 달러화가 세계적 세뇨리지(seigniorage)를 가져가는 파괴적 시스템을 종식시키기 위한 노력은 그다지 이뤄지지 않고 있기에 워싱턴 당국이 권력을 악용하더라도 달러화는 세계의 준비통화이다. 만약 중국이 위안화가 그 위치에 올라서길 진심으로 바란다면 오직 2014년 러시아와 중국 사이의 에너지 거래만이 미래의 포스트 달러 거래를 암시할 뿐이고 그 속도는 고통스러울 정도로 느릴 것이다. 위안화는 IMF에서 공인한 국제 통화로서의 달러, 유로, 엔 그리고 파운드와 융합되었지만 2013년 중반 금융 혼란이 보여줬듯 당분간 다른 BRICS 국가의 경제가 그 비용을 지불할 것이다.

BRICS의 경험은 개발 금융의 좁은 분야에도 자리 잡지 못했다. 하지만 세계경제의 결정적인 부분은 금융을 통해 작동하고, 결국 금융가들은 여전히 남아공을 포함한 대부분의 국가적 상황을 통제하고 있다. 세계 금융 권력의 과격한 변화의 필요성을 감안하면 남아공의 특별한 입장을 진단하는 것은 중요하다. 그것은 문명화된 모든 개인에게 혐오 받는 사악한 정권인 아류제국주의적 권력에서 1994년 거대한 정당성을 지닌 다른 권력으로 극적으로 변화한 사례이다. 그리고 아프리카의 민중과 자연환경은 개발 금융이 남아공을 통해 대륙으로 가는 여정의 주된 피해자이다.

4. 아프리카의 아제국주의 남아프리카공화국

이미 계간 ≪제3세계(Third World Quarterly)≫에서 논했듯이 요하네스버그의 기업이 아프리카 시장으로 팽창하는 것은 지정학적으로 필연적 양상이기에 넓은 경제적 맥락에서 남아공의 아류제국주의는 중요하다(Bond, 2013). 2013년에 위키리크스(Wikileaks)에 의해 드러난 텍사스의 정보기업 스트랫포(stratfor)의 내부 메모는 다음과 같다.

남아공의 역사는 국내 광물자원을 개발하려는 자국과 외국의 이익집단 사이의 경쟁과 협력의 상호작용이 주도했다. 민주적으로 선출된 정부가 지도함에도 남아프리카의 핵심적 책무는 남부 아프리카 지역으로부터 자본과 노동의 자유로운 흐름을 허용하며 중남부 아프리카의 과제에 대해 강력한 안보를 관리하는 자유주의적 체제의 유지이다(Stratfor, 2009).

스트랫포는 이에 대해 정확하게 지적했다. 'ANC 정부는 그것이 남아공 기업이 광물 채굴권을 우호적으로 얻는 영향력을 가져온다는 것을 알고 있었다'(Stratfor, 2009). 나이로비의 저널리스트 찰스 오냥고 오보(Charles Onyango-Obbo)는 이에 대해 1994년 이후 더 명확하게 표현했다.

> 남아공은 이 패에 걸었고, 꽉 찬 서류가방을 들고서는 대륙 밖으로 나갔다. 제국주의적 원정은 별반 다를 게 없었다. 여전히 장군, 소공자 그리고 사업가가 엘리트 내지는 지배계급으로 남기 위해서는 그 원정으로부터 금과 은을 도로 내놓아야 했다. 금과 은이 풍부한 콩고민주공화국과 같은 장소는 언제나 아시아인, 유럽인, 아메리카인 혹은 아프리카인으로 이루어진 제국주의자들의 합리적이고 타당한 목적지가 될 것이다(Onyango-Obbo, 2013).

'금은'과 자본의 지역 안팎으로의 유출과 유입은 갈수록 남아공 기업 재무제표의 중요한 요소이다. 세계경제에 대한 남아공의 조기 개방은 중요한 요소였지만 그건 강한 모순도 드러냈다. 아파르트헤이트의 벽이 무너진 1993년 후반 넬슨 만델라(Nelson Mandela)는 아파르트헤이트 시대의 빚을 상환하는 첫 번째 민주정부로서 조약을 승인했고, 표준적인 구조조정 조건을 받아들인 IMF 융자를 받아 민주주의와 동떨어진 남아프리카 개발은행에 주었다. 1994년 남아공은 국제무역기구(WTO)가 되는 것을 받아들이며 경쟁력 없는 제조산업과 그 노동자를 무수히 희생했고 1995년 금융적 란드화-외환관리제도를 완전히 철폐했기에 부유한 남아공 사람들이 아파르트헤이트 시대의 막대한 부를 유출하도록 허락했다.

남아프리카 연방 준비은행에 의해 반복된 외환통제 완화는 아프리카 지역에 대한 남아공 기업의 투자를 우선시했다. 하지만 2000년에 앵글로 아메리칸(Anglo American Corporation), 드비어스(DeBeers), [이후 BHP 빌리턴 (Billiton)이 된] 젠코(Gencor), 올드 뮤추얼(Old Mutual)과 리버티 라이프 보험(Liberty life insurance), [이후 밀러(Miller)와 합병된] 남아공 브루어리(South African Breweries), 인베스텍(Investec) 은행, 디멘션 데이터 IT(Dimension Data IT), 몬디 페이퍼(Mondi paper), 기타 등등의 요하네스버그와 케이프타운에 기반을 두었던 기업들은 전부 대륙을 탈출했다. 이처럼 남아공에서 가장 큰 기업들은 지금 런던, 뉴욕 그리고 멜버른에 상장되어 있다. 2000년 이후의 배당과 이자, 이윤 유출의 결과 남아공은 지속적으로 경상수지 적자가 되어 신용평가 기관들이 국가 신용등급을 쓰레기 수준에 가까울 정도로 떨어뜨렸다. 그리고 경화를 부담하기 위해 막대한 자본 유출이 쉬워져 2007년 대규모의 새로운 외채를 GDP의 23.4%까지 떠맡았다(Mohammed, 2010).

경제적 절망이 늘어난 2002년부터 2011년까지 상품의 수퍼사이클 시기에 지역의 배후지가 변화했다. 아프리카 대륙은 1994년부터 2012년까지의 포스트-아파르트헤이트 시기에 중국을 중심으로 주요 신흥국과의 거래를 전체 상업의 5%에서 20%로 증가시켰다. 중국은 2009년에 아프리카의 주요 거래 파트너로서 미국을 따라잡았다. 얼마 지나지 않아 BRICS 국가들과 대륙 경제의 끈끈하고 합리화된 관계의 촉진은 프리토리아의 주요 목표 중 하나가 되었다. 외무장관 마이테 은코아나-마샤바네(Maite Nkoana-Mashabane)는 '2012년 남아공은 아프리카의 다른 지역에 세계 어느 나라보다 많은 투자를 했다'고 했다(Mataboge, 2013). 10년 동안의 자본 도피 이후에도 여전히 2010년 아프리카의 20대 기업 중 17개 기업이 남아공의 회사였다(Laverty, 2011). 에른스트&영(Ernst & Young)의 아프리카의 매력에 대한 조사에 따르면 광산회사와 MTN 휴대폰 서비스(MTN cellphone service), 스탠더드 은행(Standard Bank), 숍라이트 유통(Shoprite retail), 산람 보험(Sanlam insurance) 덕분에 2007년부터 2012년 사이에 아프리카 대륙에서 남아공의 해외직접투자가 57% 상승했다(Ernst & Young, 2013).

복합적인 요인의 결과였다. 이를테면 중앙아프리카공화국(CAR)의 투자는 다이아몬드 독점을 위해 아프리카 민족회의(ANC)와 수상 관저 투자 부처의 고위직 개인들의 긴밀한 관계를 만들어냈다. 에 따라 다이아몬드 독점을 탐닉하는 쪽으로 이뤄졌다. 이들 거래는 2006년에 음베키를 포함해 대통령 수준의 관계로 성문화되었다. 하지만 프랑스가 중앙아프리카공화국의 독재자 프랑수아 보지제(François Bozizé)에 대한 전통적인 지원을 끊으며 모순이 드러났고 이는 더욱 도드라졌다(Amabhungane, 2013). 그는 프리토리아에 다급한 군사적 지원을 요청하기 위해 방문했다. 2013년 1월 제이컵 주마(Jacob Zuma) 대통령이 100명의 남아프리카공화국 국가방위군(South African National Defence Force: SANDF) 병력을 5년간 방기(Bangui)로 추가로 파병하며 상황은 더욱 악화되었다. 외무부 차관 에브라힘 에브라힘(Ebrahim Ishmail Ebrahim)은 '우리는 그곳에 있는 자산을 지켜야 한다'라고 했고 비용은 공식적으로 280억 달러로 추정된다(Patel, 2013). 비극적이게도 2013년 더반 회담에서 BRICS의 고위 인사들이 돌아오기 전날 남아공 병사 수십 명이 1000명가량의 지역 전사와 구경꾼을 죽인 2일간의 전투 후 방기에서 시체가 되었다. 남아공 국가방위군(SANDF) 병사 200명은 차드가 지원하는 셀레카(Seleka) 반군으로부터 남아공의 자산을 확실히 지켜내려고 시도하기는 했다. 보지제는 피신처로 달아났고 셀레카 반군은 '용병'이라는 딱지가 붙은 국가방위군(NDF)의 저항을 받았음에도 보지제의 대통령 관저를 습격해 국가권력을 장악했다. ≪선데이타임스(The Sunday Times)≫의 기자 두 명은 살아 돌아온 남아공 국가방위군 병사를 다음과 같이 인터뷰했다.

우리 병력은 남아공의 소유물을 보호하기 위해 도시의 다양한 지점에 배치되었다. 그들은 우선 우리를 공격했다. 모두가 매복을 당했다고 생각하겠지만 그들은 건물 바깥에 있었고 그중 하나는 요하네스버그의 기업에 속한 다른 건물이었다. …… 솔직히 우리는 거짓말을 했다(Hosken and Mahlangu, 2013: 1).

이 비극적 사건은 미국 정부가 그 동맹의 기업 자산을 지키려고 시도했다가 굴욕적인 군사적 경험 이후 대중의 지지가 시들해진 '베트남 신드롬'으로 이어질 가능성이 있다. 주마 대통령은 진퇴양난의 상황에서 의연하게 대처했지만 '결정적 개입: 위기 지역에 대한 아프리카 대기군(African Standby Force: ASF)의 신속한 배치'를 요구했다(Msimang, 2013). 몇 주 후 그는 1350명의 남아공 국가방위군 병력과 전체 유엔군의 절반에 해당하는 탄자니아와 말라위 병력을 자원이 풍부한 콩고민주공화국의 동쪽에 투입했다. 알려진 바에 따르면 첫 번째 유엔 평화유지 임무는 공격 권한을 부여받아 가공할 화력을 지닌 남아공 헬기부대[루이발크(Rooivalk) 3대와 오릭스(Oryx) 5대]를 다섯 번 출격시키는 것이었으며 그 직후 M23 반군은 2013년 10월에 항복했다(Heitman, 2013). 원래 그 헬기는 산업분석가 시몬 시어(Simon Shear)가 애처롭게 '우리는 불법적인 정권의 폭력적인 전쟁에 복무하기 위해 설계된 국가의 첨단 무기들 중 하나인 루이발크를 결코 잊어서는 안 될 것'이라 묘사했듯 1970년대에 아파르트헤이트 정권으로부터 앙골라를 지키기 위해 활약한 쿠바 군인들과 싸우기 위해 만든 것이다(Shear, 2013). 특히 콩고민주공화국의 전장에서 멀지 않은 곳에서 주마 대통령의 조카 쿨루부세(Khulubuse)는 콩고민주공화국 대통령 조제프 카빌라(Joseph Kabila)가 개인적으로 프리토리아의 확실한 도움을 받아 '주마 가문'의 영업을 승인하는 형태의 알버트 강(Lake Albert)의 100억 달러짜리 석유채굴권 프로젝트를 구입했다(Pauw, 2014).

자신의 포부와 활력에 대한 새로운 아제국주의의 지나친 맹신은 은코
아나-마샤바네(Nkoana-Mashabane)가 대륙에서의 사업을 묘사한 것에서 드
러난다.

새로운 남아공은 19세가 되었지만 우리는 여전히 101년 된 정치 운동인
[ANC]의 역사에 가로막혀 있다. 101년 된 영감은 주변 모든 곳을 평화롭게
하길 원한다. 열아홉 살짜리는 관계의 모든 측면을 초조하게 살피고 말한다.
'어이, 내가 우리 국민들에게 평화 배당을 좀 해야겠는데' …… 우리가 좀 더 통
합되어 있다면 좀 더 낮게 할 수 있겠지만 남아공의 기업들은 좀 더 공격적이
다. 이 열아홉 살짜리는 나가서 돈을 벌 수 있는 곳이 해외 어느 곳에도 없다는
사실을 발견했지만 빠르게 움직인다면 우리 근처의 이웃들에게서 돈을 벌 수
있다(Nkoana-Mashabana, 2013).[2]

몇 주 전, 주마는 다음과 같이 남아공의 기업이 대륙에서 더욱 활발해지
기를 공개적으로 호소했다. '언제나 첫 번째로 도착하는 것이 좋다. 그리
고 만약 우리가 아프리카 사업을 달성하지 못한다면 사람들은 첫 번째에
서 밀려날 것이고 우리는 우리에 대한 방해에 대해 항의나 하게 될 것이
다'(De Wet, 2013). 대륙에서 남아프리카의 자본의 축적은 빠르게 성장했
으며, 요하네스버그의 기업은 특히 광업, 유통, 은행업, 양조, 건설, 서비스
그리고 관광업에서 새로운 기회를 찾아냈다. 남아공에서 가장 큰 기업은
프리토리아가 강력하게 추진한 아프리카의 금융자유화로 인해 늘어난 이
윤을 더욱 쉽게 본국으로 송환할 수 있었고 그로 인해 이익을 얻었다. 하
지만 2000년의 사례와 마찬가지로 화폐의 대부분은 요하네스버그에서 멈

---

2) 강조 표기는 필자.

추지 않았다. 앞서 언급했듯 주로 런던으로 금융 유출이 이뤄졌다.

　BRICS는 어떻게 이런 관계에 영향을 미쳤는가? 무엇보다 그들은 무역, 금융 그리고 투자를 통해 경쟁에 대한 강한 압력을 받았다. 일례로 남아공 무역장관 랍 데이비스(Rob Davies)는 2013년 중반 브라질에서 닭고기를 수입하는 것에 대해 82%의 관세를 부과했고 BRICS가 진정으로 같은 생각을 가진 동맹 단위인지에 대한 의문을 던졌다. 2015년에 추가된 BRICS의 대인관계 교류의 문제는 이민과 방문에 대한 남아공의 새로운 제약 절차(그리고 복잡하게 민영화된 처리 절차)는 극적으로 중국과 인도에서 남아공으로 오는 관광객을 줄였다. 사실 남아프리카 항공(SAA)은 2015년에 요하네스버그로부터 베이징과 뭄바이로 가는 BRICS 내의 직항 노선이 즉석으로 취소되어 높은 손실을 입었다. 남아프리카 항공을 타고 러시아로 날아가기 위해서는 프랑크푸르트나 런던을 거쳐 가야 하는데 오직 수십 년 된 요하네스버그-상파울로 직항만이 남아공에서 BRICS로의 항공 통행량을 반영한다.

5. 배후지에 대한 아제국주의적 개발 금융

　과대평가된 BRICS 사이의 협력에 대한 전반적인 흐름에서 아프리카 투자의 거점으로서의 남아공의 활용 ─ 10년간 지속되는 새로운 형태의 BRICS 내부 엘리트 비즈니스 비자를 2014년 도입했기 때문에 ─ 과 남아공을 통해 대륙으로 거대하게 흐르는 사회기반시설 금융에 대한 전망이라는 두 가지 예외가 있다. 그러나 어떤 면에서 남아공은 다른 BRICS 국가들이 글로벌 금융이 될 때 보조를 맞추지 않았다. 남아프리카 연방 준비은행 부총재인 다니엘 음미넬레(Daniel Mminele)는 2012년 11월 프리토리아가 글로벌 금융가들에 의해 유럽이 뒤흔들어졌을 때를 포함해 더 계몽된 국가들이 지지하는 '로빈후드세(Robin Hood tax)'와 같은 글로벌 규제에 대해 워싱턴과 함께 반대 입장에 서 있었다는 사실을 인정했다(Mminele, 2012). 요하네스버그의 샌드턴(Sandton) 지역은 대륙 최고의 핫머니(hot money) 센터가 되면서 남아공의 금융 권력을 통해 가난한 나라를 쥐어짜는 것은 고질적인 문제가 되었다(Kganyago, 2004).

2008년 주마의 궁정혁명에 의해 대통령직에서 쫓겨난 음베키는 2012년에는 아프리카로부터의 불법적인 자본 유출을 비판했다(Mbeki, 2012). 그는 2015년 「추적해! 멈춰! 가져와! 불법적 금융 흐름에 대한 고급 전문가」라는 아프리카연합-아프리카 경제위원회(AU-ECA)의 보고서를 발표했는데 그 핵심은 다음과 같다.

> 일반적으로 아프리카는 매년 불법적인 금융 흐름으로 인해 500억 달러 이상의 손해를 입는다고 추정한다. 그러나 이 판단은 …… 때때로 뇌물수수나 마약밀매, 인신매매, 무기밀매 같이 본질적으로 비밀스럽고 예측하기 힘든 불법적 금융 흐름을 간과한다(The High Level Panel on Illicit Financial Flows, 2015).

- 광물과 석유의 비밀스러운 거래: (음베키 통솔하의) 남아공 집권당은 음험한 나이지리아, 텍사스 그리고 사담 후세인 통치의 이라크와 의심스러운 지불을 만들었다.
- 정치인에 의한 세금혜택: 음베키가 남아공의 부통령(1994~1999) 그리고 대통령(1998~2008) 재임 기간 14년간 기본 법인세의 비율이 48%에서 28%로 떨어졌다는 것이 그 증거다.
- 자본 유출에 반대 방향의 외환관리: 프리토리아는 (1995년 란드화에 대한)

주요 외환관리 체계를 포기하고 1999년 요하네스버그에서 가장 큰 기업을 런던으로 이전했기 때문에 이윤의 '합법적' 외주화로 인한 남아프리카의 경상수지 적자가 급격하게 증가했다. 이것들은 주마의 보고서에서는 표현될 수 없다.

또한 좀처럼 적절하게 고려되지 못하는 것은 남아공의 남아프리카 개발은행(DBSA)이 요하네스버그가 2016년부터 상하이 이외의 첫 공식 신개발은행(NDB) 지점이 될 때부터 아프리카 내에서 BRICS 은행 역할을 할 능력이 있는지 없는지에 대한 질문이다. 한 가지 이유는 2012년 국가개발계획에서 나타나는 남아프리카 개발은행(DBSA)과 남아프리카 개발공동체(SADC) 사이의 뚜렷한 차이이다. '남아프리카공화국은 결정적으로 아프리카 개발은행(African Development Bank: ADB)과 남아프리카 개발공동체(SADC) 같은 조직 안에서 대표권이 불충분하다. 후자는 남아공이 그룹의 주요 자금 제공자이고 …… BRICS와 지역 내에서 남아공의 의무를 이행하기 위해서는 남아프리카 개발은행이 제도적으로 강화되어야 한다'(National Planning Commission, 2012). 그 강화는 2013~2014년에 남아프리카 개발은행에 20억 달러를 재조달하는 것으로 나타났다. 하지만 남아프리카 개발공동체의 부사무국장인 주앙 새뮤얼 카홀로(João Samuel Caholo)는 분노에 차서 '남아프리카 개발공동체는 남아프리카 개발은행을 위해 뭘 할 수 있을지에 대해 아무것도 말하지 않는다'고 했다(CityPress, 2012).

같은 시기 남아프리카 개발은행은 BRICS의 NDB 디자인에서 프리토리아의 핵심 담당자가 되었고 은행은 2011~2012년 사이에 의심스러운 투자 때문에 400만 달러의 순손실을 기록했다. 자산의 14%는 남아프리카 바깥 지역에 있고 앞으로 남아프리카 개발공동체에 230억 달러를 빌리거나 4억 달러를 빌려 기반시설을 반쯤 민영화할 것이다. 2012년 후반 은행 경험이 전혀 없는 남아프리카 개발은행의 새로운 리더인 패트릭 들라미니(Patrick Dlamini)는 직원을 750명에서 300명으로 줄이고 부패를 허용하지 않는 새로운 개편 과정을 발표했다. '우리는 조야한 일자리와 관련된 남아프리카 개발은행을 더 이상 내버려두지 않을 수 있다'(Mungadze, 2012). 그러나 1년이 지난 후 리포터인 크리스 배런(Chris Barron)은 '직원 해고와 함께 가치 있는 귀중한 정보 기술과 프로젝트 매니저, 다른 기술들도 해고당했다'라고 했다(Barron, 2013). 배런이 지적했듯 3억 2000만 달러 혹은 남아프리카 개발은행 포트폴리오의 7%가량이 케이프타운에 있는 솔 커즈너(Sol Kerzner)의 초호화 원 앤드 온리 호텔(One & Only hotel)에 투자되어 손실되었다. '시시한 수도 처리 시설, 도로, 학교와 병원 대신에 5성급 고급 호텔, 플라티늄(platinum) 장신구와 기타 다른 프로젝트에 돈을 쏟아부었다'(Barron, 2013). 들라미니는 사회와 환경 부문을 모조리 해고해 고용·촉진을 위한 중요한 투자 권한을 포함한 기본적으로 필요한 프로젝트에 돈을 빌리기 힘들게 되었다(Paton, 2013).

프리토리아의 수석 정보관이었던 모 샤이크(Mo Shaik)는 주마 대통령의 정치적인 보호를 받아 해고당하지 않았는데, 검안사 교육을 받았으나 2012년 하버드 경영자 과정을 마친 후 주요 해외 대출 업무를 맡았다(Molatlhwa, 2012). 그는 주마 가문의 부패 스캔들에 연루되었을 뿐 아니라 당황스러운 폭로로 인해 악명이 높았는데 미국 대사관 직원에게 정치적 비밀을 넘기고 차례차례 작성해 국무부 전신으로 보냈다. 이는 위키리크스에 의해 까발려졌다(Rademeyer, 2011). 2015년 초 샤이크는 남아프리카 개발은행 보고서에 걸린 제한을 무장해제를 시키듯 열었다. 남아공 외무부의 주요 전략적 리더십에 대한 이야기에서 (그 저자가 주목했듯) 종종 대륙의 다른 부분에서 일어나는 것에 대해 다음과 같이 인정했다. '경제적 암

살자 같은 느낌이 있다. …… 그들은 필요하지도 않고 지불하지도 못할 [판매] 프로젝트겠지만 내 업무는 그들에게 그 프로젝트를 판매하는 것이다.' 그는 당시 목격한 주요 실패 사례를 정리해 달아냈다.

- 아프리카의 성장은 삶의 질을 더 폭넓고 좋게 만들지는 않았다.
- 잉가[수력발전 계획]의 표면상 큰 문제점은 콩고민주공화국 내에서 누가 80억 달러를 투자할 것인가이다.
- 가나, 케냐 그리고 세네갈의 계획은 실패했고, 쌍둥이 적자(무역적자와 재정적자가 동시에 나타나는 것) 문제가 드러나며 남아프리카 개발은행(DBSA)은 가나의 파이프라인 융자를 중단했다.
- 걸프(Gulf) 만 국가들은 반군에게 무기를 보내 무아마르 카다피(Muammar Gaddafi)를 쓰러뜨렸지만 아랍의 봄에 대한 박수가 무색하게 무기들은 지금 '치명적인 집중'의 아프리카 초승달을 떠나 보코하람(Boko Haram)이 있는 말리와 니제르로 갔다.
- 남부 아프리카에서는 선거가 논쟁이 되었는데 모잠비크에서는 아예 선거가 이뤄지지 않았고 나미비아에선 느리게 진행되었다. 짐바브웨에서는 통치 문제가 지속적으로 일어났다. 그리고 콩고민주공화국-잠비아 국경 프로젝트는 남아프리카 개발은행의 2000만 달러의 투자가 필요해졌고 탄자니아에서는 가뭄으로 수력에너지 전략이 취약해지면서 투자를 가스 300메가와트로 이전했지만 부패 스캔들로 장관 다섯 명이 사임하고 콩고민주공화국에서는 잉가의 주요 차용자인 콩고 국립전기회사(SNEL)의 제도적 역량이 부족했다.
- 석유개발 투자를 유지할 수 없을 정도로 가격이 낮다.
- 서아프리카에서는 에볼라 때문에 거대 투자가 중단되었다.
- 이것들은 나의 고민거리이다. 나는 회계연도 초기에 이러한 일들을 예측하지 못했다. 이건 우리 대륙에서 어떻게 이런 일이 벌어질 수 있는가에 대해

설명해준다. 이건 경고 없이 튀어 오르는 깊은 위험의 예측 불가능성이다.[3]

6. 나가며

계간 ≪제3세계≫에서 윌리엄 로빈슨이 제안한 경고는 반복할 만한 가치가 있다.

> 국제적 통합과 다국적 자본가계급은 BRICS 내에서 더 크게 형성되고 있다. BRICS 주역들은 지배적인 국제 질서에 도전하기보다 글로벌 시스템의 더 광범위한 통합과 덜 불균등한 글로벌 자본주의를 목표로 하며 …… 비판적인 학자들과 글로벌 좌파들은 BRICS를 오해함으로써 남반부의 억압적 국가와 다국적 자본가들의 치어리더가 될 위험이 있다. 우리는 BRICS 국가의 종말과 노동자와 민중 투쟁의 힘이 함께하는 '아래로부터의 BRICS'에 의해 더 나아질 것이다(Robinson, 2015).

앞서 설명한 NDB와 CRA의 위치와 인사를 감안하더라도 브레턴우즈의 '대안'으로서의 BRICS를 바라는 것은 어리석고 마찬가지로 위험하다. 제국주의적 금융을 진정으로 대체하는 다음과 같은 기반을 둘 것.

- 아르헨티나는 부당한 빚을 다루기 위해 2002년 채무불이행 했다.
- 1998년의 말레이시아와 2003년 베네수엘라와 같은 국가의 외환관리는 2013년 키프로스와 2015년 그리스가 그랬듯 엘리트들이 나선 것이다.

---

3) 이 내용은 필자가 그 회의에서 정확하게 메모한 것이다.

- 에콰도르가 수크레(Sucre)로 선보인 형태의 새로운 지역통화협정.

- 제국주의에 저항하는 남반부 정권을 위한 연대 금융, 러시아 경제부 차관
  에 의해 2015년 7월 그리스에는 가능했지만 다시는 일어나지 않을 비참한
  제안.

- 이를테면 차베스에 의해 선보이고 초기 투자를 받은 남반구 은행과 ALBA
  같이 사회와 생태를 염두에 둔 금융 전략과 이와 관련된 호혜무역.

BRICS는 대부분의 경우 2015년 7월 3조 달러 이상을 증발시키고서야
주식시장에 대한 절망적 규제를 하게 되었던 중국이 입증했듯 (위험을) 너
무 늦게 회피했다. 글로벌 금융 통치의 드라마틱한 변화를 위해 필요한 것
은 여전히 위아래 어느 쪽의 정치적 운동으로부터도 만들어지지 않는 진
취성이다. 세계금융의 위험성은 신흥 시장의 '취약한 다섯 개' 중 하나로
서 미국 연방준비제도이사회가 양적 완화를 하자마자 2013년 중반 급격
한 통화 공황에 시달린 남아프리카의 관점에서 명백하다. 그러나 퓨(Pew)
연구센터가 실시한 2013년 세계 여론조사에서 남아공 사람의 단 3분의 1
만이 '국제 금융 불안정성'을 주요한 위협(이외 3대 위협은 기후변화와 중국과
의 경제 경쟁)을 지목한 반면 세계인의 52%가 '국제 금융 불안정성'을 위협
으로 지목했다 — 기후변화는 54%로 근접했다 — (Pew Research Global Attitudes
Project, 2015). 2년 후 남아공인의 인식 수준에서 국제 금융 불안정성은 과
거와 같았고, 기후변화는 약간 낮은 관심을 보였다. 이런 무지의 진행은
부끄러운 것이었는데 1994년 남아공에서 자유가 승리한 이래 란드화가
몇 주 만에 7회에 걸쳐 15% 이상 하락했기 때문이다. 2011년부터 2015년
까지의 하락은 미국 달러에 비해 절반 이상이었다. (공공 의식의 다른 느림보
인 중국은 3주 만에 3조 달러 이상을 날려버린 주요 증권시장의 몰락 한 달 전인
2015년에 단 16%만이 경제 불안정을 걱정했다.)

이러한 맥락에서 세계 엘리트의 신자유주의는 음보웨니와 마스도르프, (2014년에 로스차일드 은행으로 간) 전 재무장관 트레버 마누엘(Trevor Manuel) 같은 사람에게 매혹적이다. 필자는 2013년 계간 ≪제3세계≫에서 BRICS 의 위험성에 대해 썼다.

- IMF의 긴축 재정과 갱신된 WTO라운드의 공격을 촉진한다.
- 출범된 BRICS 개발 은행은 인간, 생태, 경제적 상황을 악화시키는 세계은행 이다.
- 빠른 자원과 석유 채굴에 대한 열의가 중앙아프리카를 아류제국주의자들 사 이의 대량 살육전을 동반하는 새로운 전장으로 만든다.
- 기후협약을 방해하거나 (무력화된) 탄소 시장을 통해 배출량을 상쇄하기 위 해 미국이 합류한다.
- 자국 기업이 촉진하는 배후지에 대한 수탈(Bond, 2013).

이런 위험은 오늘날 더욱 크다. '카운터 헤게모니 네트워크보다 중요 하지 않은 제국주의 그리고 BRICS의 아류제국주의 양쪽에 맞서는 운동 의 아래로부터의 건설' 작업이 그렇다. 그러나 새로운 멤버 선출 문제는 BRICS 중간층의 NGO와 지식인으로부터 더욱 심각하게 대두되었다. 앞 서 언급했듯 일반적으로 비판적인 해설가들[벨로, 캠벨, 데사이, 웨이스브로 트 그리고 휘트니]은 직면한 모순과 상관없이 BRICS의 새로운 금융기관을 지지했다. 이와 대조적으로 과거의 남부 센터에 관리자로 참여한 야시 탄 돈(Yash Tandon)은 '패트릭 본드(Patrick Bond)와 그 동료들은 존재하지 않은 범주를 날조했다. 그것은 진보 진영이 진정으로 우려해야 할 주제로부터 집중력을 흐트러뜨린다'고 단언했다(Tandon, 2014). [더 가벼운 비판은 빌 마 틴(Bill Martin)을 참고하라(Martin, 2013)]. 블라디미르 수빈(Vladimir Shubin)에 따르면, 'BRICS에 대한 좌파들의 비판은 "완벽주의적" 입장으로부터 나온다'(Shubin, 2013).

　시민사회(그리고 '시민화된' 사회)는 아류제국주의에 대한 우리의 비판과 비슷한 걱정거리를 품고 있다. '중간층으로부터의 BRICS' NGO와 아래로부터의 BRICS 사회운동은 위험을 심각하게 받아들이는 데 실패했다. 2013년 더반, 2014년 포르탈레자(Fortaleza)에서 벌어진 BRICS에 비판적인 시민사회 그룹의 두 번의 회담 반대 이후 2015년 모스크바의 '시민-BRICS(Civil-BRICS)' 회담은 BRICS 엘리트에게 합법성을 부여하는 것을 소집의 공식적인 촉매로 삼은 동시에 정부는 반체제인사를 잡아들였다. 아이러니하게도 같은 시기에 아래로부터의 BRICS 프로젝트인 관광은 좌절되었다. 공식적인 적대감은 2015년 중반 프리토리아에서 중국과 인도에 대해 남아공의 새로운 비자 조건(영사관 직접 방문이 필요한 민영화된 서비스)을 제시하면서 드러났다. 2015년 상반기에 남아공으로의 중국 관광객은 2014년의 3분의 1로 하락했고 인도도 비슷했다(Maqutu, 2015). 이와 동시에 남아프리카 항공은 요하네스버그로부터 베이징과 뭄바이로 가는 직항 노선을 취소했다. 이러한 BRICS 시민 사이의 평범한 관계와는 대조적으로 BRICS 상류계층의 비즈니스 리더들은 10년 복수 입국 비자를 위해 성공적으로 로비했다.
　진정한 아래로부터의 BRICS 전략은 가능하지만 아직은 자리가 잡히지 않았다. 왜냐하면 룩셈부르크가 지적했듯 자본주의는 전 자본주의 관계를 집어삼켜야 하며 이는 필연적으로 저항적인 신흥 아프리카의 반개발주의 정치를 만들어낸다. AFP가 기록한 아프리카 개발은행(ADB)에 맞선 아프리카의 사회적 저항은 2010년부터 급증했고 2011년 더 성장할 수 있었으며 2012년에 일시적이지만 성공적이었고 2013년에 저항의 수준이 더 높아졌으며 2014년엔 다소 감소했다[ABD et al., 2015; 이러한 가능성에 대해 더 자세한 내용은 (Bond and Garcia, 2015)를 참조하라]. 저항은 다양한 사회경제적 불만을 다루었지만 앞일을 위해 특히 빠르게 하락하는 상품 가격으로 인한 글로벌 자본주의 공황과 대륙에 기반을 둔 다국적기업의 이윤을 줄이기 위한 상향식 저항의 결합에 더 집중해야 한다.

거대한 저항은 BRICS 프로젝트가 빈민과 노동계급의 필요 논리를 진정으로 행하도록 권해야 한다. 그러나 힘의 균형은 이를테면 대안적 금융 전략에서 드라마틱하게 전환될 것이다. 이러한 변화 없이 만약 지우마 호세프(Dilma Rousseff), 블라디미르 푸틴(Vladimir Putin), 나렌드라 모디(Narendra Modi), 시진핑, 주마가 최근 몇 년 같은 행보를 계속하고, BRICS 기업과 금융업자가 100년 전 룩셈부르크가 지적했던 제국주의가 했던 것과 거의 같은 방식으로 자본을 수출해 과잉 축적 위기를 해결한다면 BRICS는 아류 제국주의 블록으로 평가받을 만하다.

참고문헌

African Development Bank(ABD), Organisation for Economic Cooperation and Development, United Nations Development Programme and European Union. 2015. *African Economic Outlook 2015.*

Amabhungane. 2013. "Is this what our Soldiers died For?" *Mail & Guardian*, March 28. http://mg.co.za/article/2013-03-28-00-central-african-republic-is-this-what-our-sol diers-died-for.

Andes. 2013.6.12. "The Banco del Sur initiates Operations in Caracas." http://www.andes. info.ec/en/economia/banco-sur-initiates-operations-caracas.html.

Barron, Chris. 2013. "Development Bank of Southern Africa: New CEO, Same Promises." *Sunday Times*, October 6.

Bello, Walden. 2014. "The BRICS: Challengers to the Global *Status Quo.*" *Foreign Policy in Focus*, August 29. http://fpif.org/brics-challengers-global-status-quo/

Bloomberg News. 2015.7.10. "$100 billion BRICS Lender more Keen on Risk than World Bank." http://www.bloomberg.com/news/articles/2015-07-10/brics-100-billion-lender- seeks-riskier-projectsthan-world-bank.

Bohm, Steffen, Mari Ceci Misoczky, and Sandra Moog. 2012. "Greening Capitalism? A Marxist Critique of Carbon Markets." *Organization Studies* 33, No.11, pp.1617~1638.

Bond, Patrick and Ana Garcia(eds.). 2015. *BRICS: An Anti-capitalist Critique.* London: Pluto Press.

_____. 2014. *Elite Transition.* London: Pluto Press.

_____. 2013. "Sub-imperialism as Lubricant of Neoliberalism: South African 'Deputy Sheriff' Duty within BRICS." *Third World Quarterly* 34, No.2, pp.251~270.

_____. 2009. "Removing Neocolonialism's APRM Mask: A Critique of the African Peer Review Mechanism." *Review of African Political Economy* 36, No.122, pp.595~603.

_____. 2005. *Fanon's Warning.* Trenton: Africa World Press.

_____. 2003. *Against Global Apartheid.* London: Zed Books.

Bond, Patrick, Horman Chitonge and Arndt Hopfmann(eds.). 2007. *The Accumulation of Capital in Southern Africa.* Berlin/Durban: Rosa Luxemburg Foundation/Centre for Civil Society.

BRICS Business Council. 2014. *The Energy and Green Economy Working Group Written Report.* Sao Paolo, May 24. http://brics,tpprf,ru/download,php?GET=6LPAY%2F81

Bmw4jugd58EVrg%3D%3D.

BRICS Post. 2015.7.1. "$100bn BRICS Monetary Fund to be Operational in 30 Days." http://thebricspost.com/100bn-brics-monetary-fund-to-be-operational-in-30-days/#,VcdBzvmS-Qc.

Campbell, Horace. 2014. "BRICS Bank Challenges the Exorbitant Privilege of the US Dollar." TeleSUR, July 24. www.telesurtv.net/english/bloggers/BRICS-Bank-Challenge-the-Exorbitant-Privilege-of-the-US-Dollar-20140724-0003.html.

CityPress. 2012. "SADC banks on own Development Bank." June 23. http://www.citypress.co.za/business/sadc-banks-on-own-development-bank-20120623.

Cobbett, Julius. 2008. "Mboweni's Pay Increase Double Inflation." *Moneyweb*, September 4. http://www.moneyweb.co.za/archive/mbowenis-pay-increase-double-inflation.

Coleman, Colin. 2014. "South Africa's Chance to Repeat the Mandela Miracle." *Financial Times*, April 24. http://www.ft.com/intl/cms/s/0/84a8d2a4-cb9b-11e3-8ccf-00144feabdc0,html#axzz3iHlfQF5t.

Desai, Radhika. 2013. "The BRICS are building a Challenge to Western Economic Supremacy." *Guardian*, April 2. http://www.theguardian.com/commentisfree/2013/apr/02/brics-challenge-western-supremacy.

DeWet, Phillip. 2013. "Zuma to Business: Seize Africa, Settle with Labour." *Mail & Guardian*, 10, pp.1~5.

Durden, Tyler. 2015. "China's Record Dumping of US Treasuries leaves Goldman Speechless." *ZeroHedge*, July 22. http://www.zerohedge.com/news/2015-07-21/chinas-record-dumping-us-treasuriesleaves-goldman-speechless.

Ernst & Young. 2013. *Africa Attractiveness Survey*. London: Ernst and Young. http://www.ey.com/ZA/en/Issues/Business-environment/Africa-Attractiveness-Survey.

Fry, Tom. 2012. "Kim crowned World Bank President." World Bank President, April 16. http://www.worldbankpresident.org/tom-fry/uncategorized/kim-crowned-world-bank-president.

Harvey, David. 2003. *The New Imperialism*. Oxford: Oxford University Press.

Heitman, Helmoed. 2013. "Rooivalk Attack Helo makes Combat Debut in DRC." *Janes Defense Weekly*, November 13. http://www.janes.com/article/30155/update-rooivalk-attack-helo-makes-combatdebut-in-drc.

High Level Panel on Illicit Financial Flows. 2015. *Track it! Stop it! Get it!* Addis Ababa: African Union, April 25. http://www.csrinternational.org/govresearch/illicit-financial-flows.

Hosken, Graham and Isaac Mahlangu. 2013. "We were Killing Kids." *Sunday Times*, March 31. http://www.timeslive.co.za/local/2013/03/31/we-were-killing-kids-1.

Kasrils, Ronnie. 2013. "The ANC's Faustian Moment." *Cape Times*, June 21. http://

www.iol.co.za/capetimes/the-anc-s-faustian-moment-1,1535594.

Kganyago, Lesetja. 2004. "South Africa as a Financial Centre for Africa." Speech delivered at the Reuters Economist of the Year Award Ceremony, Johannesburg, August 11.

Laverty, Alex. 2011. "Globalization in Emerging Markets: How South Africa's Relationship to Africa Serves the BRICS." *African File*, May 2. http://theafricanfile. com/public-diplomacy/international-relations/globalization-in-emerging-markets-un ited-how-south-africa%E2%80%99s-relationship-to-africaserves-the-brics.

Luxemburg, Rosa. 1968. *The Accumulation of Capital*. 1913. Reprint, New York, NY: Monthly Review Press.

Mandeng, Ousmene Jacques. 2014. "Does the World really need a Brics Bank?" *Financial Times*, 15 July. http://blogs,ft.com/beyond-brics/2014/07/15/guest-post-does-the-world-really-need-a-brics-bank/.

Maqutu, Andiswa. 2015. "New Visa Rules a Danger to Future of Tourism, Panel tells Hanekom." *Business Day*, July 20. http://www.bdlive.co.za/business/transport/2015/ 07/20/new-visa-rules-a-danger-tofuture-of-tourism-panel-tells-hanekom.

Marini, Ruy Mauro. 1965. "Brazilian Interdependence and Imperialist Integration." *Monthly Review* 17, No.7, pp.14~24.

Martin, William. 2013. "South Africa and the 'New Scramble for Africa': Imperialist, Sub-imperialist, or Victim?" *Agrarian South: Journal of Political Economy* 2, No.2, pp.161~188.

Mataboge, Mmanledi. 2013. "Nkoana-Mashabane: SA's not Looting the Continent, we're Cultivating Peace and Trade." *Mail and Guardian*, November 15. http://mg.co. za/article/2013-11-15-00-sas-notlooting-the-continent-were-cultivating-peace-and-trade.

Matavire, Max. 2013. "Mboweni: Beware Politicians Promising Jobs." Fin24, March 24. http://www.fin24.com/Economy/Mboweni-Beware-politicians-promising-jobs-2013 0324.

Mbeki, Thabo. 2012. "Tackling Illicit Capital Flows for Economic Transformation." Thabo Mbeki Foundation, Johannesburg. http://www.thabombekifoundation.org.za/Pages/ Tackling-Illicit-Capital-Flowsfor-Economic-Transformation.aspx.

Mboweni, Tito. 2004. "BMF Corporate Update Gala Dinner." Speech at Black Management Forum Gala Dinner, June 18. http://www.polity.org.za/print-version/ mboweni-bmf-corporate-update-gala-dinner-1862004-2004-06-18

Mminele, Daniel. 2012. "South Africa and the G20." Keynote address to the South African Institute of International Affairs G20 Study Group, October 12. https://www.bis.org/review/r121105e,pdf.

Mnyandu, Ellis. 2015. "BRICS will play a Profound Role-Maasdorp." Business Report,

July 6. http://www.iol.co.za/business/opinion/columnists/brics-will-play-a-profound-role-maasdorp-1,1880622.

Mohamed, Seeraj. 2010. "The State of the South African Economy." In *New South African Review*, in J. Daniel, R. Southall, P. Naidoo and D. Pillay(eds.), Johannesburg: Wits University Press, pp.39~64.

Molatlhwa, Olebogeng. 2012. "DBSA not backing down on Mo." *Sunday World*, August 13. http://www.sundayworld.co.za/news/2012/08/13/dbsa-not-backing-down-on-mo.

Msimang, Sisonke. 2013. "Will the Real Superpower please stand Up?" *Daily Maverick*, May 8. http://www.dailymaverick.co.za/opinionista/2013-05-08-will-the-real-superpower-please-standup/#,UYti34IwNDp.

Mungadze, Samuel. 2012. "DBSA to cut Equity Investments." *Business Day*, December 12.

National Planning Commission, Republic of South Africa. 2012. "Positioning South Africa in the World." In *National Development Plan 2030: Our Future-Make It Work*. Pretoria: National Planning Commission, August, pp.235~257. http://www.npconline.co.za/MediaLib/Downloads/Downloads/NDP%202030%20-%20Our%20future%20-%20make%20it%20work,pdf.

Nkoana-Mashabana, Maiti. 2013. "Speech by the Minister of International Relations and Cooperation at the BRICS Academic Forum Welcome Dinner." Durban, March 10. http://www.dirco,gov,za/docs/speeches/2013/mash0313,html.

Onyango-Obbo, Charles. 2013. "Return to Crisis in the Great Lakes." Naked Chiefs, September 19. http://nakedchiefs.com/2013/09/19/return-to-crisis-in-the-great-lakes-star-of-the-zuma-clan-hits-ajackpot-in-dr-congo.

Patel, Khadija. 2013. "Analysis: The World According to Dirco." *Daily Maverick*, January 25.

Paton, Carol. 2013. "Are the Right People leaving DBSA?" *Business Day*, April 10. http://www.bdlive.co.za/business/financial/2013/04/10/are-the-right-people-leaving-dbsa.

Pauw, Jacques. 2014. "Khulubuse Zuma's R100 billion Oil Deal." *City Press*, May 18. http://www.citypress.co.za/news/khulubuse-zumas-r100bn-oil-deal/.

Pew Research Global Attitudes Project. 2015. "Climate Change seen as Top Global Threat." July 14. http://www.pewglobal.org/2015/07/14/climate-change-seen-as-top-global-threat/.

Rademeyer, Julian. 2011. "WikiLeaks exposes SA Spy Boss." *Beeld*, January 23. http://www.news24.com/SouthAfrica/News/Wikileaks-exposes-SA-spy-boss-20110123.

Reuters. 2014. "World Bank welcomes China-led Infrastructure Bank." July 8.

http://www.reuters.com/article/2014/07/08/us-china-world-bank-idUSKBN0FD0T U20140708.

Robinson, William. 2015. "The Transnational State and the BRICS: A Global Capitalism Perspective." *Third World Quarterly* 36, No.1, pp.1~21.

Shear, Simon. 2013. "A Brief (Brutal) History of the Rooivalk." eNCA, September 1. http://www.enca.com/technology/brief-brutal-history-rooivalk.

Shubin, Vladimir. 2013. "BRICS viewed from Russia." *Pambazuka News*, March 20. http://www.pambazuka.org/en/category/features/86658/print.

South African Reserve Bank. 2015. *Quarterly Bulletin*, September.

Stratfor. 2009. "Monography for Comment: South Africa." WikiLeaks, May 5. http://search,wikileaks.org/gifiles/?viewemailid=951571.

Tandon, Yash. 2014. "On Sub-imperialism and BRICS Bashing." Personal blog, April 29. http://yashtandon.com/on-sub-imperialism-and-brics-bashing/.

Weisbrot, Mark. 2014. "BRICS' New Financial Institutions could undermine US-U Global Dominance." Al Jazeera, July 18. http://america,aljazeera.com/opinions/ 2014/7/brics-developmentbankimffinance.html.

Whitney, Mike. 2015. "Putin leads BRICS Uprising." *CounterPunch*, July 10. http://www.counterpunch.org/2015/07/10/putin-leads-brics-uprising/.

Wolpe, Harold(ed.). 1980. *The Articulation of Modes of Production*. London: Routledge & Kegan Paul.

World Bank. 2014. *The Little Green Data Book*. Washington, DC: World Bank Group.

_____. 2011. *The Changing Wealth of Nations*. Washington. DC: World Bank Group.

제2장

글로벌 군수산업을 통해 본
대안적 산업 재편의 가능성

김어진 ㅣ 경상대학교 사회과학연구원 연구교수

1. 들어가며

1) 연구과제와 목표

지난 이명박 정부와 현 정부하에서 군수산업(military industry)[1]은 신성장 동력을 대표하는 산업으로 지칭되었다. 방위사업청은 국방기술과 민간

---

[1] 군수산업은 군사적 용도를 전제로 재화와 용역을 생산·판매하기 위한 일련의 산업구조를 말한다. 군수산업과 혼용되어 사용되는 용어로는 방위산업(defence industry)이 있고, 유사하게 쓰이는 용어로는 무기산업(weapons industry), 전쟁산업(war industry), 군수조달산업 등이 있다. 먼저 방위산업은 군수산업 일반을 의미하며, 군수산업과 방위산업은 실제로 같은 의미로 쓰이는 경우가 많은데, 자국이 먼저 타국을 침략하지 않는다는 것을 가시적으로 드러내기 위해 고안된 개념이라 할 수 있다. 어느 나라도 자국의 군수산업을 '공격'산업이라 호칭하지 않으므로, 우리가 일반적으로 사용하는 군수산업과 방위산업은 같은 의미로 해설될 수 있으며, 따라서 이 글에서도 두 개념은 같은 의미로 쓰이게 될 것이다(홍성민, 2003: 6).

기술의 융합을 통한 첨단기술의 파급효과를 극대화함으로써 무기의 글로
벌 수출판로를 확대하고 국방력 증대와 경제성장이라는 두 마리 토끼를
잡을 수 있다고 공언해왔다(채우석·정호용, 2014). 군수산업이 일자리 창출
의 동력이 될 수 있다는 점도 부각되어왔다. 방위산업청은 군수산업의 고
용증가율이 최근 4년간 6.3%로 제조업의 1.1%의 여섯 배 수준임을 강조
해왔다. 특히 군수산업에 고용된 인력 중 R&D 인력 비중이 26%임을 들어
군수산업이 고급 일자리 창출의 동력원임을 강조한다.

　한국의 군수산업은 급변하는 글로벌 군수산업계에 의미 있는 경쟁자로
진입하려는 도상에 있다. 그런데 현재 글로벌 군수산업은 급격하게 변모
하고 있다. 국방 예산의 감소, 내수시장 축소로 전체적인 생산 규모 감소,
방산 수출 경쟁의 가속화, 인수합병 전면화, 리스크 회피를 위한 국제 공
동개발, 국방 예산의 감소 추세에도 무기 첨단화 경향이 주된 흐름이다(장
원준 외, 2013: 47). 특히 미국 및 유럽뿐 아니라 중국과 이스라엘, 호주 등
의 새로운 경쟁자 출현으로 글로벌 무기 경쟁이 격화되고 있다. 1975년 칼
빈 실탄 수출로 시작해 이제는 25억 달러가 넘는 수출을 이뤄내고 있지만
여러 장애물에 부딪히고 있는 한국의 군수산업은 중대한 전환점에 놓여
있다.

　위와 같은 현실 인식을 바탕으로 이 논문은 두 가지 연구 과제를 수행하
고자 한다. 첫째, 글로벌 군수산업의 변화(1990년대 이후)와 한국 군수산업
의 현황을 살펴보면서 군수산업이 현 사회에 미치는 영향을 살펴본다. 특
히 사회적으로 유용한 생산이라는 개념에 비추어 군수산업이 지속 가능하
고 균형적인 사회적 투자 및 고용에 어떤 영향을 미치는지를 검토하고자
한다. 둘째, 시론적이기는 하나 군수산업의 재편 방향에 관한 국내외의 이
론적 동향을 소개하고 검토하고자 한다.

　이 논문은 이를 통해 군수산업에 소요되는 사회적 가치가 지정학적 경

쟁의 도구가 되기보다는 전 사회적으로 유용한 생산 및 재생산에 이바지할 수 있음을 강조하고자 한다. 긴장이 고조되고 있는 동북아시아 평화의 중요한 계기가 될 것임은 말할 나위도 없다.

2) 선행연구 검토

군수산업의 파급효과 등에 관해서는 적지 않은 국내외 연구가 존재해 왔다. 민군기술 패러다임의 강조와 군수산업의 고용확대 효과에 관해서는 산업연구원 소속 연구자들의 연구가 있다. 장원준 등과 안영수 등의 연구가 주요하다(장원준 외, 2014; 안영수 외, 2013). 민군 간의 분리된 R&D를 원칙으로 하되, 기술 이전의 활성화를 통해 국방에서 민간으로의 기술적인 파급효과를 극대화하자는 제언이 주된 내용이다(안영수 외, 2013: 27).

이 연구들은 탈냉전 이후 각국이 냉전 시기의 군수 특화 발전 전략에서 벗어나 민군 겸용 발전 전략을 취하고 있음을 강조하고 군수산업의 기술이 민간에 파급됨으로써 고용확대와 경제의 효율성을 높일 수 있음을 강조한다. 이준구는 민군기술 협력의 국제 사례(미국·영국·이스라엘)를 비교하면서 한국에서 국가 과학기술과 방위산업의 동시 발전과 민군 기술 협력의 발전 가능성을 적극적으로 평가한다(이준구, 2013). 김진기는 박정희 시대의 방위산업 발전 전략이 이미 민군 겸용 발전 전략의 모델을 제시했다고 평가하면서 한국 군수산업의 민군기술 협력의 기반이 이미 존재하고 있음을 강조한다(김진기, 2008).

민군 겸용 패러다임의 효과 및 군수산업 고용확대 효과의 한계에 관해서는 조순경 등의 연구가 존재한다(조순경, 1993). 양운철은 민수 전환이 특정한 사회구성체에서는 비효율성을 더욱 늘릴 수 있음을 지적하고 있으나 민군기술 패러다임 전반의 파급효과를 다루고 있지는 않다. 무엇보다 군수산업에 관한 연구 가운데 군수산업 노동자들의 고용 조건 등을 다루는 연구는 거의 존재하지 않는다. 군수산업이 창조경제의 성장 동력임이 강조되어왔다는 점에 비춰 보면 군수산업에 고용 인력의 노동조건에 관한 조사와 탐구는 그 자체로도 의미 있는 작업이라 할 수 있겠다. 결론적으로, 이 논문은 군수 기술의 사회적 효용성을 본격적으로 다뤘다는 점에서 유용성을 지닌다(양운철, 2013).

위 연구과제들을 위해 필자는 스톡홀름국제평화연구소(SIPRI)의 군비 데이터베이스(SIPRI Military Expenditure Database), 한국방위산업진흥회 방산통계(http://www.kida.or.kr), 방위사업청 방위사업정보(www.dapa.mil), CPSIA의 군수산업 사전, 산업연구원의 자료 등을 기초 통계 자료로 활용했다. '미래를 걱정하는 과학자들의 모임(Scientists for Global Responsibility: SGR)' 과 군수산업의 대안적 재편을 주장해온 연구자들의 논문 등을 참고했다. 또한 '사회적으로 유용한 생산'이라는 개념에 입각한 시도였던 루카스 항공 노동자들의 실험 등을 참고했다.

한국 군수산업의 현황과 노동조건을 조사하기 위해 주요 군수산업체 노동자들을 인터뷰했다. 인터뷰 대상자는 한국 군수산업의 주요 생산 부문인 화력·함정·항공 분야를 대표하는 기업체에 고용된 노동자로 한정했다. 화력 부문은 한화테크윈(구 삼성테크윈), 함정 부문은 한진중공업 및 대우조선해양의 특수부, 항공 분야는 한국우주항공산업주식회사를 선택했다. 기동 및 화력 분야의 기업들이 밀집해 있는 창원의 금속노조 경남본부와 대우조선해양노조의 자료도 그 근거로 제시하고 있다. 군수산업에 고용된 노동자들의 의식에 관해서는 본격적인 논의를 전개하기에 아직 기초적인 조사는 부족하다. 그러나 한국의 조직화된 노동자 부문의 일부로서 군수산업의 노동자 운동은 한국 노동운동에서도 전략적 의미를 가질 수 있겠다.

2. 글로벌 군수산업의 변화 양상과 민군 겸용 기술 확대 전략 검토

1) 냉전 해체 이후 글로벌 군수산업의 변화

군수산업은 공급과 수요 측면 모두에서 독점적 성격을 갖고, 규모의 경제를 달성하기 어렵다는 점, 고정비용의 비중이 높다는 특징을 갖는다(김정호·안영수·장원준, 2012; 김형균, 1997, 홍성민, 2003 등). 특히 선진국들이 최첨단 기술 이전을 기피하고 있고 갈수록 무기 체계가 고도화·정밀화되면서 새로운 무기 체계를 개발하고 전력화하는 데서 천문학적 예산이 소요되고 있다. 예를 들어 F-16 전투기 한 대가 4000만 달러를 호가하며, 스텔스 전폭기 한 대에 1조 5600억 원이 소요된다. 무기 체계의 급속한 발전으로 기술의 진부화가 빠른 반면 투자의 회수 기간이 길어 하나의 무기 체계의 소요 제기부터 전력화까지 통상 10년 이상이 소요된다(홍성민, 2003: 8~9).

미국 군수산업계와 SIPRI의 분석에 의하면 군수산업은 1시기(태동기, ~1950년대)를 걸쳐 2시기(냉전 시대의 확장기, 1960~1980년대)와 3시기(탈냉전 시대 이후의 1차 구조 고도화기, 1990년대), 그리고 2000년대 이후부터 2008년 금융위기 전까지의 4시기인 2차 구조조정기를 거쳐왔다. 2009년 이후 현재까지의 3차 구조조정 시기를 5시기로 구분한다(장원준 외, 2014b). 아래 그림을 보면 냉전 직전까지 급속하게 늘어났던 군비 지출은 냉전 이후 1990년대 후반까지 지속적으로 감소했다가 2003년 이라크 전쟁을 전후로 급상승했으나 다시 2008년 세계경제 위기 이후 급감하고 있다.

군수산업은 군사적 케인스주의 시대라 불릴 수 있었던 2차 대전 이후부터 냉전 해체 전까지는 경제성장과 고용확대에 기여했다. 실제로 2차 대

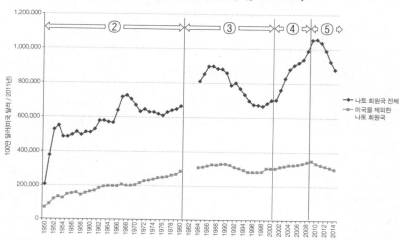

〈그림 2-1〉 나토의 군사비 지출 추이(1950~2014)

자료: SIPRI.

전 직후부터 한국 전쟁 발발 이전의 상대적 '군비 축소' 기간에조차 "군사비의 총계는 1년에 약 150억 달러에 달했다. 그것은 사적 자본수출 총액의 무려 25배에 달한 수치였다. 당시 마셜 원조의 총계가 한 해 50억 달러를 넘지 않았음을 고려하면 군비 투자를 통한 경제성장 전략의 효과는 매우 컸다"(Singer, 2012). 당시 군수산업이 세계경제에서 차지하는 비중은 실로 막대했다.

그러나 냉전 해체 이후 군수산업은 상당한 변화를 겪어왔다. 글로벌 군수산업의 추세에 대한 시기는 대체로 다음과 같이 요약된다.

첫째, <그림 2-1>에서 살펴보듯이 군비가 GDP에서 차지하는 비율은 급격히 줄어들었다. GDP 대비 군사비 비중이 9%에 달했던 1968년에 비하면 현재 GDP 대비 군사비 비중은 4%를 전후한 규모이다.

그러나 여기서 주목할 바는 장비 획득과 유지 비용이 차지하는 비중은 증가했다는 점이다. 장비 획득 및 유지에 소요되는 비중은 무기 획득 조달

〈표 2-1〉 미 GDP 대비 군비 예산 비중 추이(1960~2013)

연도	GDP(10억 달러)	군사비	GDP 비중(%)	연도	GDP(10억 달러)	군사비	GDP 비중(%)
1960	526.4	41.32	7.85	1987	4736.4	28	5.95
1961	544.8	43.09	7.91	1988	5100.4	29	5.69
1962	585.7	52.36	8.94	1989	5482.1	30	5.54
1963	617.8	53.37	8.64	1990	5800.5	29	5.16
1964	663.6	54.74	8.25	1991	5992.1	27	4.56
1965	719.1	50.62	7.04	1992	6342.3	29	4.7
1966	787.7	58.1	7.38	1993	6667.4	29	4.37
1967	832.4	71.4	8.58	1994	7085.2	28	3.98
1968	909.8	81.8	9	1995	7414.7	27	3.67
1969	984.4	82.5	8.38	1996	7838.5	26	3.39
1970	1038.3	81.7	7.87	1997	8332.4	27	3.25
1971	1126.8	78.8	7	1998	8793.5	26	3.05
1972	1237.9	79.2	6.4	1999	9353.5	27	2.94
1973	1382.3	76.7	5.55	2000	9951.5	29	2.96
1974	1499.5	79.3	5.29	2001	10286.2	30	2.96
1975	1637.7	86.4	5.28	2002	10642.3	34	3.27
1976	1824.6	89.5	4.91	2003	11142.2	40	3.63
1977	2030.1	97.2	4.79	2004	11853.3	45	3.85
1978	2293.8	10.4	4.56	2005	12623	49	3.92
1979	2562.2	11.6	4.54	2006	13377.2	52	3.9
1980	2788.1	13.4	4.81	2007	14028.7	55	3.93
1981	3126.8	15.7	5.04	2008	14369.1	61	4.29
1982	3253.2	18.5	5.7	2009	13939	66	4.74
1983	3534.6	20.9	5.94	2010	14508.2	69	4.78
1984	3930.9	22.7	5.79	2011	14958.6	70	4.72
1985	4217.5	25.2	5.99	2012	15601.5	71	4.59
1986	4460.1	27.3	6.13	2013	16335	70	4.3

자료: http://www.usgovernmentspending.com

비용이다. 인력에 소요되는 비용(군인보험 등)은 줄여 무기 비용을 늘리는 추세다. 군비지출 감소가 있는 경우에는 무기 구매 축소보다는 거의 임금과 연금을 삭감하고 인력을 줄이는 것과 관련 있다(Slijper, 2013: 2; Custers,

P., 2010). 이는 한국에서도 확인되는 현실이다. 국방부의 '14-18 국방중기 계획'상의 군수 지원 및 협력에 관한 자료를 보면 장비 획득 증가율은 5.9%, 장비 유지 증가율은 8.3%를 기록하고 있으며, 장비 획득 및 유지 비중이 국방의 60%를 넘는다. 군수 지원 및 협력 예산의 높은 증가율은 상대적으로 장비 획득과 물자 획득 예산의 두드러진 증가 추세에 기인한 것으로 판단된다(백재욱 외, 2014: 178~179).

이는 무기에 대한 안정적인 수요는 줄어들었지만, 냉전 이후 지정학적 경쟁 격화로 예측 불가능한 수요가 급작스럽게 폭발하고 첨단 무기에 대한 수요가 급격하게 늘어난 결과이다. 최근 통합군 시스템을 통해 해군력을 중심으로 공군 및 육군의 전력이 결합되는 최근의 추세 때문에 첨단 무기 수요가 급증한 결과이다.

둘째, 군수산업 수요의 불안정성이 상수화되어 글로벌 무기 수출이 확대되고 있어 무기 수출 경쟁이 격화되고 있다. 국내 수요가 급감하지만 언제 필요할지 모를 첨단 무기를 상시적으로 생산해야 하므로 잉여 무기를 해외에 더 많이 수출하는 것은 군수산업계의 사활적인 생존 전략이 되었다.[2] 특히 미국 및 유럽의 군수산업계에는 새로운 경쟁자들이 거듭 출현하고 있는 형국이다. 그에 따라 무기 수출은 갈수록 격화되고 있다. 앞서 지적했듯이 무기 수출 후발 주자들인 중국·이탈리아·이스라엘 등은 고성

---

2) 생활필수품의 수요가 안정적인 반면 무기 수요는 예측 불가능하다. 그러나 즉각적 수요가 지속되지 않거나 평상시에 무기 수요가 없다고 해서 첨단 무기 개발 및 생산이 중단 또는 폐쇄되지는 않는다. 그 결과 종종 무기 수출의 활성화가 유일한 해결책으로 제시되곤 한다. 1913년 독일의 무기회사 크루프(Krupp)의 부패 시비가 있었을 때 제국의회에 나온 전쟁 상인 헤링겐(Joslas von Heeringen)이 '유사시에 필요한 무기 생산 능력을 유지하려면 평화 시에는 무기회사들이 수출을 하도록 해야 한다'고 답했던 것은 유명한 일화다. 특히 세계경제 정치가 더욱 불안정화되는 상황에서 급작스러운 수요 폭발에 대비할 수 있는 여건 확보는 군수산업 성장 전략으로 거론되고 있다.

능 방산품을 내세워 글로벌 수출 경쟁에 뛰어들고 있다. 특히 중국의 경우 무기 수입 비중이 2008년 12%에서 2012년에 6%로 감소한 반면, 무기 수출은 영국을 제치고 세계 5위로 부상했다(SIPRI, 2013). 중국이 가격 경쟁력을 앞세워 글로벌 무기 경쟁에 본격 뛰어든 이상, 내수 중심의 생산에서 탈피해 수출을 통해 규모와 수익성을 높이려는 국제적 경쟁은 갈수록 격화될 것이다. 2000년대 초반 증가 추세에 있던 세계 국방 예산이 미국, 유럽연합(European Union: EU) 등의 경제위기 등으로 감소 추세지만 군비와 첨단 무기 생산 비용 부담이 갈수록 증가 추세에 놓여 있는 것도 이 때문이다.

셋째, 이에 대한 대응으로 국제 공동개발과 대규모 인수합병 등 다양한 방식의 구조조정이 진행되고 있다. 미국의 경우 1990년대 초반부터, 유럽의 경우에는 1990년대 후반부터 방산 국제 경쟁력 강화를 위해 지속적으로 국내외 방산업체들의 인수합병을 추구해왔다. 이 때문에 대형화 집중화가 더 심화되어가고 있다. 예를 들어 글로벌 차원에서 1990년대 상위 5대 업체가 총 무기판매액의 22%를 차지했으나 2003년에는 44%로 집중도가 두 배나 높아졌다. 상위 10대 기업의 경우 1990년에는 37%였는데 2003년에는 61%로 비중이 커졌다(김종하, 2015: 158). 그 결과 미국 군수산업체로의 집중도는 더욱 높아져 현재 전 세계 방산업체 10여 개 가운데 7개가 미국 업체로 미국 본토에 소재하고 있다. 록히드 마틴(Lockheed Martin), 보잉(Boeing), 노스럽 그러먼(Northrop Grumman), 레이션(Raytheon), 제너럴 다이내믹스(General Dynamics), 할리버튼(Halliburton)으로 재편되었다. 맥노널더글러스(Macdonnell Douglas)사와 보잉(Being)이 1997년에 합병해서 세계 최대의 군수업체 보잉(Being)으로 재편되었다. 유럽의 경우 프랑스의 Aerospatiale과 독일의 DASA, 스페인의 CASA가 합병해서 세계 2위의 군수업체 EADS로 재편되었다. 이 기업은 대형기를 만드는 에어버스

(Airbus), 군용기를 만드는 에어버스 밀리터리(Airbus Military), ATR(중형기), 유로콥터(Eurocotar, 헬기), 아스트리움(Astrium, 위성) 등을 생산하는 유럽의 대표적인 군수업체이다. 록히드(Lockheed)와 마틴 마리에타(Martin Marietta)가 1995년 합병해서 만들어진 록히드마틴(Lockheed Martin)은 제3위의 군수업체다.

위와 같은 군수업체들은 비용 절감과 수출 확대를 위해 글로벌 생산 기지를 확대해나갔다. 예를 들어 보잉은 일본과, 에어버스는 중국과 협력하면서 경쟁 구도를 만들어가고 있다(김종하, 2015: 162). 2006년 에어버스는 항공기를 조립하는 최적지로 중국의 톈진을 선정한 바 있다(Andrew and Doug, 2006). 중국에 기술을 이전해주면 보잉과의 경쟁에서 유리한 위치를 점할 수 있을 것이라 판단해서다. 에어버스는 중국이 2023년까지 새로운 항공기를 대량 주문할 것으로 기대하고 있다(김종하, 2015: 163). 에어버스가 차세대 대형 여객기 A350 XWB의 국제 공동개발사업(프랑스, 영국, 스페인, 미국, 한국)에 한국을 끌어들여 주날개 골조(wing ribs) 800대 물량을 맡긴 것도 에어버스의 아시아 생산 거점 확보 전략의 일환으로 볼 수 있다(김민석, 2008). 한편 보잉은 새로운 항공기 개발 모델 프로젝트를 일본 회사 미츠비시, 후지, 가와사키 3사와 함께 추진하고 있다.

그런데 위와 같은 세 가지 특징(군비 예산의 상대적 감소 속에서도 첨단 무기 개발 경쟁의 강화, 글로벌 수출 경쟁 격화, 인수합병과 국제 공동개발 경쟁 강화)은 경쟁의 판돈을 키우고 있다. 독과점 강화와 경쟁 격화의 순환에 군수업체들은 더 많이 노출되어 세계 메이저 군수업체들은 첨단 무기 개발과 생산에 예산과 비용을 더 많이 소요하고 있다.

그럼에도 민군 겸용 기술 패러다임 등으로 군수산업의 민간산업에 미치는 긍정적 효과를 극대화할 수 있다는 지적이 제기되어왔다. 이에 관해서는 좀 더 면밀한 검토가 필요하다.

2) 냉전 해체 이후 군수산업의 기술 파급 및 고용확대 효과와 그 한계

(1) 민군 겸용 패러다임의 효과

군비 증가세가 예전에 비해 약화되었지만 군수산업의 구조조정기를 거치면서 민관 겸용 생산[3]은 더욱 강화되는 추세다. 미국의 경우 1990년대 탈냉전 이후 방위산업 구조조정의 중요한 해결책으로 민군기술통합(Civil-Military Integration: CMI)을 강조해 상용품(COTS) 확대, 민군 규격 통일화 사업 등을 적극 추진했다. 이스라엘도 RDC(Rafael Development Corporation) 등 국방기술지주회사를 설립해서 군수산업과 의료산업과의 연계를 전략적으로 추진하고 있다. 군수기술의 민수이전(spin-off) 또는 민수기술의 군수이전(spin-On)을 통한 민군 겸용 기술(dual use technology)의 개발에 중점을 두는 개발 전략은 주요 무기 생산국의 공통적인 전략이라 할 수 있겠다. 미소의 군사적 경쟁 구도하에서 안보가 국가의 최우선 목표였던 냉전시대가 종식되고, 국제사회에서의 경제적 경쟁이 국가에 새로운 과제를 부여하는 탈냉전 시대로 돌입하면서, 민수 전환의 개념도 함께 바뀌게 되었다. 이렇게 하위 정치(low politics)가 상위화되면서 새로 등장한 개념이 양용 효과(dual-use)이다.

냉전기 민수 전환의 개념은 스핀오프(spin off)였다. 군수산업의 기술을

---

3) 민수 전환은 군수산업체와 관련된 생산시설 및 잠재력을 민간 부문으로 전환하는 것을 의미하는데 민수 전환의 방식은 주로 네 가지로 구분된다. 첫째는 국방 관련 기술개발 분야의 연구시설은 민간 분야의 연구시설로 변환하는 작업, 둘째는 군수상품을 생산하면서 민수물자의 생산을 늘리는 부분 전환(partial conversion) 방식을 통한 생산의 다각화(specification) 방식이다. 셋째는 군수기술 중에서 민간산업에 잘 활용할 수 있는 기술을 분리하는 스핀오프(spin-off) 방식이다. 마지막으로는 군수물자 생산을 완전 중단하고 전부 민수물자 생산방식으로 전환하는 완전 전환(complete conversion) 방식이다(양운철, 2013: 22; 홍성범 정성철, 1994: 7~15).

민간으로 확대한다는 것이었다. 그러나 스핀오프의 파급효과에 관해서는 여러 견해가 엇갈렸다. 울리히 알브레히트(Ulrich Albrecht)는 군수산업의 민간산업으로의 파생 효과율은 쉽게 측정될 수 있는 성질의 것이 아니라고 말한다. 그는 지금까지 파생 효과에 관한 경험적 연구들이 아주 다양하고 때로는 서로 정반대의 결과를 보여주었다는 점을 언급한다. 이러한 이유 때문에, 군수산업의 기술적 파생 효과는 클 수도 있으나, 동시에 일반의 기대치에 훨씬 못 미칠 수도 있다(Albrecht, 1988: 39). 더욱이 민수 전환 정책은 경제적 특성에 따라 좌우되어왔음을 간과해서는 안 된다. 군수산업이 우위를 점하고 있던 러시아 등에서의 민수 전환 정책은 상당한 비용을 필요로 했다. 군수산업에 있는 기존의 군수용 생산라인을 민수용으로 변경하든지 아니면 새로운 생산라인을 만들든지 상당한 비용을 필요로 했다. 이럴 경우 군수산업은 무기 수출을 통해 스스로 재원을 확보하는 길 이외에 다른 대안이 없다(고상두, 1999: 173). 양운철은 "군수산업의 속성상 기술확산의 효과가 미약"(양운철, 2013: 18)함을 지적하는데 그는 특히 러시아와 동유럽 국가들의 경우 군수산업의 민수 전환이 막대한 비용을 필요로 했음을 지적했다(양운철, 2013: 26).

주변에서 흔히 볼 수 있는 전자레인지나 인터넷은 군사기술이 민수 분야로 파급되어 활용되고 있는 대표적인 사례이다. 전자레인지의 경우 미국의 대표적인 방산업체 중 하나인 레이시온(Raytheon)의 레이더용 극초단파(microwave) 기술이 응용되어 개발된 것이고 인터넷도 미국 국방부에서 연구 기관과 방산업체 등 관련 기관 간 정보 공유를 위해 개발한 ARPnet이 발전한 것이다. 그러나 이런 효과가 항상적일지에 관해서는 논란이 많다. 특수한 군사적 목적을 중심으로 한 연구 개발의 내용과 지나친 비밀주의로 애초의 목적을 달성하지 못한다는 것이다(조순경, 1993: 34~35). 특수한 전투 상황에서 필요한 고도로 특수한 성격의 군사용 기술은 점차 민수 부문과의 관계가 적어지고 있다. 전자파 흡수를 통해 레이더에 의한 피탐(被探) 방지를 가능하게 하는 스텔스 기술의 경우 민수와 군수 모두에 적용 가능한 기술이지만 각 부문에 필요한 기술 수준에는 커다란 격차가 있다(조순경, 1993, 36). 다시 말해 군수용에 적합한 고성능 스텔스 기술은 민수용을 위해서는 불필요하게 값비싼 기술일 뿐이라는 것이다. 노블(Noble)은 수치 기계의 도구의 경우를 사례로 들면서 지나친 군사적 특화는 미국 기술 발달에 장애가 되었다고 주장한다(카스텔, 2001: 329에서 재인용). 과잉 개발고 불필요하게 정교화된 신병기들과 같이 새로운 기술적 조건하에서 생산된 '기이한 병기창(barque arsenal)'의 군사적 효율성이 사실상 경제 전반에 비효율성을 누적시킨다는 연구들을 인용한다(카스텔, 2001, 329). 찰머스 존슨(Chalmers Johnson)은 1990년에 방위산업에 종속된 무기·설비·공장의 가치가 미국 제조업의 모든 공장 및 설비의 가치의 83%에 이른다고 지적한다. 1947년부터 1990년까지 미국 군비를 모두 합하면 8조 7000억 달러에 이른다. 찰머스 존슨은 군수산업은 사실상 미국 경제 정체의 한 원인이 되었다고 지적한다. 찰머스 존슨은 최근 10년 동안 군비 증가분 때문에 일자리 46만 4000개가 사실상 사라졌다는 딘 베이커(Dean Baker)를 인용하면서 경제불황기의 군수산업은 경제를 위축시키는 역할만을 할 뿐이라고 지적한다(Johnson, 2008a, 2008b).

민군 겸용 패러다임은 냉전 이후 군수산업 위기의 주요 대응책으로 소개되었다. 군수산업에서 기술력을 유지하거나 민수 부문의 기술력을 인입해서 고용의 안정성을 확보할 수 있고 기술의 파급효과를 유지할 수 있다고 홍보되기도 했다. 미국의 군수 기업은 인수합병, 합작 투자·하청 계약·기술 이전 등을 통해서 새로운 시장을 공략해나가는 한편 군수 의존을 줄여 군수용 설비를 상용 생산으로 전환하는 전략을 취해 살아남을 수 있었다. 민군 겸용 기술 패러다임의 활성화가 필요하다는 여러 논의는 국가가 이를 위해 강력한 뒷받침을 해야 한다는 결론으로 이어지곤 한다. 안영수 등은 미국·이스라엘·프랑스 등의 사례를 들면서 관련 기술 개발을 위해 R&D 예산을 증액해야 한다고 주장한다(안영수 외, 2013).

필자는 군수산업이 일정 부문의 고용확대나 민간으로의 기술 파급효과를 낼 수 있다는 점 자체를 부정하지는 않는다. 타르야 크론베르크(Tarja Cronberg)는 컴퓨터, 마이크로 오븐, 제트엔진, 항공기 등은 군수산업의 민수용 생산에 성공적으로 활용된 사례라고 지적한다. 그러나 탱크나 총기를 생산하는 과정에서 개발된 기술은 민간산업에 극히 낮은 기여를 했다(Cronberg, 1994: 208; Shaiken, 1984). 특히 전투기와 핵미사일 등의 첨단 무기 생산기술은 민간에 적용되기 어렵다. 미국 민군융합(CMI) 운용 체계를 봐도 이는 확인된다. CMI는 군수산업체를 상용 구매 그룹, 민군융합 그룹, 군수전용 그룹으로 나눈다. 상용 구매 그룹에는 컴퓨터, 노트북, 근속복합체 등이 민군융합 그룹에는 화물 수송기, 헬기, 인공위성, 장갑차량, 전투함 등이, 군수전용 그룹에는 전투기와 미사일, 로켓포, 장갑차, 잠수함, 핵무기 등이 포함되어 있다. 문제는 군수전용 그룹이 생산하는 첨단 무기 기술이 민간산업에 활용되기 힘들다는 점이다.

앞서 지적했듯이 필자는 군수산업이 경제성장과 고용확대에 일정한 영향을 미칠 수 있음을 부정하지는 않는다. 전후 호황 시기에 군수산업은 경제성장의 견인차 역할을 했다. 그러나 문제는 군수 부문에 투자될 재원이 다른 분야로 돌려졌을 때 더 많은 효과를 낼 수 있다는 점이다. 특히 긴축의 시대에 무기 개발 비용의 급격한 증가는 우선순위의 문제를 제기한다. 특히 일자리 창출 효과가 높은 의료와 교육, 재생에너지 분야에 투자하는 것이 일자리 창출에 더 적합하다는 지적이 제기될 만하다. 더구나 2010년에 유럽연합의 군비 지출이 1940억 파운드(약 353조)였고 이 액수가 그리스, 이탈리아, 스페인의 연간 적자를 모두 합친 액수와 비슷한 규모라는 사실은 군수산업의 활성화 전략 그 자체에 대한 의문을 제기한다. 정부 부채가 군비 지출 증가와 직결되어 있는 경우 민군 겸용 기술 패러다임을 위해 군수산업 활성화를 위한 R&D 예산을 늘리라는 요구는 사회복지와 고용확대 요구와 충돌할 수밖에 없다. 예를 들어 그리스는 지난 40년의 대부분을 유럽의 가장 큰 군비 소비자 국가였는데, GDP 대비 비중으로 유럽연합 평균보다 두 배나 많은 돈을 군비에 사용했다. 스페인의 군비 지출은 대량 무기 구매 때문에 2000년에서 2008년 사이에 29% 증가했다. 스페인은 군비 프로그램에 대한 대가로 빚을 갚아야 하는 큰 문제에 직면해 있다. 심지어는 최근 위기가 가장 심각한 사이퍼러스조차도 빚의 일부분은 지난 10년, 특히 2007년 이후에 집중된 군비 지출에서의 50% 증가 때문이었다(Slijper, 2013: 2).

위와 같은 사실들은 군수산업의 기술적 기반이나 고용 인력을 유실하지 않으면서도 대규모 일자리 창출을 도모할 수 있는 대안적 산업 재편의 필요성을 제기한다. 이에 대해서는 마지막 절에서 후술하겠다.

3. 한국 군수산업의 특징이 고용 인력에 미치는 영향

1) 한국 군수산업의 모순적 특징

한국의 군수산업은 대체로 ① 태동 및 육성기(1960~1980년대) ② 정체기(1980~1990년대) ③ 자립기(1990~2000년대) ④ 성장 및 도약기(~현재)를 거쳐왔는데 많은 연구는 지금을 성장 및 도약기로 규정하고 이 시기의 과제로 '민군 겸용 기술 개발'과 '글로벌 수출 확대'로 꼽고 있다(조관식, 2012: 10~12).

〈표 2-2〉 국내 방산업체 현황

분야	주요 방산업체	일반 방산업체
화력 (11)	두산DST, 두원중공업, 삼성테크윈, 디올 메디바이오, 현대위아, S&T모티브, S&T 중공업(7)	동성전기, 진성테크, 진영정기, 칸워크 홀딩(4)
탄약 (8)	동양정공, 삼양화학, 알코아코리아, 풍산, 풍산FNS, 한일단조공업, 한화(7)	고려화공(1)
기동 (15)	두산 모트롤, 두산인프라코어, 두산중공업, 평화산업, 현대다이모스, 현대로템, LS엠트론, STX엔진(8)	광림, 기아자동차, 동진전기, 삼정터빈, 신정개발특장차, 시공사, 화인(7)
항공유도 (17)	극동통신, 금호타이어, 대한항공, 퍼스텍, 한국항공우주산업, 한국화이바, 한화테크엠, LIG넥스원(8)	경주전장, 다원프릭션, 단암시스템즈, 데크, 성진테크윈, 유아이헬리콥터, 위다스, 한국로스트왁스공업, 넵코어스(9)
함정 (11)	강남, 대우조선해양, 성동조선해양, 한국특수전지, 한진중공업, 현대중공업, 효성, STX조선해양(8)	두산엔진, 스페코, 해양기계산업(3)
통신전자 (17)	디에스티, 비앤비쏠루션, 비츠로밀텍, 삼성탈레스, 연합정밀, 이오시스템, 이화전기공업, 코리아일레콤, 티에스텍, 프롬투정보통신, 휴니드케트놀로지스(11)	경안전선, 동일쉘터시스템, 삼영이엔씨, 아이쓰리시스템, 인소팩, 현대제이콤(6)
화생방 (3)	산청, 삼공물산, 에이치케이씨(3)	
기타 (15)	대양전기, 동인광학, 발레오전장시스템코리아, 삼양컴텍, 서울엔지니어링, 성우공업, 우경광학, 은성사(8)	대명, 대신금속, 대원강업, 도담시스템스, 로우테크놀로지, 케이에스피, 크로시스(7)
계	97개	

자료: 한국방위산업진흥회(2015).

한국방위산업진흥회에 따르면 한국의 방산업체는 2015년 현재 97개에 이른다. 화력 분야 11개, 탄약 분야 8개, 기동 분야 15개, 항공 유도 17개, 함정 11개, 통신전자 17개, 화생방 3개, 기타 15개로 97개 기업이 포진되어 있다.

이 기업 중에서 세계 군수업체 100위 안에 기업 네 곳이 포함되어 있다. SIPRI(스톡홀름국제평화연구소)에 따르면 한화테크원(구 삼성테크윈), 넥스원,

한국항공우주산업주식회사(이하 KAI), 두산DST 등이 100위 안에 포함되어 있다.

한국산업연구원(KIET)이 2013년 발간한 『2012년 방위산업 통계 및 경쟁력 백서』에 따르면 2011년 현재 연간 매출액 5억 원 이상 국내 방산기업은 협력업체를 포함해 모두 290개로 집계된다.[4] 산업연구원에 따르면 2012년 국내 방산 생산액은 10조 9000억 원으로 2011년에 비해 4.6% 늘어났다. 그러나 생산액이 제조업 전체에서 차지하는 비중은 0.6%에 불과하다(유용원, 2014: 64).

위와 같은 한국 군수산업은 세계 군수산업의 특징을 나타내면서도 모순적 특징을 나타낸다. 첫째, 한국 군사비에서도 장비가 차지하는 비중이 매우 높을 뿐 아니라 군비 증가율이 계속 상승하고 있다. 최근 스톡홀름국제평화연구소가 2015년 4월 발표한 연례 보고서에 따르면 군비 지출의 경우 한국은 지난해 처음으로 10위권에 진입한 이래 2014년에도 10위를 차지했다.

둘째, 글로벌 수출 증가를 본격화하려 하지만 여러 장애물에 현존하고 있는 상태다. 한국의 군수산업의 경우 남북 대치 상황 속에서 국가 규모에 비해 많은 병력과 장비를 보유하고 있는 데다 노후화된 무기 체계로 대체 수요 등 지속적인 국내 수요를 해결해야 하는 동시에 글로벌 무기 수출 강국으로서의 장점을 결합시키려는 강력한 동기가 작용한다. 한국의 군수산업은 최근 방산 수출 수주가 급증해서 2013년 34억 2000만 달러로 역대

---

4) 방위산업체에는 주로 체계종합업체 및 전문방산업체가 포함된다. 체계종합업체(13개)는 방위사업청에 등록된 무기 체계 완제품을 주로 생산하는 대규모 방산기업을 뜻하고 전문방산업체(75개)는 방위사업청에 등록된 방산업체 중 전문 구성품을 생산하는 업체다. 협력업체는 체계종합업체의 1차 협력업체로 무기 체계 구성품, 부품류를 주로 생사하는 중소 방산기업을 뜻한다.

〈표 2-3〉 한국 방산 수출 현황(2009~2014)　　　　　　(단위: 억 달러)

순위	국가명	방산 수출 수주 실적 (2009~2014.6)	수출 제품	권역명
1	미국	41.1	탄약, 절충교역 부품류 등	미주
2	인도네시아	19.4	T-50 훈련기, 잠수함 등	아시아/CIS
3	이라크	14.5	T-50 훈련기 등	중동
4	영국	7.4	군수 지원함, 절충교역 부품류 등	유럽연합
5	필리핀	5.3	호위함, 군용차량 등	아시아/CIS
6	태국	5.3	T-50 훈련기, 군용차량, 트럭 등	아시아/CIS
7	말레이시아	4.1	군용차량, 박격포, 트럭 등	아시아/CIS
8	페루	4.1	KT-1 훈련기, 함정 기자재 등	미주
9	터키	3.1	전차 기술 수출 등	중동
10	노르웨이	2.3	군수 지원함 등	유럽연합
11	사우디아라비아	1.9	탄약 등	중동
16	리비아	0.5	탄약 등	아프리카
18	UAE	0.4	군용차량, 박격포 등	중동

자료: 산업연구원(KIET)이 재작성한 자료에서 인용.

최고치를 달성해서 2008년 세계20위권에서 6년 만에 일곱 계단 이상 급등해서 세계 13위로 급부상했고 2011년에는 20억 달러 수출 규모를 기록했다. 글로벌 시장 점유율은 낮지만 작년의 경우 2013년에 비해 수출 증가율은 30%대로 급상승하고 있다. 무기 수출이 일련의 매머드급 국책 사업으로 나타나고 있는 까닭이다. 장보고-III, 한국형 전투기(KFX-보라매 사업) 차세대전투기(FX) 등 대규모 사업이 진행되고 있다.[5]

---

5) 각각의 사업은 수십조 원을 넘는 대규모 국책사업으로서 이 사업의 컨트롤 타워 역할을 하기 위한 매머드급 사업단을 방위사업청 산하에 별도로 꾸리기까지 했다. 요컨대 쌍방 독점적 성격이 한국 군수산업에서는 더 두드러진다고 말할 수 있다. 군수산업에서 비리가 고질적인 원인 중 하나이기도 하다.

주요 수출 제품을 보자면 기동 및 화력의 비중은 낮아지고 함정과 항공 분야의 비중의 커지고 있다. 2011년부터 항공 및 함정 분야가 전체 수출에서 절반을 상회하기 시작했다. 기동 및 화력은 2009년에는 58.2%였지만 2011년부터는 43.7%로 낮아졌고 2013년에는 39.9%였다(KIET 방위산업 통계 및 경쟁력 백서). 한국항공우주산업주식회사의 경우 KT-1은 인도네시아(2001), 터키(2007), 페루(2012)에 77대가 수출되었으며 T-50기는 인도네시아에 16대, 이라크 24대, 필리핀 12대 수출에 성공해서 국산 완제기의 수출을 본격화했다.

그런데 글로벌 무기 수출을 늘리기 위해서는 근본으로 자체 기술력을 높여야만 한다. 면허 도입이나 기술 자료(TDP)에 의한 생산은 수출 제약 생산이므로 제3국 수출 시 기술 소유국의 동의를 받아야 하고 부품 및 기술 지급에 관한 로열티를 지급해야 하며[6] 제3국으로 수출하려면 미국 무기를 구매해야만 하기 때문이다(홍성민, 2003: 36~37; 김종하, 2015: 265).

한국 군수산업 기술의 국산화 수준은 여전히 낮다. 산업연구원이 2013년 작성한 '방위산업의 구조 고도화 평가를 위한 지표(DIRI, Defense Industry Reshaping Index)'를 본다면, 한국의 군수산업의 수준은 미국·영국·이스라엘 등과 비교했을 때 경쟁력이 낮다. 글로벌 경쟁력(제품 경쟁력, 기업 경쟁력, SIPRI 100대 기업 수, 세계시장 점유율) 지표[7]에 따르면 미국 방위산업을 100%라 했을 때 45%로 전반적으로 낮은 수준이다. 영국과 이스라엘을 100으로 했을 때에도 영국 대비 77%, 이스라엘에 대비해서는 67%에 이른다. 세계방위산업의 국제적 위계질서에 관한 연구들을 종합하면 한국은 중하위층 수준에 속해 있고 무기 수출을 기준으로 한 연구 결과에서도 한

---

6) 미국은 AECA, FAA, ITAR 등의 규정을 두고 있다.
7) 산업연구원의 '방위산업의 구조 고도화 지표는 생산성(1인당 방산 매출액), 시장 집중도(시장구조와 인수합병), R&D(R&D 투자와 기술 이전) 등의 범주를 종합해 산출된다.

국은 중위층 수준의 국가로 분류되어 있다(김종하, 2015; Bitzinger, 2003). 그 결과 한국 군수산업의 세계 글로벌 시장 점유율은 매우 낮다. 한국의 무기 수출은 세계시장 점유율 0.5~1.4%에 불과하다. 생산액 대비 내수 비중은 90%에 이른다(장원준, 2013: 270).

결국 수출을 늘리려면 선진국의 고가 부품을 더 수입하거나 매우 좁은 틈새시장을 노려야 한다. 미국이 훈련기를 생산하지 않는다는 사실이 강력한 생산 동기로 작용하는 T 50기 고등훈련기가 한국 전투기 수출의 주요 배경인 까닭이다.

수출 증대를 위해 수입을 더 해야 하는 구조 때문에 한국은 급부상하는 무기 수출국이면서 최대 무기 수입국이기도 하다. 군사정보분석업체 IHS 의 보고서에 따르면 세계 7위의 무기수입국이다. 스웨덴 스톡홀름국제평화연구소가 2015년 4월 발표한 「국제 무기 거래 동향」 보고서에 따르면 한국은 미국 수출 무기의 9%를 수입하는 국가로서 아랍에미리트·호주(각 8%)를 제치고 미국산 무기 수입 1위 국가다. 특정 지역에 무기 수출을 하게 되면 수입국이 수출국에 부품·보수 등 관련 사업을 의존할 수밖에 없는 무기 수출입 구조에서 한국은 근본적인 제약을 벗어나지 못하고 있다. 국내 방위산업은 체계 조립이나 완성품에 강점을 보이지만, 주요 핵심 부품은 여전히 해외 부품에 의존한다(장원준 외, 2014: 71).

물론 미국 부품 의존도는 분야마다 불균등하다. 장보고-Ⅲ의 경우 기본 설계부터 건조에 이르는 전 과정이 국내 기술로 이뤄지는 첫 국산 잠수함이고 특히 함정 부문에서 무기 수출 확대가 실질적이라는 분석도 있다. 산업연구원의 분석(장원준 외, 2013: 35~40)에 따르면 주요 무기 수출 분야에서 '방산 수출의 선도 제품군'을 함정으로 든 까닭도 이 때문이다. 그러나 해군력과 공군력이 결합되는 추세에서 주요 탑재장비 개발 능력이 부족하다는 평가를 받고 있기 때문에 함정 수출에서도 독자 개발이 가지는 호재

〈그림 2-2〉 무기 수출액 증가와 수출 품목 및 수출 지역 분포 　　　(단위: 억 달러)

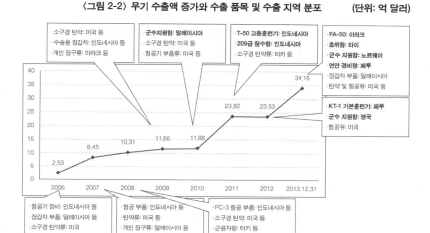

자료: 한국방위산업진흥협회.

를 크게 기대하기 힘들다는 지적도 있다(장원준, 2013: 237). 화력 분야의 대
표적인 방산 기업인 현대포럼의 경우에도 일부 품목은 대미동의와 로열티
를 지불하고 있다. 대미동의 신청에서부터 허가는 통상 3개월에서 최대 9
개월이 소요되며, 미국에 로열티를 8% 지불해야 하기 때문에 수출가격 경
쟁력 저하 요인으로 작용하고 있다(장원준·안영수·김미정, 2014: 74~75). 특
히 정보통신, IT, 소재, SW, 시스템 설계 등 최첨단 기술이 적용되는 종합
시스템 산업이고 항공전자 부품 생산 면에서 경쟁력이 낮은 한국 군수산
업의 경우 부품 의존도는 매우 높다. 한국형 전투기 사업(KFX)을 추진하려
는 이유도 록히드 마틴의 전투기 기술을 이전받기 위해서였다. 이 사업이
제대로 추진되지 않으면 항공산업의 미래는 상당히 비관적이라는 게 중론
이다(유용원, 2014: 74).

　글로벌 수출 확대 면에서 지정학적 딜레마가 작동하고 있음도 주지의
사실이다. <그림 2-2>를 보면 주요 수출 지역은 아시아(인도네시아, 인도,

〈표 2-4〉 방산 수출 10대 유망 국가 선정결과 종합   (단위: 억 달러)

순위	국가명	GDP	대한국 관계	무기구매 예산 (2014~2018)	분쟁 가능성	수출 유망 제품	권역명
1	미국	매우 높음	매우 높음	5,401+	- 이라크 반군에 대한 전쟁 지속, 갈등 심화 - 중앙아시아 지역에 대한 러시아와의 대립 - 핵문제에 대한 북한과의 대립	고등훈련기(T-X), 탄약, 절충교역 부품 등	미주
2	인도	매우 높음	매우 높음	769+	- 중국·파키스탄·방글라데시와 갈등 - 파키스탄·인도 휴전 (카슈미르 일대) - 카스피 해 갈등	잠수함, 곡사포, 탄약레이더, 자주대공포 등	아시아/ CIS
3	이라크	보통	보통	193+	- 이라크 전쟁(미·영) - 리비아·이란과 갈등 - UN 무기금수 국가	경공격기, 장갑차, 통신전자체 등	중동
4	인도네시아	높음	매우 높음	116+	- 종교분쟁·종족분쟁·영토분쟁	훈련기, 전투함, 잠수함, 헬기, 탄약 등	아시아/ CIS
5	필리핀	보통	매우 높음	28+	- 난사군도, 스카보로 군도(대중국, 대베트남)	잠수함, 호위함, 수송함, 탄약, 상륙장갑차 등	아시아/ CIS
6	터키	높음	매우 높음	444+	- 쿠르드족 반군 문제	훈련기, 경공격기 등	중동
7	사우디아라비아	높음	보통	406+	- 테러 위험으로 인한 치안 불안	전자, 경비정 등	중동
8	페루	보통	매우 높음	34+	- 내전	경공격기, 잠수함, 전차 등	미주
9	UAE	높음	높음	108+		초계정, 훈련기 등	중동
10	리비아	낮음	보통	58+	- 내전	경공격기, 헬기, 호위함, 장갑차 등	아프리카

자료: 산업연구원(2014)에서 인용.

태국, 말레이시아, 필리핀 등)과 중동 지역이다. 전투기의 경우, 훈련기 및 항공기 엔진 부품 등은 유력한 수출 분야로서 2001년 인도네시아로의 KT-1 훈련기 첫 수출 성공 이후, 지난 2013년 12월 이라크에 T-50 고등훈련기 수주에 성공하는 등 주요 무기 수출 분야로 떠오르고 있다. 그러나 여기에 는 지정학적인 딜레마가 있다. 인도네시아와 필리핀, 말레이시아로의 훈련기 수출이 중국과의 갈등 요인을 부추길 가능성은 결코 도외시할 측면 이 아니다. 중동 지역에 최루탄 수출은 국제평화 단체들의 시위로 잠정 중단되기도 했다(CAAT, 2015). CAAD(Campaign Against Arms Trade)의 안나 마리(Anne Marie)는 "우리는 한국 정부와 다른 국가들에게 터키에 최루 가스와 폭동 진압 장비를 팔지 말라고 호소"했는데 한국 정부와 한화를 대상으로 한 이 국제 캠페인은 국제적인 호응을 받았다. 이라크의 경우 고등훈련기 판매는 무기 수출 확대의 청신호로 여겨지지만, 이 또한 'IS'의 부상 이후 지속성에 의문이 제기되고 있다(장원준·윤자영, 2014). 한마디로 한국의 글로벌 무기 수출의 확대 전략에는 여러 가지 근본적인 모순이 작동하고 있다.

셋째, 위의 두 번째 이유로 한국 군수산업의 경우, 핵심 부품 수입의 결과로 산업 파급효과는 매우 제한적이다(장원준·안영수·김미정, 2014: 36). 그 결과 군수산업체에 고용된 노동 인력의 규모가 급격하게 확대되지 않고 있다. 한국방위산업진흥회 자료에 따르면 군수산업체에 고용된 노동자들의 규모는 3만 2900여 명으로 최근 5년간 연평균 5.7%가 늘어났다. 이는 제조업 연평균 성장률 1%에 비해 여섯 배 가까이 높은 것이다. 그러나 전체 제조업에서 차지하는 비중의 0.9% 수준에 불과하다는 점을 감안하면 군수산업이 일자리 확대를 가져온다는 전망은 아직은 바람에 가깝다. 한마디로 한국 군수산업의 민군 겸용 기술 패러다임의 기반이 매우 약하다고 말할 수 있다.

2) 한국 군수산업 노동자들의 고용 불안과 노동강도 조건

위에서 열거한 특징은 지속적인 고용 불안으로 이어진다. 사실, 군수산업 노동자들도 고용 불안과 노동강도 강화 등에 노출되어 있다. 한국의 군수산업은 분명 노동자들의 희생 속에서 성장해왔다.

근본적으로 세계 메이저급 군수업체와 경쟁할 수도 없고, 전자산업과 마찬가지로 선진국의 기술을 따라잡기(Catch-up)에도 역부족이다. 틈새시장 장악도 새로운 글로벌 수출 국가들과의 경쟁으로 여의치 않다. 그러나 대규모 R&D 투자를 해온 터라 되돌리기도 쉽지 않은 형국이다. 한국 군수산업은 어정쩡한 위치에 놓여 있다고 해도 과언이 아니다. 그동안 군수 부문은 기업 내에서 최소의 인원으로 물량을 생산하면서 민수 부문의 수익성 악화를 벌충해오는 구실을 해오는 것에 머물러 있었다. 그러나 민수 부문의 수익성 악화가 본격화되면 인수합병의 대상으로 거론된다. 삼성테크윈이 대표적이다. 삼성테크윈에서 15년 넘게 일해온 면접자 A는 "우리가 인수될 줄은 꿈에도 몰랐다. 삼성테크윈은 자주포 생산으로 돈을 벌어 삼성전자의 손해를 메우는 데 급급했다"고 말한다. 반대로 수출 확대 기회로 수익이 급증하면 사영화가 일정에 오르게 된다. 한국항공우주산업 주식회사가 대표적인 사례다. KAI의 면접자들(A, B, C)은 네 번에 이르는 사영화 시도에 깊은 피로감을 느끼고 있었다.

국가 차원의 대규모 투자도 쉽지 않지만 국가 지원이 결정된 상황에서도 기술 이전 불발, 지정학적 딜레마 등으로 국책 사업이 축소되는 경우가 다반사이다 보니 이는 결국 노동자들의 고용 불안으로 이어질 수밖에 없다. 가장 수익성 증대 규모가 큰 한국항공우주산업 주식회사(KAI)에 고용된 노동자 A의 경우에도 "전투기 개발 사업은 (현재 주문 물량을 감안하면) 10년 동안은 가능하다. 그러나 10년 이후는 불투명하다"고 답한다. 이는 면접자 B, C 모두 동의하는 바였다. 대우조선해양의 특수부(함정 제작)에서 일하는 노동자 A의 경우 현재 물량 이후 수주가 어떻게 되느냐가 고용 안정에 관건이라고 답했다. 특히 민수 부분이 매우 불안정해 특수부에서 일하는 대우조선해양의 1%(4만 5000명 가운데 500여 명이 군수 부문인 특수부에서 노동) 노동자들은 고용 안정의 전망이 어둡다고 느끼고 있다.

군수산업 고용 인력 가운데 R&D 비중은 제조업 평균에 비해 세 배 이상(26%)이라는 사실도 고용 불안 체감지수를 높이는 방향으로 작용하고 있다. 통상 R&D 부분은 인수합병 과정에서 1차 정리해고 대상자인 경우가 빈번했다. 한화에 합병되기 전, 삼성테크윈 노동자들과의 인터뷰에서도 A 면접자는 "삼성테크윈의 R&D 인력이 집중되어 있던 판교 본사에서 인수에 반대하는 목소리가 급격하게 터져 나왔던 것은 군수산업의 해고 1차 대상자가 R&D 부분이라는 이유 때문"이었다고 증언했다.

노동강도가 상대적으로 높다는 면접자들의 지적도 많았다. 면접자들에 따르면 군수산업체 노동자들은 높은 노동강도를 요구받아왔다. 대우조선해양의 특수부 노동자들의 경우 평균연령은 대우조선해양 평균연령(46세)에 비해 낮은 35~40세인데, 높은 노동강도와 힘든 작업 조건을 감내해야 하는 이유 때문에 젊은 정규직 입사자들은 모두 특수부로 발령을 받는다고 한다. 상선의 경우 작업 공간은 가로 세로 각 6미터 넓이의 공간이다. 그러나 특수선은 가로 40센티미터의 공간에서 일해야 한다. 팔꿈치를 펼 수도 없는 매우 협소한 공간에서 일하기 때문에, 허리 근골격계 질환이 많다. 안전 조치가 비교적 잘 구비되어 있기는 하지만 잠수함의 경우 통로가 하나밖에 없기 때문에 화재가 날 경우 늘 대피 문제를 걱정해야 한다.

KAI 면접자에 따르면 항공기 제조 과정도 매우 높은 수준의 노동강도 강화를 요구한다. 면접자 B와 C의 증언에 따르면 다음과 같다.

자동차는 자동화 공정으로 생산된다. 그러나 비행기 조립은 자동화 공정도 있지만 수작업을 많이 필요로 한다. 한마디로 항공기 제조 과정은 최첨단 수작업이라고 할 수 있다. 미세한 오차도 용납될 수가 없기 때문이다. 리벳의 경우 구조물을 조립해야 하기에 곡선으로 수작업을 해야 한다. 그 때문에 목과 허리 등에 심한 통증을 호소하는 노동자들이 많다.

사실 군수 부문의 노동자들은 한국뿐 아니라 강대국의 국가와 자본에 모두 전략적 중요성이 있다. 1차 대전 당시 군수 부문에 고용된 노동자들은 징집에서 제외되었을 정도로 중요한 전략적 지위를 갖고 있었다. 특히 독일에서는 숙련된 금속 노동자들의 경우 징집 압력이 가장 적었다. 비록 전시 상황은 아니지만 전시 상황으로 전환될 시에는 무기 생산에 주력해야 할 노동자들이기 때문에 국가의 '보호' 정책이 동원된 셈이다. 민수와 군수를 동시에 하는 작업장의 경우[8] 군수 부문 노동자들은 물량 생산 수요가 비교적 안정적이어서 고용 불안을 덜 느끼고 승진도 민수 부분에 비해 잘 되는 조건에 있다. 예를 들어 한진중공업의 경우 민수는 6년에 한 번, 군수는 3년에 한 번씩 진급된다.

그러나 국가의 보호 정책은 군수산업체 노동자들의 자주성을 침해하는 억압 정책으로 활용되기도 했음에 주목해야 한다. 군수산업에 고용된 노동자들의 경우 단체행동을 제약당하는 법에 적용될 수 있다. 헌법도 방산업체 노동자들의 쟁위권을 금지한다. 헌법 제33조 에 따르면 "법률이 정하는 주요 방위산업체에 종사하는 근로자의 단체행동권은 법률이 정하는 바에 의해 이를 제한하거나 인정하지 아니할 수 있다". 또한 '방위산

---

8) 위 방산업체 현황 표에서 언급된 기업들 중 100% 방산만 하는 기업의 수는 전체에서 20%에도 미치지 못한다. 국내 방위산업체 1호인 한진중공업(대한조선공사가 전신)의 경우에 민수(컨테이너)와 군수(고속정) 비율이 8 대 2에 이른다.

업에관한특별조치법' 제18조(노동쟁의)에 따르면 "주요방산업체에 종사하는 근로자의 노동쟁의행위에 관해서는 노동조합및노동관계조정법이 정하는 바에 의해 제한 또는 금지된다". '노동조합및노동관계조정법' 제41조(쟁의행위의 제한과 금지)는 "방위산업에관한특별조치법에 의해 지정된 주요 방위산업체에 종사하는 근로자 중 전력, 용수 및 주로 방산물자를 생산하는 업무에 종사하는 자는 쟁의행위를 할 수 없으며 주로 방산물자를 생산하는 업무에 종사하는 자의 범위는 대통령령으로 정한다". 한화로의 매각에 반대하면서 민주노조를 만든 노동자들은 매각에 반대하는 쟁의행위들이 위와 같은 방산법에 제약당할 것을 우려하고 있다. 실제로 이 법은 군수산업 노동자들을 어느 정도 통제하는 효과를 거두었을 것이다. 실제로 2009년 한진중공업 노조가 유일하게 가동되던 특수부(고속경비정 등 특수선을 생산하던 방산 라인)를 점거할 것인가 말 것인가를 결정하는 데 위에서 언급한 방산법은 머뭇거리게 하는 한 요소로 작용한 듯하다.

그러나 위의 방산법은 실제로는 노동자들의 자주적인 운동 속에서 무력화되기도 했다. 예를 들어 국내 방위산업체 1호인 한진중공업에서 이 법안을 통한 처벌은 거의 존재하지 않았다. 한진중공업 현 지회장과의 인터뷰에서 박성호 지회장은 "예전에는 방산법으로 노동자들을 위축시키려고 했으나 지금 그 법안을 적용하려는 시도는 역사의 시계를 되돌리는 것이다. 노동쟁의조정법을 방산법이 능가하지는 못했다"고 증언한다. 한진중공업의 경우 특수선 제작 노동자들이 오히려 강성 성향을 지니고 있다는 평가도 지배적이다. 군수(특수선 제작) 부문에 고용된 노동자들의 경우 고질적인 직업병에 시달리는 경우도 빈번하다. 컨테이너 제작 공정에 비교하면 고속정의 경우 상대적으로 비좁은 공간에서 노동자들이 일해야 하는 탓에 근골격계 질환에 시달릴 가능성이 더 높다고 한다.

그리고 금속의 핵심 숙련 노동자들 중 군수물자를 생산·수리하는 노동자들은 한국 민주노조 운동에서 중요한 역할을 해왔다. 금속노조 경남 본부의 자료에 따르면 군수업체로 분류된 사업장들은 거의 대부분 금속노조로 가입되어 있고 저항과 투쟁의 전통을 갖고 있다. 상대적으로 고임금을 받는 조건이 보수성을 자극할 수도 있겠으나 이 노동자들이 갑작스럽게 불안정한 상황에 놓이게 되었을 때 더 큰 반발과 저항이 있을 수도 있다.

특히 세계 군수산업이 급격한 전환을 맞고 있는 지금, 압축적 성장을 통해 10위권의 군비 지출 및 무기 수출액을 기록하고 있는 한국의 군수산업은 기로에 서 있다고 말할 수 있다. 특히 지정학적 경쟁으로 어느 때보다 열전이 가속화되고 있는 아시아 지역에서, 한국의 군수산업은 글로벌 군수기업으로의 도약을 기대하고 있다. 그러나 민군 겸용 기술 패러다임의 역사가 깊고 국가의 지원도 강력했지만 여러 제약 조건에서 한국 군수산업은 자유롭지 못하다. 그리고 한국 군수산업이 안고 있는 모순은 오롯이 군수산업에 고용된 노동자들의 고용 불안으로 이어지고 있다.

4. 결론을 대신하며: 군수산업의 재편을 통한 대안 모색을 향하여

그렇다면 군수산업의 인력이나 기술적 자원이 유실되지 않으면서 군수산업의 비효율성을 해결할 수 있는 방안은 무엇인가를 논의해야 한다.

한마디로 선진국부터 군산복합체를, 사회적으로 유용한 생산을 하는 산업체로 환골탈태시켜야 한다. 물론 군수산업 전환이 무기를 연구하고 제작하는 과학자와 기술자들을 실업자로 만드는 것을 뜻하는 것은 결코 아니다. 이 기술을 효과적으로, 그리고 좀 더 건설적으로 흡수할 수 있는 새로운 산업으로의 재편만이 대안이다.

2011년 4월 '전 지구적 책임을 생각하는 과학자 모임(Scientists for Global Responsibility)'에서 스튜어트 파킨슨(Stuart Parkinson)은 제조업 노동자의 7%가 고용되어 있는 군수산업이 '그린칼라(Green Collar)' 일자리 중심의 재생 가능한 에너지 산업으로 전환하면 어떤 일이 벌어지는지를 입증한 바 있다. '그린칼라'는 재생에너지 부문을 비롯해서 폐기물 관리 부문, 환경오염 통제 부문, 이산화탄소 포집과 저장 부문 종사자를 말한다(Scientists for Global Responsibility, 2015).

파킨슨에 따르면 그린칼라 부문을 어떻게 정의하느냐에 따라 그 범위가 달라지기는 하지만, 이 산업 부문이 급속도로 성장하고 있어서 2010년에만 약 100만 명의 노동자를 고용했다고 한다. 그는 세계적인 명성을 얻고 있는 국방·항공·안보 문제 분석 센터인 제인정보그룹의 ≪제인스 디펜스 위클리(Jane's Defense Weekly)≫를 인용해 방위 시장의 규모가 연간 1조 달러 규모라고 할 때 에너지 및 환경 시장의 규모는 방위산업 시장 규모의 여덟 배 이상이라고 평가했다. 영국 군수업체에 고용된 노동자 수가 1985~1986년 62만 5000명에서 1995~1996년 42만 1000명으로 10년 사이 10만 명 가까이 감소했음을 감안했을 때 급격히 팽창하는 '그린칼라'로의 재편은 산업 기술 간의 연관성 등을 봤을 때 매우 현실적이라는 분석이다.

군수산업과 재생 가능한 에너지 산업과의 기술적 연관은 매우 밀접하다. 군수산업체는 이미 재생에너지 공급자이기도 하다. 예를 들어 BAE는 풍력발전소 건설 사업에 소속 기술자를 투입하고 있다. 보잉도 태양광을 전기로 바꾸는 태양에너지 프로젝트에 태양전지 공급자로 참여하고 있다. 이런 추세는 앞으로도 가속화될 것으로 보인다. 2005년에서 2010년 사이 군산복합 기업 제너럴 일렉트릭(General Electric)은 1400메가와트 용량의 풍력 터빈을 중국에 판매했다. 이런 성과를 올리게 된 데는 2010년

상반기에 정부로부터 30억 달러 규모의 풍력발전 보조금을 받은 게 도움
이 되었다.

 이것은 현존하는 대규모 군사비 지출 계획에 비하면 훨씬 생산적인 자
원 활용 방법이다. 몇 가지 예를 들어보면, 미국 국방부는 F-35 제트 전투
기를 새로 배치하면 수명 주기를 30년으로 가정할 때 총운용비용이 1조
달러에 달할 것으로 예상하고 있다. 또 F-35가 본격적으로 배치되기 전까
지 록히드마틴의 F-22 랩터를 183대를 구입할 계획을 세웠는데 2009년도
예산에는 그중 20대를 구입하는 비용으로 3억 4000만 달러를 배정했다.
미군 해군의 차세대 줌월트급 구축함을 한 척 건조하는 데 들어가는 비용
은 35억 달러나 된다. 영국의 트라이던트 핵무기 프로그램은 총 1300억
달러가 소요되었다. 그러나 이 비용이 지속 가능한 친환경 에너지 산업으
로 재편된다면 지구 환경 보전을 위한 막대한 투자가 가능할 뿐 아니라 대
규모 일자리 창출도 가능할 것이다(메타, 2012: 263~266).

 과학기술의 민주적 이용에 관한 많은 연구 성과를 낸 리처드 스클로브
(Richard E. Sclove)와 니콜라스 슈테파니(N. Stephanie) 등은 사회적으로 유용
한 생산 개념을 제안한다. 그도 군수산업이 사회적으로 유용한 생산으로
전환하는 것이야말로 많은 일자리를 만들어낼 가장 효율적인 방법이라고
지적했다(Richard E. Sclove, 1995: 235)

 실질적인 사례가 없는 것도 아니다. 영국과 프랑스가 공동 개발한 초음
속 여객기인 콩코드(Concorde)를 제작했던 영국의 루카스 항공사 노동자들
은 1960년대 후반에 설립된 루카스 항공은 루카스 계열사 중 주로 군수용
항공 부품을 제조하는 회사로, 노동자가 많을 때는 1만 8000명에 달했다.
루카스 항공의 컴퓨터 설계 기술자였던 쿨리는 노동의 결과물이 노동자와
사회에 도움이 되기는커녕 더욱 해로운 생산물만을 만들어내고 노동 과정
에서 노동자들이 소외되어가는 산업사회의 구조에 비판적인 시각을 견지

했는데 그는 콩코드 항공기의 엔진을 개발할 정도로 높은 기술을 가진 사회가 간단한 난방 체계를 충분히 공급하지 못해 런던에서만 한 해 겨울에 980명이 얼어 죽게 만들고, 생산자로서의 개인이 소비자로서의 개인을 착취할 목적의 일회용 상품을 생산하는 괴상하고 어리석은 노동에 묶여 있다고 개탄한 바 있다.

한마디로, 많은 연구 조사는 군비의 다른 비용과 상관없이 군비 산업에 대한 투자가 일자리를 만드는 데 가장 효과가 적다는 것을 보여준다. 매사추세츠 대학의 연구에 따르면, 군비는 지출에 비해 가장 적은 수의 일자리를 만들어내는 데, 군비 10억 달러가 만약 교육이나 공공 운송에 투자되었다면 만들어질 수 있는 일자리의 절반에 못 미친다(Slijper, 2013: 3).

물론 군수산업의 재편은 몽상으로 비춰질 수도 있다. 그러나 현대 자본주의에서 가장 비밀스럽고도 위계적인 체계로 구축되어 있는 군수산업이라는 피라미드가 무너지고 그 자원이 사회 구성원 대다수가 사회적으로 유용하다고 믿는 산업으로 재구성된다면 그것은 몽상이라고 하기엔 너무 황홀한 미래일 듯하다. 한국 군수산업 재편 가능성에 대한 좀 더 면밀한 조사와 연구는 차후의 과제로 남긴다. 동북아시아의 긴장이 날로 고조화되는 상황에서, 이 글이 군수산업의 대안적 재편 논의가 국내에서도 활발하게 전개되는 뜻깊은 기여를 하게 되길 바랄 뿐이다.

참고문헌

고상두. 1999. 「러시아 군수산업의 민수전환」. ≪슬라브학보≫, 제12권 1호.

금속노조 경남 본부. 2015. 『대의원대회 자료집』.

김민석. 2008. "카이 7억 달러 항공 프로젝트 수주." ≪중앙일보≫, 2008년 10월 16일 자. http://news.joins.com/article/3338571

김정호·안영수·장원준. 2012. 「방위산업의 특성에 대한 경제학적 분석과 정책적 시사점」. KIET 산업경제 포커스.

김종하. 2015. 『국방획득과 방위산업』. 북코리아.

김진기. 2008. 「한국 방위산업의 발전전략에 대한 연구: 박정희 시대의 방위산업 발전전략을 중심으로」. ≪국가전략≫, 제14권 1호.

메타, 비제이(Vijay Mehta). 2012. 『전쟁의 경제학』. 한상연 옮김. 개마고원.

백재욱 외. 2014. 「국방예산 분석·평가 및 중기 정책 방향(2013/2014)」. 한국국방연구원.

실버스타인, 켄(Ken Silverstein). 2007. 『전쟁을 팝니다』. 정인환 옮김. 이후.

안영수 외. 2013. 「창조경제 시대의 민군기술 융합 촉진을 위한 제도개선 방안」. 산업연구원 KIET 연구보고서.

안영수·장원준·민현기. 2014. 『KIET 방위산업 통계 및 경쟁력 백서』. 산업연구원.

안영수·장원준·윤자영. 2014. 「국내외 방위산업 중소기업의 현황과 발전과제」. ≪산업연구원 정책자료≫, 2014-209.

양운철. 2013. 『북한 군수산업의 민수전환 방안 연구(체제전환국의 경험을 중심으로)』. 세종연구소.

이은진. 1996. 「희생되는 국민경제 위에 회생되는 미국의 군수산업」. 비판사회학회. 『경제와 사회』, 제32권, 45~65쪽.

이준구. 2014. 「한국의 군사전략과 방위산업: 민군협력과 국제협력의 국가전략 분석」. 경기대학교 박사학위논문.

장원준 외. 2013. 『우리나라 방위산업 구조고도화를 통한 수출산업화 전략』. 산업연구원.

_____. 2014. 「주요국 방위산업 발전정책의 변화와 시사점」. ≪산업연구원 정책자료≫, 2014-220.

장원준. 2013. 「글로벌 방위산업의 최근 동향과 우리의 향후 과제」. 『항공우주 방위산업 한국의 생존전략』. 세종대학교 세종연구원.

장원준·안영수·김미정. 2014. 『2014 KIET 방산수출 10대 유망국가』. 산업연구원 주요국 방산수출전략 시리즈 제5편.

장원준·윤자영. 2014. 『이라크 방위산업 시장 분석과 수출전략』. 산업연구원.

최우영. 2010. 「일본 항공기산업의 개요와 동향」. ≪항공우주산업기술동향≫, 제8권 2호.

카스텔, 마누엘(Manuel Castells). 2001. 『정보도시: 정보기술의 정치경제학』. 최병두 옮김. 한울.

쿨리, 마이크(Mike Cooley). 1999. 「루카스항공에서의 협동계획」. 『우리에게 기술이란 무엇인가』. 송성수 옮김. 녹두.

홍석범 외. 2013. 「조선산업 구조조정과 노조의 노동시장 개입 전략」. 전국금속 노동조합 연구보고서.

홍성민. 2003. 「한국 군수산업의 역사적 전개과정과 구조: 일본과의 비교를 중심으로」. 중앙대학교 석사학위논문.

Albrecht, Ulrich. 1988. "Spin-off: A Fundamentalist Approach." in Philip Gummett and Judith Reppy(eds.). *The Relations between Defence and Civil Technologies.* Dordrecht: Kluwer.

Averill, T. Stephanie. 2013. "Demilitarization and Democratization in the Post-1World War II World." *Demilitarization in the Contemporary World* (Kindle Edition). University of Illinois Press.

Brandt, Linda. 1994. "Defence Conversion and Dual-Use Technology: The Push Toward Civil-Military Integration." *Policy Studies Journal*, Vol.22, No.2.

CAAT(Campaign Against Arms Trade). 2014. *Arms to Renewables work for the future.* Press Releases.

_____. 2015.2.10. "Protests call for South Korea to end tear gas supplies to Turkey." Press Releases.

Cronberg, Tarja. 1994. "Civil Reconstructions of Military Technology: The United States and Russia." *Journal of Peace Research*, Vol.31, No.2.

Custers, Peter. 2010. "Military Keynesianism today: an innovative discourse." *Race & Class*, Vol.51, No.4, pp.79~94(doi: 10.1177/0306396810363049).

Johnson, Chalmers. 2008a. "How to Sink America." http://carecon.org.uk/DPs/1106.pdf

_____. 2008b. "Why the Debt Crisis Is Now the Greatest Threat to the American Republic." TomDispatch.com, January 22, 2008. http://www.tomdispatch.com/post/174884

Black, Mary. 2005. "Ecology against Capitalism: Nuclear Reaction." *Socialist Review*, 298.

Sclove, Richard E. 1995. *Democracy and technology.* The Gulford Press.

Scientists for Global Responsibility. 2015. "Consultation on the National Security Strategy and Strategic Defence and Security Review 2015."

Singer P. 2012. "Separating Sequestration Facts from Fiction: Sequestration and What It Would Do for American Military Power, Asia, and the Flashpoint of Korea." *BIS Quarterly Review 1994~2012.* Brookings Instiute.

Slijper, Frank. 2013. "Guns, Debt and Corruption: Military spending and EU Crisis." Transnational Institute.

Stephanie, N. 2006. "Defense Industries and Dependency: Current and Future Trends in the Global Defense Sector." International Relations and Security Network.

Stockholm International Peace Reserch Institute. *SIPRI Yearbook 2000~2013*. Oxford University.

Yeh, Andrew and Doug Cameron. 2006. "Airbus Studies Plans For Assembly in China." Finacial Times, June 9. http://www.ft.com/cms/s/0/70cf1ffa-f754-11da-a566-0000779e2340.html?ft_site=falcon&desktop=true#axzz4T0ihfauU

제3장

국경화된 자본주의, 이주노동의 국경 투쟁 그리고 사회운동적 시민권

장대업 | 서강대학교 국제한국학과 교수

> 국경은 모든 이들을 넘는다.
> 심지어 국경을 넘어본 적이 없는 이들도(De Genova, 2016: 53).

1. 들어가며

신자유주의 세계화에 대한 설명들은 흔히 자본을 국가와 공동체의 경계를 자유롭게 넘나들며 노동을 고용하고 착취할 수 있는 능력을 가진 것으로 묘사하는 반면 노동은 자국의 국경안에서 가족과 공동체 그리고 국민국가에 묶여 있는 것으로 묘사한다. 자본에 반해 자국의 국경 안에서 가족과 공동체 국민국가에 묶여 있는 것으로 노동을 그린다. 이 글은 이러한 수동적이고 정적이며 국민국가적인 노동에 대한 묘사가 신자유주의에서의 노동의 존재 양식의 한 측면만을 부각시킴으로써 노동이 가지고 있는 유동성과 주체성을 삭제할 뿐 아니라 자본주의에서 국경이 차지하는 역할과 이 국경에 도전하는 유동적인 노동이 가지고 있는 전복적 성격 또한 거세한다고 주장한다. 사실상 지구화하고 있는 자본의 순환이 반드시 필요로 하는 노동은 정적이지 않고 직업, 지역, 국민경제 사이를 끊임없이 움직이며 또 움직여야만 한다. 자본주의의 역사 속에서 노동의 공간적 이동은 한편으로 자본주의 재생산에 필수불가결한 요소였던 반면 노동의 과도한 공간적 이동과 탈주는 자본의 축적 공간을 관리하는 국민국가에 언제나 잠재적 위협이 되어왔다. 축적 공간을 관리하는 자본주의적 국민국가는 노동인구를 젠더, 인종, 계급을 근거로 분리하고 차별하는 국경이라는 제도를 만들어냄으로써 노동이 자본의 요구에 부합하는 형태의 유동성만을 가지도록 강제해왔고 이러한 경향은 최근에 더욱 강화되고 있는 것으로 보인다. 하지만 이러한 '국경화된 전 지구적 자본주의'가 노동의 이동을 매우 힘들고 고된 과정으로 만들 수는 있지만 노동의 공간적 이동을 막지는 못한다. 노동의 공간적 이동을 막을 수 없거나 자본의 요구에 따라 이동을 수용해야 한다면 국경은 국경 너머로 이동하는 노동을 좇아 노동을 훈육한다. 국경이 시행하는 노동의 훈육은 국민국가가 자국민에게 부여하는 시민권으로부터의 배제와 사회적 차별을 통해 이루어진다. 하지만 영토적 국경을 일단 넘어선 유동노동은 자신들을 따라오는 국경의 훈육에도 끊임없이 국경 투쟁을 통해 저항한다. 유동노동은 이 글에서 저자가 '사회운동적 시민권'이라고 부르는 권리를 행사함으로써 시민권을 아래로부터 재창출하며 해방적 의미를 상실하고 도태되어버린 자유주의적 시민권 개념과 억압적 이주노동 관리체제에 도전한다. 우리는 홍콩과 한국에서 유동노동이 사회운동적 시민권을 행사하는 과정을 고찰함으로써 유동노동이 어떻게 국경화된 자본주의에 대항해 투쟁하고 시민권 개념을 아래로부터 재편하는지를 살펴본다. 이 글은 이러한 움직임들이 '국경화된 자본주의'의 비민주적 재생산에 핵심적 역할을 수행하는 위계적 시민권에 대한 대안으로서의 보편시민권을 위한 기반을 형성하고 있으며 이것이야말로 국민국가를 넘어서는 진정한 민주화에 큰 함의를 가지고 있다고 주장한다.

2. 노동의 확장과 국경, 그리고 지구적 아파르트헤이트

신자유주의적 전 지구화를 다른 시기의 지구화 과정과 구분 짓는 중요
한 차이점은 자본순환의 전 지구적 팽창으로 인해 지역과 공동체에 따른
편차에도 불구하고 비로소 자본주의적 노동이 온전히 인류의 삶의 공통분
모가 되었다는 것이다. 신자유주의가 지구 경제를 압도하기 시작한 이후
에 세계의 자본주의 노동인구는 대략 3분의 2가량이 증가했다(Ferguson
and McNally, 2015). 동아시아에서만 총 8억의 새로운 노동인구가 등장했다
(McNally, 2011). 세계노동기구에 따르면 중국은 1982년에서 2011년에 이
르는 30년 동안 무려 3억 4000만 명의 비농업 노동자를 지구적 자본주의
에 선사했다. 새롭게 등장한 이들 노동자는 모두 지구화하는 자본순환의
한 고리에 의존해 생계를 유지한다. 세계화된 시장은 시장 안에서 극단적
의 삶의 불안정성과 빈곤을 초래하는 '내적인 배제'의 형태들을 가질지언
정 '지리적이나 사회학적인 의미에서 외부를 가지지 않으며' 모든 사람의
인간적 행위는 상품교환의 형태를 띠게 된다(Balibar, 2004: 106~107).

하지만 사람들이 공통적인 생계유지의 사회적 형태에 종속되고 누구나
빠른 자본순환의 한 측면에서 이러한 생계유지 활동을 하고 있다는 사실
은 자유롭게 움직이는 지구적 자본과 지구적 노동이 조우하는 자본주의의
탄생을 의미하지 않는다. 급격한 팽창에도 불구하고 노동은 구별되고 통
제되며 조각조각 나뉘어져 있다. 먼저 세계인의 자본주의 노동 인구화는
노동인구가 동일한 노동체제하에서 일한다는 것을 의미하지는 않는다. 신
자유주의 세계화는 반대로 노동을 분절시켰고, 동일한 제도적 형태로(유럽
적 혹은 포드주의적 형태로) 수렴될 것이라고 여겨졌던 자본주의적 노동의
'진화' 과정을 목적지 없는 과정으로 만들었다. 동일한 노동조건을 나누고
제도적 보호를 누리면서 내적인 일관성을 가지는 지구적 노동자계급 대

신, 점증하는 비공식성과 불안정성, 유연성의 차이에 따라 파편화되고 위계적으로 배열된 다양한 형태의 복수의 노동자계급들이 전 지구적 자본주의를 특징짓는다. 즉, 노동은 메자드라(S. Mezzadra)와 닐슨(B. Neilson)이 주장하는 것처럼 '서로 다른 지구적 지역 공간에 걸쳐 존재하는 다른 종류들의 노동체제들'을 양산하는 노동의 다종적 증식(multiplication of labour) 과정을 통해 분절되었다(Mezzadra and Neilson, 2008: 2013).

발리바르(E. Balibar)가 지적하듯이 세계화는 물질적·비물질적·인적 흐름의 평행적인 증가를 동반하지 않는다(Balibar, 2004: 113). 상품의 이동은 급진적으로 자유로워졌고 상품생산의 편재성이 증가했지만 유독 한 가지 상품, 즉 노동력 상품의 이동은 많은 제약을 받기 때문에 '국경 없는 세계'라는 유토피아는 노동자들에게는 해당되지 않는다. 노동력 상품은 인간으로부터 분리될 수 없으며 노동력 상품의 이동이 수반할 수밖에 없는 인간 육신들의 유통에 대해 세계는 여전히 폐쇄적이기 때문이다(Mezzadra and Neilson, 2008). 확장하는 자본의 순환은 이렇게 폭발적으로 증가한 노동이 적재적소에 필요한 만큼만 존재하기를 원하고 이 요구를 재빠르게 제도화한다. 국경으로 대표되는 불필요한 노동의 흐름을 막기 위한 제도들은 강화되고, 필요한 만큼의 노동을 수용하기 위한 이주관리 시스템은 더욱 정교화된다. 메자드라와 닐슨은 이렇게 신자유주의하에서 노동을 분절하고 다른 종류의 노동체제에 가두어두는 과정을 국경의 확산(proliferation of borders)으로 묘사한다(Mezzadra and Neilson, 2008: 2013). 메자드라와 닐슨에 따르면 자본의 이동과 시장의 자유화에 따라 국경이 없는 세상이 등장할 것이라는 신자유주의 초기 자유주의자들의 예상은 크게 빗나가고 만 것이다. 오히려 정반대로 국경은 강화되고 배제와 분할은 신자유주의 세계화를 특징짓는다.

국경이 자본주의의 탄생에서 현재에 이르기까지 세계자본주의에 대해 수행한 복잡하고도 중요한 역할의 실체는 일상적으로 감지되지 않는데 이는 국경에 대한 물신적 인식에 기인한다. 국경이 주되게 국가 간의 경계를 나누는 '자연적' 지리 지표이며 '외부로부터 시민과 국가의 주권을 보호하는 물리적 장벽'이라고 이해하는 것은 사실은 국경에 대한 아주 표면적인 인식에 불과하다. 국경이 주권국가 간의 영토적 관계를 표현하게 되는 것은 끊임없이 인간이 행하는 국경 짓기(Bordering)의 결과물이다(De Genova, 2016: 49). 국경 짓기는 단순한 위치적 구분에 불과한 지표 위의 '선'들에 여권, 국경수비, 검문소, 수용소, 담장 등의 갖가지 제도적 장치와 이들을 관리하는 법률, 그리고 역사를 부여함으로써 국경에게 막대한 권력을 선사한다. 이러한 국경 짓는 노력의 결과로 국경이 존재함에도 불구하고 국경 짓는 행위보다는 하나의 물리적 한계와 거부할 수 없는 현실로서 국경은 우리에게 다가온다. 드 제노바(N. De Genova)에 따르면 다음과 같다.

국경들은 움직이지 않고 고정된 혹은 일관적인 사물들이 아니다. 이것은 마르크스의 자본 분석에서 볼 수 있듯이, 사회 정치적 관계들로 보는 것이 낫다. 이들 관계(당연히 투쟁의 관계로 보아야 하는)에서 중요한 것은 국경을 마치 객관성과 내구성 그리고 내재된 권력이라는 외형의 고정되고 안정적인 사물과 같은 현실들로 만들어내는 것이다. 따라서 국경의 호전적 일관성과 표면적인 고정성(사물과 같은 성질들)은 단지 국경들이 반드시 사물처럼 보이게 만드는 적극적인 과정의 결과로만 발생하는 것이다. 다시 말해서 국경들은 반드시 반복적인 실천과 담론을 통해 지속적으로 물화되어야만 하는 것이다(De Genova, 2016: 49).

이렇게 물화된 국경은 무엇보다 '우리'와 '그들'을 구분하는 수단으로

쓰인다. 국경은 그 안에 있는 사람들이 '시민'이라는 의미를 그 밖에 있는
사람들이 시민이 아님을 선언함으로써 알려준다. 여기에서 '우리'와 '그
들'의 구분은 단순히 국경 안팎이라는 개인들이 살고 있는 물리적 위치에
의해 정해지는 것은 아니며 태어난 장소에 따라 완전히 불가역적으로 구
분되는 것도 아니다. 국경은 가난한 자와 부자, 유색인종과 백인을 구분해
냄으로써 그들 간의 불평등한 사회관계를 명시적으로 표현하고 그 관계의
재생산에 이바지한다. 발리바르가 지적했듯이, 국경은 의도적으로 그리고
적극적으로 개인들을 계급에 따라 나누며 일관되게 가난한 나라의 가난한
노동자의 이동을 가로막는 것에 초점을 맞춘다(Balibar, 2002: 82). 심지어
부유한 나라에서 차별과 저임금에 시달리며 일하는 빈국 출신의 이주자도
자신의 출생국에서 가장 가난한 계급에 속하는 경우는 드물다. 빈곤은 현
대 국경통제 형성의 출발점에서부터 1순위로 고려되는 기피 대상이었는
데 일본의 초기 국경통제는 가난한 식민지 노동을 막기 위해 고안된 것이
었으며 영국의 외국인에 관한 법도 가난한 노동자들의 유입을 막는 제도
로서 고안되었다(Morri-Suzuki, 2006: 17; Anderson, 2013). 외국인의 유입을
통제하는 제도들에 대한 근거로 종종 지목되는 '국민적 지지' 또한 이 '빈
자들의 이동성이 주는 염려'에 근거하는 것이다(Anderson, 2014: 9). 더 나아
가 국경이 모든 빈자의 이동성을 통제하는 것은 아니다. 국경은 또한 빈자
들의 피부 색깔에 주목한다. 백인 우월주의는 현대의 국경, 특히 현대의
선진 자본주의 국가들의 국경 형성에 이바지했으며 또한 그 국경이 재생
산하고자 하는 현실이 되었다. 19세기 말에서 20세기 초에 정비된 호주와
미국의 이민법은 공공연하게 유색인종을 바람직하지 않은 이주자로 정의
한다(Morri-Suzuki, 2006: 11~12; Torpey, 2000: 97). 백인, 남성, 부의 소유자
는 더욱더 부유한 영토의 일원이 될 수 있는 자격이 주어지는 반면 유색인
종, 여성, 빈자들은 그 권리를 거부당함으로써 '원래 있어야 할 곳'에 머물

러야만 한다. 따라서 빈국과 부국 간의 영토적 국경은 종종 국경이 다른 종류의 사회관계를 재생산하면서 발생하는 결과이다. 국경은 가난한 자와 부자, 유색인종과 백인을 분리해서 이들 간의 불평등한 사회관계를 확인하고 이렇게 함으로써 다른 '질'을 가진 인구집단이 집중되어 있는 각각의 영토들 간의 불평등한 관계를 확정하며 이를 역사적 상상과 연결시켜 자연적 형성물로 만든다.

  현재의 전 지구적 자본주의가 가지고 있는 문제는 국경의 이러한 성격과 국경이 수행하는 역할이 자본의 전 지구화와 노동의 팽창, 그리고 노동의 이동을 가능하게 해주는 갖가지 수단들의 발전에도 불구하고 변하지 않았다는 점에 있다. 오히려 노동의 증가하는 잠재적 이동성에 맞서 국경은 좀 더 공고화되고 있으며 국경이 수행하는 역할에 대한 논쟁은 지구적 자본주의를 관리하는 정치체들에게 더 핵심적인 사안이 되어버렸다. 이주자에 대한 엄격한 관리는 좌-우를 막론하고 선거 시기 정치적 수사의 주요한 부분이 되었다(이것은 뒤에 얘기하지만 노동의 이동이 현실적으로 주는 위협 때문이다). 극도의 이동성이 가능해져버린 시기에도 이주를 원하는 사람들은 갖가지 종류의 비자를 받고 못 받는 다른 종류로 구분되며 이들의 움직임은 각종 연구와 통계를 통해 명확한 통제의 대상이 되는데 발리바르는 이러한 통제체제로 관리되는 불균등한 세계자본주의를 '지구적 아파르트헤이트(apartheid)'라고 정의한다.

  정보는 실질적으로 "편재적"인 것이 되어버리고 상품의 유통과 환전이 거의 완전히 "자유화"된 반면 인간의 이동은 점점 심한 제한의 대상이 되어간다. 이런 상태의 차이는 국제 정치와 외교 공간에서 국가의 "주권"을 방어하기 위해 반드시 필요한 것으로 나타난다. 이것은 국경의 사회적 차별 기능의 강화와 함께 진전된다(어떨 때 우리는 이것을 국경들의 계급적 기능이라고 불러왔다).

경제적 교류와 커뮤니케이션의 관점에서 볼 때 이제 하나로 통합된 세계가 최
소한 경향적으로는 부와 빈곤을 (또한 어느 정도까지는 부와 빈곤과 함께 가지
만 기술적인 관점에서 좀 더 어려운 문제들을 야기하는 건강과 질병 역시) 특
정한 영토적 구역 안에 분리하기 위해서 그 어느 때보다 더 국경을 필요로 한
다. 가난한 사람들은 가장 부유한 영토로 들어가는 입구에서 체계적으로 분류
되고 통제된다. 국경은 그러므로 여권과 신분증이 체계적인 척도가 되는 지구
적 수준에서 사회적 조건의 구성에서 필수불가결한 제도들이 되었다. 내가 낡
은 식민적 그리고 탈식민지적 아파르트헤이트가 사라진 자리에 등장한 전 지
구적 아파르트헤이트에 대해서 얘기하는 것이 적합하다고 여기는 이유이다
(Balibar, 2004: 113).

3. 노동의 이동

국경을 둘러싼 이슈들의 정치 담론화, 가시적으로 증가하는 국경통제
그리고 더욱 더 엄격하게 구분되는 빈국과 부국 간의 영토경계로 특징지
어지는 지구적 아파르트헤이트는 확실히 노동과 부의 이동을 가로막기 위
해 고안된 것이며 가난과 재난을 피한 노동의 이동을 매우 고통스러운 과
정으로 만든다. 이렇게 국경에 의해 분절된 지구 경제가 노동자들이 빠르
게 움직이는 자본을 지역과 공동체에서 '기다리는 사람들'로 묘사되는 이
유이다. 보수적인 학자들뿐 아니라 마르크스주의자들도 신자유주적 전 지
구화를 거론할 때 자본의 움직임에 희생당하는 노동자 거의 모두를 근거
지에서 거의 움직이지 못하는 존재들로 묘사한다(Chang, 2012: 212~213).
또한 이들은 대체로 어떠한 종류의 공통성을 지닌 대단히 동질적인 집단
으로 묘사된다. 이러한 접근법은 자본주의 노동이 가지고 있는 유동성에

대한 이해를 가로막는다. 자본의 이동만큼 빠르지는 않지만 노동은 결코 흔히 묘사되는 것처럼 정적이지 않다. 역설적이게도 지구적 아파르트헤이트의 출현은 노동의 이동을 가로막는 국경의 공고함을 나타내기보다는 국경의 불완전성과 불안정성에 대해 더욱 많은 것을 얘기한다. 지구적 아파르트헤이트는 다른 무엇보다 드 제노바가 지적하는 '국경의 무능함'에 의해 생산된다(De Genova, 2016: 49).

> 국경들은 오늘날 이주와 떼어낼 수 없는 것이 된 듯하며 역설적이게도 문제이자 동시에 해법이 되어버렸다. 국경들은 이제 언제나 이미 침해당한 것으로 인지되며 따라서 만일 적나라하게 부패한 것으로 인식되는 것이 아니라면 적어도 부적절하거나 제 기능을 못하는 것으로 인식된다. 이것은 계속해서 증가하는 국경의 안보화에도 불구하고 사실이다. 물론 국경의 안보화는 국경들이 언제나 불안정하다는 인식을 강화시키고 안보화의 심화를 위한 계속되는 요구들을 내어놓는 주요 공간을 제공한다(De Genova, 2016: 50).

즉 역설적으로, 국경의 공고화와 지구적 아파르트헤이트의 출현은 노동의 이동을 통제하는 제도들과 노동의 이동 간의 대결이 결코 국경의 승리로 끝나지 않았음을 반증한다. 국경의 공고화보다 '인간의 이동성이 언제나 먼저 온다. 주체적인(창조적이고 생산적인) 노동의 힘이 노동의 자본으로의 대상화에 언제나 앞서는 것처럼 인간의 이동의 자유가 가진 자율성과 주체성이 가지는 우선성은 어떤 국경관리 기관의 완벽한 규제와 통제를 위한 능력에 우선하고 그 능력을 넘어서는 불복종적이고 요란한 힘이다'(De Genova, 2016: 50). 북아프리카로부터 대량 난민의 탈주, 유럽 국경의 '위기', 점증하는 이주노동자의 중요성과 도널드 트럼프 같은 정치꾼들의 극단적 반이주자 정책 등으로 인해 점차 주목받고 있는 이 대결은 오래

된 자본주의의 특징이다. 자본주의의 역사는 자본의 시초 축적에서 국민
경제의 형성 과정에 이르기까지 자본 축적을 위해 노동의 이동성을 이용
해야 할 필요성과 자본의 축적 공간의 안정적 재생산을 위협하는 노동의
이동을 제한해야 할 필요성 사이의 딜레마로 점철되어왔다(Mezzadra, 2010;
Papadopoulos, Stephenson and Tsianos, 2008). 현재의 지구화된 자본의 순환과
유연한 자본 축적 역시 어느 정도의 수준에서 직장과 직업, 농촌과 도시,
빈국과 부국 사이를 빠르게 이동하는 유동노동을 필요로 한다. 자본은 끊
임없는 노동력의 보급을 위해 국민국가에 의존하지만 국민국가 내부에서
착취가 수월한 노동력 수급에 실패할 때 자본은 외부로 나가거나 국민국
가의 재영토화, 즉 국경의 개방을 필요로 한다(이런 의미에서 국경의 개방은
하비가 지적한 자본의 공간적 조정 중의 하나로 볼 수 있다). 하지만 동시에 자본
이 의존하는 축적 공간의 안정적 재생산을 위협하는 노동의 이동은 강력
한 통제의 대상이 된다.

현대 자본주의는 국경 짓기가 노동의 유동성과의 대결에서 별로 성공
적이지 못했음을 알려주는 많은 예를 가지고 있다. 위에서 언급된 중국에
서 창출된 수억의 새로운 노동인구는 바로 자신들이 태어난 공동체를 등
짐으로써 세계의 공장으로서의 중국이 필요한 노동력을 보급하는 역할을
수행한다. 이들은 농촌 노동력이 도시로 이주하는 것을 가로막는 강력한
수단인 호구제도가 있음에도 농촌의 빈곤 상태를 벗어나기 위해 도시로의
이주를 감행했다. 호구제도는 대규모 노동의 이동과 이들이 중국의 수출
산업에서 현실적으로 차지하는 역할이 증가하면서 현실에 발맞추기 위해
서 점차 완화되었다. 2010년에 이르면 이렇게 고향으로부터의 탈주를 감
행한 노동자가 1억 5300만 명에 이르게 되며 이들에게 가해지는 착취에도
불구하고 지구적 자본주의에 없어서는 안 될 필수적 노동이 된다. 중국과
같이 새롭게 자본주의적 노동력을 만들어내고 필요로 하는 곳에서만 유동

노동이 증가하는 것이 아니다. 성숙된 자본주의 사회인 홍콩이나 한국에서도 유동노동은 전체 노동인구의 필수 불가결한 요소가 되어가고 있다. 노동은 이 오래된 자본주의의 딜레마를 종종 자신이 처한 상황의 경제적 정치적 개선을 위해 활용함으로써 국경을 넘어선다. 노동은 필요하다면 가족과 공동체 국민국가를 과감히 등지고 이동하며 또 필요하다면 제자리로 돌아오기도 한다. 노동의 이동은 새로운 축적 공간을 만들어내는 자본의 욕구를 충족시킬 수 있지만 반대로 기존의 축적 공간 안의 자본을 당황하게 할 수 있으며 노동자들에게 '노동 상비군의 저주' ― 노동 공급이 늘어나면 당연하게 노동력의 가치가 떨어진다는 ― 를 완화시킬 수 있는 기회를 제공한다. 우리는 노동의 이동성을 통제하는 수단들이 국경의 요새화 등의 과정을 통해 강고해지는 반면 종종 막대한 비용과 고통을 수반하는(때로는 목숨까지 걸어야 하는) 국경 밖으로의 여정을 선택하는 노동자가 크게 증가하는 시대를 살고 있다. 즉, 현재는 노동 통제의 제도로서의 국경과 노동의 이동성이라는 자본주의적 대결이 극단으로 치닫는 시기이다.

4. 국경 투쟁과 국경의 추격

계급적이고 인종적인 제도로서의 국경은 국경을 마주하는 '바람직하지 않은' 이주자가 되고자 하는 개인에게 여러 가지 사실을 알려준다. '당신은 여기에 속하지 않는다'는 사실이 가장 먼저 전해진다. 혹은 이렇게 말한다. '당신은 가난한 나라의 유색인종으로서 '그곳'에 속하고 그곳은 앞으로도 가난한 사람들의 집합체로 남게 될 것이다'. 그렇게 입국허가를 받으려 기다리거나 불법체류자 수용소에서 강제추방을 기다리는 '빈국'에서 온 여행자를 대함으로써 국경은 국경을 대하는 개인에게 국경이 가지고 있는 적대성을 그대로 드러내는 반면 그 안쪽에 있는 개인들에게는 동질성을 부여하고 그럼으로써 그들 간에 존재하는 차이 — 종종 국경 안쪽의 어떤 개인과 바람직하지 않은 이주자가 가지고 있는 차이를 훨씬 뛰어넘는 — 를 봉합한다. 하지만 이러한 국경의 배제 기능은 부분적으로만 성공적이다. 무수히 많은 이주 신청서가 기각되는 반면 무수히 많은 이주자들이 국경 넘기에 성공한다. 국경을 넘는 사람들은 소유한 자산, 친족 네트워크, 불법적 이주 소개소와 스스로에게도 매우 치명적일 수 있는 수단들(예컨대 잔인하기 이를 데 없는 브로커들)을 동원해서 이러한 국경이 던지는 경고들을 무시한다. 철조망과 바리케이드, 특수하게 훈련된 군대와 경찰, 순시선 등으로 무장한 국경에 대한 이들의 도전은 주로 개인적이고 은밀한 형태로 진행되는데 국가의 국경 짓기는 이러한 통제할 수 없는 '이주의 자율성(autonomy of migration)'에 언제나 한발 늦게 대응할 수 있을 뿐이다. 때때로 국경에 대한 투쟁은 집단적 성격을 띠기도 하는데 최근 유럽에서 벌어지고 있는 난민들의 국경에 대한 집단 월경이나 난민 캠프로부터의 집단적 탈주가 그러한 예들이다(De Genova, 2016: 42).

국경에 대한 첫 번째 투쟁인 국경을 넘어서는 행위가 국경의 외연에서 벌어진다면, 이 글에서 더 주목하고자 하는 국경 투쟁의 두 번째 형태는 국경의 내연에서 국경을 지탱하고 있는 제도에 대해서 벌어지는데 이것이 필자가 전복적 이주라고 부르는 현상을 완성한다(이주가 이주행위와 사회운동적 시민권을 통해서 국경의 내연과 외연에 파열구를 냄으로써 국경화된 자본주의를 흔드는 것). 외연적 경계로서의 국경은 개별적이고 집단적 이주행위에 대해 많은 허점을 노정하지만 국경이 지리적 경계에서 그 기능을 다하는 것은 아니다. 일단 외연적 경계로서의 국경에 도전하는 것에 성공한 사람들은 내륙 깊숙이 쫓아와 이들을 훈육하는 '국경의 추격'에 직면한다. 이 과정에서는 국경 자체가 이동성을 지니는데 다양한 국경이 수행하는 역할은 반드시 지리적 국경과 일치하지 않는다는 사실을 반증한다. 즉, 발리바르가 지적하듯이 '어떤 국경들은 더 이상 국경에 위치하지 않으며' 지리적 국경 안쪽으로 깊숙이 들어와 영향력을 행사한다(Balibar, 2002: 84). 여기에서는 국경의 결함으로 인해 엄격한 집행이 연기된 '우리'와 '그들' 간의 구별이 다시금 이주자들을 훈육한다. 여기에서 '우리'는 기본적으로 시민권의 소유자들이다. 시민권은 단순하게 얘기하자면 한 국가 안에서 각종 권리를 누릴 수 있는 자격을 부여하는 특정 국가의 멤버십으로 정의될 수 있다. 시민권은 사회의 어떤 개인이 '우리'의 일부임을 확인하는 징표로 사용된다. 이 징표를 가지지 않은 사람은 사회적 배제의 대상이자 훈육의 대상이 된다. 다시 말해서 시민권은 국경의 안쪽에서 국경의 역할을 수행하는 '추격하는 국경'이다. 추격하는 국경의 외부인에 대한 훈육에서 더욱 중요한 것은 법적 지위와 자격보다 국가가 시민권의 소유자들에게 그러한 자격과 권리의 대가로 부여하는 광범위한 도덕률과 가치 체계이다.

엔더슨(B. Anderson)에 따르면 국민국가는 시민을 '법적인 지위에 의해 한데 묶인 임의적인 사람들의 무리로 그리지 않고 공통의 이상과 행동의 패턴을 가진 사람들로 이루어진 가치공동체(communities of value)로 표현한다'(Anderson, 2014: 3). 따라서 시민권은 특정한 가치를 나누는 사람과 나누지 않는 사람을 구분하는 기준이다. 추격하는 국경은 외적인 경계로서의 국경을 통과하는 데 성공했지만 특정한 가치를 공유하지 않는 부적합한 외국인을 걸러내고 그러면서 누가 궁극적으로 허락되고 허락되지 않는가를 결정함으로써 이 가치공동체를 '보호'하는 것이다. 물론 특정한 공동체들을 가치 있는 것으로 만드는 시민들의 좋은 성품 — 근면성, 준법성, 민주성, 배려, 다양성의 존중, 예의 바름, 어른에 대한 공경, 신에 대한 믿음 등등 — 은 실제로 존재하는 것이 아닌 상상되고 조작된 시민들의 공통 가치이다. 그럼에도 이들 가치는 특정한 국민국가의 시민권이라는 징표를 지닌 '우리'

라는 구성원이 반드시 가지고 있는 필수적인 덕목으로 묘사된다. 이들 가치는 국경 안쪽에 살고 있는 시민들을 마치 그들 모두가 '가부장적 가족에 반기를 들지 않는 "좋은 아내들", 올바른 성적(sexual) 각본에서 벗어나지 않는 "이성애자 사내들과 숙녀들", "좋은 자녀들"을 생산하는 데 필요한 요구 사항에 걸맞은 양육을 하는 "좋은 부모들"로 묘사한다'(Anderson, Sharma and Wright, 2007: 7).

　따라서 국경의 외연에 대한 도전에 성공한 이주자들은 국경 안쪽에서 시민권적 덕목들의 검증을 받으며 단지 이주하는 국가, 도시, 공동체의 경제적 필요를 충족시키는 것을 요구받는 것에 그치지 않고 '우리'가 원치 않는 사람들의 특성에 대해 정반대로 상상해놓은 현지의 이상형을 따를 것을 요구받는다. 이주자들은 일상생활에서 접하는 끊임없는 비교와 비유, 이주민의 범죄화, 이주민에 대한 계몽 활동과 캠페인, 성공한 이주자들의 연설장에서 상상된 현지의 이상형에 어떤 위협도 미치지 못하도록 훈육된다. 국경의 외연에 대한 도전에 성공한 이주자들은 국경의 추격 앞에 무릎 꿇으며 종종 상상된 가치들의 수호자가 되려 한다(Anderson, 2014: 6). 이 과정은 그러나 외부인들만을 훈육하는 것이 아니다. 이러한 덕목들을 이주자들에게 강요함으로써 추격하는 국경은 시민들로 하여금 '우리'로서 갖추어야 할 덕목들을 계속해서 생각하게끔 하며 시민은 점차 '우리'의 특성들을 수호하는 것이 곧 국경을 지키는 것이라 더 중요하게 사고하게 된다. 이 과정에서 시민 행위의 '올바른' 양식과 시민 권리의 내용이 공고화되며 이러한 양식과 내용을 벗어나는 행위와 주장들은 시민적이지 못한 것으로 이해된다. 이렇게 해서 급진적인 사회변혁을 위한 몇 세기에 걸친 투쟁의 결과로 얻어진 시민권은 그 진화를 멈추고 국경 안에 존재하는 현 상태를 재생산하기 위한 반민주적 기계로 ― 어찌 보면 소속과 혈통 공동체의 성원에게만 권리를 부여하기에 '국민권'이라고 부르는 것이 더 합당한 — 변모한다. 여기에서 우리가 알 수 있는 것은 아이러니하게도 현대 국가에서 아마도 가장 민주주의적인 통제를 적게 받는, 민주주의의 치외법권 구역으로서의 국경이라는 제도는 민주주의의 상징으로 여겨지는 시민권의 다른 반쪽이라는 것이다. 즉, 물리적 지표로서의 국경은 사실상 자유주의적 시민권의 외연인 것이다. 오랜 기간 자유주의적 민주주의를 쟁취하기 위한 투쟁의 결과물로 얻어진 시민주권의 상징으로서의 시민권은 국경이라는 장벽을 뚫고 들어온 외부인의 동일한 권리로부터의 배제와 필터링의 도구로 사용된다. 발리바르가 언급한 '민주주의적인 보편성'이 '특정한 국민적 소속'과 연결된 결과 만들어진 '배제의 체계'들은 시민권 진화의 실패로 인한 결과이지만 동시에 시민권 그 자체이기도 하다(Balibar, 2004: 8). 즉, 실제로 존재하는 시민권은 예외 없이 배제적인 성격을 띤다. 초기 시민권이 가지고 있던 해방적 민주성은 국경을 민주화하지 못했고 따라서 세계적인 시민권으로 전환되지 못했다. 반대로 국경의 비민주성이 시민권을 반민주화한다. 이러하기에 국경 투쟁을 주도하는 이주자들의 집단적 주체성은 우리들의 시민권에 대한 이해와 개념화에 직접적인 영향을 미친다(Andrijasevic and Anderson, 2009: 366).

5. 이주노동의 주체적 능력, 전복적 이주 그리고 사회운동적 시민권

이주노동자들은 알다시피 시민권이 없다. 그 덕분에 그들은 시민 노동자들보다 더 적대적일 수 있는 주체적 능력을 가진다. 그들은 국경 투쟁을 통해 다시금 시민권을, '주어지는 것'이 아니라 쟁취할 수 있는 것으로 만들고 '배제적인 것'이 아니라 '보편적인 것'으로 만들려고 함으로써 시민

노동자들이 수행하지 못했던 국경의 민주화에 도전한다. 국경 투쟁은 이주노동자들을 아마도 가장 — 실질적으로가 아니라면 — 잠재적으로 위험하고 급진적인 계급투쟁의 주체로 만든다. 이러한 이들의 주체적 능력은 이주노동을 세계경제 구조의 희생양, 시장 작용의 결과물, 영리한 가족 집단의 생존 전략으로 보는 이주 이론에서 오랫동안 무시되어왔다(장대업, 2012: 210~213). 이주민에 대한 차별에 분노하는 이론들조차도 이들을 반쪽짜리 주체, 시민-노동자의 도움이 필요한 주체들로 보는 것이 일반적이다. 하지만 최근의 급증하는 이주노동자들의 국경 투쟁은 이들에 대한 일반적인 이론들에 대해 의문을 제기하며 이들의 주체적 능력에 대한 좀더 심화된 논의를 촉발했다. 이주노동의 자율성에 초점을 맞추는 일련의 이론가들은 '이주자들의 주체적 능력을 사회 변화의 구성적 힘으로 이해하고 현재의 정치적 국면을 연구하는 데 유동성에 우선성을 부여한다' (Andrjasevis and Anderson, 2009: 366). 이러한 이론화는 이주자의 주체적 능력이 사회적 변화에 가지는 역할을 재조명하기 위한 것이다(Andrjasevis and Anderson, 2009; Andrjasevis, 2009; Anderson, 2009; De Genova, 2002, 2005, 2009, 2016; Mezzadra, 2010; Papadopoulos, Stephenson and Tsianos, 2008). 이주자의 주체적 능력이 사회적 변화에 미치는 파괴력의 중요성은 그들이 — 특히나 정확한 이주 경로를 따르지 않아 반합법적 혹은 불법적 지위를 가지고 있을 때 — 시민노동자에 비교할 때 권리를 주장하기가 훨씬 더 열악한 상황임에도 적극적으로 사회적 변화를 추동하기 위해서 행동한다는 점에서 주목받을 만하다(De Genova, 2009: 461). 이들의 연구가 주목하는 것은 이주행위 자체라기보다는 더 정확하게는 이주의 정치적 다이내믹 (dynamic)과 이주가 현존하는 질서의, 특히 그것과 반대편에 있는 것으로 간주되는, 즉 시민권에 대해서 이주가 만들어내는 균열이다(Andrijasevic and Anderson, 2009: 364). 이들은 이주노동자들이 노동력 상품을 팔기 위해 이동하고 그 과정에서 종종 위험에 직면한다는 사실을 보여주는 데 만족하거나 혹은 이들의 이동성에 내재한다고 여겨지는 탈식민주의적 진보성을 과다하게 강조하는 것이 아니라 이주자들의 국경 투쟁 속에서 나타나는 구체적인 전복적 행위에 초점을 맞춘다. 드 제노바는 요새화되고 미국의 국경을 넘고, 자신들에게 가해지는 심각한 정치적 압력에도 불구하고 자신들에게 절대로 주어지지 않는 권리를 위해 싸우는 이주노동자들의 주체적 능력을 다음과 같이 분석한다.

> … 입법과 관련된 논쟁들이 논쟁의 객체로 만들려고 했던 미등록 노동은 이주노동자들이 이 투쟁에서 진정한 주체들임을 확실히 해두기 위해서 이제 정말로 거대한 규모로 고집스럽게 앞으로 나아간다. 이 투쟁에서 이들은 이중적 의미에서 그리고 불가분하게 모순적 의미에서 주체들이다. 이들은 자본을 위한 노동으로서 따라서 자본이 의지할 수밖에 없는 가치의 진짜 원천으로서의 주체들이다. 또한 이들은 대중적인 불복종 행동과 노동과 자본을 상호 구성적인 사회적 관계로 결합시키는 화해 불가능한 적대의 표현에 참여하는, 자본에 대항하는 노동으로서의 주체들이다(De Genova, 2010: 453).

이주노동은 그들의 전복적 주체성을 반복되는 국경 투쟁에서 드러낸다. 국경 투쟁은 노동유동성의 활용과 억제 사이에서 균형을 잡고자 애쓰는 자본과 국가의 노력에 저항하는 것이다. 국경 투쟁의 과정에서 유동노동이 가지고 있는 잠재적 변혁성은 구체적으로 표현된다. 이 국경 투쟁은 자유민주주의의 핵심에 놓여 있고 '지배와 권한 부여의 역동적 제도'로서 존재하며 국경이라는 외형으로 드러나는 시민권에 긴장을 불어넣는다(Isin, 2009: 371). 이미 우리가 살펴보았듯이 시민권은 이주자를 권리 소유자인 '우리'로부터 배제하는 국경의 실질적 내용이다. 이주노동자들의 국경 투쟁은 법률이 정한 권리를 가지는 시민으로서의 행동이 아니다. 그럼에도 국경 투쟁에서 그들은 마치 시민, 그것도 가장 활동적인 시민인 것처럼 행동한다. 이신이 지적한 '시민권의 주체들이 언제나 시민권적 지위를 가진 사람들이 될 필요는 없는' 상황이 가장 극명하게 드러나는 것이 바로 국경 투쟁이다(Isin, 2009: 370). 민주주의의 형성기에 시민권적 투쟁을 수행했던 반(半)시민들의 그것처럼 국경 투쟁에서 이주노동자들의 권리는 현존하는 정치제도 바깥에 놓여 있다. 국경 투쟁에서 이주자들이 실천하는 시민권은 그 내용이 국경 안쪽에 존재하는 시민권과 흡사함에도 국경의 내연적 구성물로서의 시민권이 아니다. 그것은 차라리 국경 안쪽에 수줍게 자리 잡고 있는 시민권의 사회운동적 전용, 즉 '사회운동적 시민권'이다. 사회운동적 노동조합주의가 도태된 노동운동을 자유민주주의의 제도로부터 탈각시킴으로써 노동운동의 사회운동적 성격을 복원하는 것을 목표로 삼는 것과 같은 맥락에서, 국경 투쟁에서 사용되는 주요 수단으로서의 '사회운동적 시민권'은 유럽과 선진 자유민주주의 국가에서 한 시기 사회운동이었으나 이내 국경으로 변해버린 시민권에 대한 도전이다. 사회운동적 시민권을 행사하는 이주민들은 법에 의해 인정된 권리를 행사하는 것이 아니라 그들을 인정하지 않는 법 체제에 대한 도전을 통해 스스로를 시민으로 규정하는, 이신이 말한 '활동가적 시민'들이다(Isin, 2009: 382). 이들 활동가적 시민은 정해진 규칙에 따라 '투표하고 세금을 납부하고 입대하는 것처럼 짜인 각본을 연기하는 활동적 시민들에 반하여' 시민권을 아래로부터 재구축하려 하며 국경의 내연이라는 시민권의 존재 양식에 도전함으로써 '각본을 새로 쓰고 장면들을 창조하려 한다'(Isin, 2009: 381). 그렇게 함으로써 그들은 멈추어졌던 세계자본주의의 민주화를 다시 시작한다. 이주노동자들에 의해 홍콩과 한국에서 벌어지는 국경 투쟁은 이러한 투쟁의 좋은 예를 보여준다.

6. 홍콩과 한국에서의 국경 투쟁과 사회운동적 시민권

30만 명이 넘는 홍콩의 여성 가사 이주노동자들은 홍콩 가정의, 특히 중산층 이상 가정의 재생산을 담당한다. 이들 여성 가사 이주노동자는 2011년 현재 홍콩 여성 노동력의 16.7%, 전체 외국인 인력의 절반가량을, 그리고 홍콩 인구의 약 4.3%를 차지한다(Law, 2012). 한국의 이주노동자 도입이 축적 공간 안에서의 노동비용 상승으로 인한 것이라면 홍콩의 이주노동자 도입은 1980년대 이후 값싼 서비스 직종을 통해 노동시장에 흡수된 홍콩 여성들의 재생산 노동을 대신해줄 노동력의 필요에 근거한다. 대부분 필리핀, 인도네시아와 태국 등지에서 온 이들 이주 여성이 서비스 직종에서 일하는 홍콩 여성들의 가사노동을 대신하면서 홍콩과 이들 이주노동자의 송출국 사이에는 페론(D. Perrons)이 '국제적 돌봄 사슬'이라고 정의한 관계가 성립되었다(Perrons, 2004: 106).

이 돌봄 사슬의 하부 단위를 구성하는 홍콩의 여성 가사 이주노동자들은 사슬을 구성하는 더 강력한 주체들에 의한 극단적인 형태의 착취에 종종 노출되는데 이주노동 보급소와 맺어지는 노예계약과도 같은 노동계약, 임금 미지불 및 채불, 공용주의 언어폭력과 체벌, 고의적인 음식 제공 거부와 성추행과 폭력 등 가사 이주노동자가 처하는 극단적 상황에 대한 보도는 흔하게 접할 수 있다. 홍콩의 여성 가사 이주노동자들은 시민이 기본적으로 누리는 권리로부터 철저히 배제당하는데 2015년 도입된 홍콩의 시간당 32.5홍콩달러의 최저임금제도는 이들이 이 제도의 보호 대상이 아님을 명시한다. 이들 가사 이주노동자는 기본적으로 고용주와의 동거를 조건으로 하기 때문에 밀폐된 공간에서 개별적으로 가지는 노동관계가 일으키는 갖가지 문제, 즉 개인의 신체와 사생활, 종교와 습관 등에 대한 통제에 부딪힌다. 이러한 극단적인 통제와 배제가 사회운동적 시민권의 행사를 통한 이주노동자들의 국경 투쟁을 촉발한다.

사실 이주노동자들이 이러한 통제와 배제에 대한 저항을 조직하는 것은 매우 어려운 일이다. 기본적으로 이들은 모두 2년짜리 한시적 노동계약을 맺고 있고 이 계약의 연장은 전적으로 고용주의 일방적인 결정에 달려 있다. 그들이 원래의 고용주와 재계약에 실패한다면 그들에게 취업을 위해 고용주를 만날 수 있도록 부여된 시간은 고작 2주밖에 되지 않는다. 그들에게 강요되는 '고용주와의 동거' 원칙은 개별 노동자들이 작업장에서 문제에 직면했을 때 동료 노동자들의 도움을 받을 수 없고 집단적 행동을 통해 기본권을 방어할 방법이 없다는 것을 의미한다. 이런 이유로 인해 긴 노동시간과 고용주와 노동소개업체의 부당한 훈육에 맞서 노동자들이 '미적거리기(foot-dragging)' 등의 수동적이고 개인적인 저항밖에 할 수 없는 이유이다. 하지만 최근 들어 여성 가사 이주노동자들은 점차 그들의 전복적인 주체적 능력을 서서히 드러내기 시작했다. 그들의 국경 투쟁은 점차 집단적인 형태를 띠기 시작했는데, 이 투쟁에서 그들은 가사 이주노동자에게 가해지는 반시민적 차별에 저항하고 이보다 한발 더 나아가 홍콩 주민에게 부여되는 제한적 시민권에 대해 문제를 제기한다.

홍콩에서 이주노동자들의 집단적 행동은 1980년대에 이르러 조금씩 등장하기 시작한다. 이주노동자들은 풀뿌리 구호 단체와 상호부조 조직들을 만들기 시작했고 고용주들의 학대에 희생당한 노동자들을 위해 보호소도 설치한다. 이 초기 단계에는 이주노동자들의 사정에 관심을 가지는 현지인들과 종교 단체들이 필리핀 이주노동자들의 상황을 여론화하고 이주노동자들의 단체를 설립하는 데 많은 도움을 주었다. 1980년대 필리핀의 민주화 투쟁 과정에서 큰 영향력을 미친 해방신학의 관점에서 사회정의를 추구하는 필리핀 이주노동자를 위한 미션(The mission for Filipino Migrant Workers: MFMW)이 첫 번째 이주노동자 단체로 1981년 설립되었다. 홍콩과 필리핀 정부의 반이주노동자 정책에 항의하는 몇 번의 캠페인을 펼치고 나서 이 단체는 다른 작은 규모의 이주노동자 캠페인 단체 및 홍콩의 현지 노동운동과 연대하면서 여러 방향으로 홍콩의 이주노동자운동의 발전에 기여한다. 1982년 이주노동자들의 고국으로의 송금에 대해 의무규정을 부과하려는 필리핀 정부의 시도에 맞서 크고 작은 필리핀 이주 조직들이 연대 투쟁을 한 결과 1985년에는 필리피노 연합(United Filipinos in Hong Kong: UNIFIL)이 만들어진다(Constable, 2007: 160~161). 필리피노 연합이 필리핀 이주노동자들을 위한 캠페인의 주요 도구가 되어가면서 필리핀 이주노동자운동은 다른 지역에서 온 이주노동자들에게도 영향을 미친다.

1987년 고용주의 학대에 시달리는 모든 국적의 여성 이주노동자들을 돕기 위해 설립된 이주노동자의 집 베튠하우스(Bethune House)는 이전 세대 필리핀 이주노동자들의 투쟁과 저항의 경험을 다른 국적의 새로운 이주노동자에게 전수하는 유력한 수단이 되었다. 다양한 국적의 이주노동자들은 필리핀 이주노동자들의 경험을 기반으로 1990년대 들어 자신들의 단체를 만들기 시작한다(Hsia, 2009). 극동 재외 네팔인 연합(Far East Overseas Nepalese Association: FEONA)이 1993년에 세워진 것을 비롯해 인도네시아 가사 노동자 연합(Association of Indonesian Domestic Workers: ATKI)이 2000년에 세워지고 재홍콩 태국지역연대(Thai Regional Alliance in Hong Kong)가 2001년에 설립되었다. 1990년대와 2000년대에 이주노동자운동은 여러 가지 중요한 발전을 이루어낸다. 먼저 이주노동자 단체들의 수와, 역량 그리고 활동 범위에서 질적이고 양적인 발전을 이루어냈다. 이주노동자운동은 여전히 취약한 법적 지위에도 불구하고 훨씬 더 강경한 운동이 되었는데 1998년 홍콩 전체에 걸쳐 펼쳐진 경제위기에 따른 이주노동자 임금 20% 삭감에 대한 투쟁, 2002년 정부의 임금 삭감 정책에 대한 캠페인 그리고 2003년 펼쳐진 정부의 고용인 재교육세 400홍콩달러 부과에 대항한 캠페인 등에서 이주노동자운동은 수천 명의 이주노동자 시위대를 조직하고 여론을 조성하는 역량을 보여준다. 이주노동자운동은 또한 홍콩의 이주노동자 지원 단체들의 도움에 힘입어 이주노동자 단체들의 노동조합으로의 전환을 꾀하는데 1998년 필리피노 이주노동자 노조(Filipino Migrant Workers Union)의 설립을 시작으로 2000년 인도네시아 이주노동자 노조(Indonesian Migrant Worerks Union), 2003년 필리핀 가사도우미 일반 노조(The Filipino Domestic Helpers General Union), 2005년 필리핀 가사 노동자 일반 노조(Filipino Domestic Workers General Union Hong Kong)와 네팔 가사 노동자 노조(the Union of Nepalese Domestic workers), 2009년 태국 이주노동자 노조(Thai Migrant Workers Union) 그리고 2012년 해외 가사 노동자 노조(Overseas Domestic Workers Union)와 진보적 가사 노동자 노조(Progressive Labour Union of Domestic Workers)가 탄생한다. 이 시기에 또 다른 중요한 성과는 다양한 국적의 이주노동자들 사이, 그리고 이주노동자들과 현지 노동운동과의 연대를 만들어내려 했던 다양한 노력이다. 이러한 노력의 결과로 아시아 이주 조정 기관(Asia Migration Coordination Body)이 1996년 먼저 만들어지고 2010년 11월에 이르러 마침내 홍콩노동조합 총연맹의 가맹 노조인 홍콩 아시아 가사 노동자 연맹(the Federation of Asian Domestic Workers Unions in Hong Kong: FADWU)이 태국, 인도네시아, 필리핀, 홍콩, 네팔 국적의 이주노동자들을 조합원으로 포괄하며 창립되었다(Choi, 2011).

이들 이주노동자 단체는 무엇보다 이주노동자들을 위한 서비스를 제공한다. 이들은 이주노동자의 법적 권리에 대한 교육 프로그램을 제공하고 고용주와의 문제 발생 시 해결 방안에 대한 상담을 진행하는 동시에 이주노동자들이 소속감을 느낄 수 있는 공동체와 쉼터로 기능한다. 그들의 계속되는 조직화 노력은 종종 가사 이주노동자들이 매주 일요일 홍콩의 중심부인 센트럴 지역에서 그들의 유일한 휴일을 즐기는 기회를 이용한다

(Constable, 2007: 166~167). 이 활기 넘치는 이주노동자의 휴일은 이주노동자 단체들에 의해 종종 공론과 투쟁의 장소로 변화하며 이곳에서 개개인의 경험에 기반을 둔 집단적 이슈 형성이 이루어진다. 이러한 과정에서 이주노동자들은 인권과 노동권은 국경의 외연을 가진 시민권으로 특정 시민에게만 주어지는 것이 아니라 비자나 직업, 출신 국가의 구분 없이 누구에게나 보편적으로 적용되어야 함을 피력한다. 동시에 이주노동자운동은 시민적 권리로 주어지는 것이 아니라 사회운동을 통해 쟁취할 수 있는 것으로 이해하는 방식을 홍콩의 사회운동과 공유한다.

이주노동자운동은 2000년대 들어서 홍콩의 민주주의를 확장하고자 하는 운동의 중요한 일부가 되어 각종 민주화 요구 집회와 시위에 집단적으로 참여해왔다. 더 나아가 이들은 2005년 12월 11일에서 18일에 걸쳐 홍콩에서 개최된 제6차 세계무역기구 회담 반대시위에서 신자유주의 반대 투쟁에 홍콩 사회운동의 일부로 참여한다. 1000여 명의 이주노동자들이 지역시민이 잘 인지하고 있지 못하던 이슈들을 다루는 신자유주의 반대 투쟁에 적극 참여하자 홍콩 정부는 이주노동자 단체를 압수 수색하는 것으로 대응했다. 하지만 다수의 이주노동자들이 체포와 추방이라는 위협을 감수하고 이 기간에 홍콩의 사회운동과 연대했다. 이들은 홍콩 법에 따라 거주 기간과 관계없이 시민권이 절대로 주어지지 않는 사회구성원이지만 시민권의 소유자들과 함께 시민이 가진 주권의 영역을 확장하기 위해 투쟁하며 동시에 시민권 소유자들을 상대로 그들의 시민권이 가지고 있는 한계를 알린다. 이 과정에서 이주노동자들은 법이 지정한 테두리 안에서만 시민권을 실천하는 대다수 홍콩 시민보다 더 '시민적'인 모습의 활동가적 시민으로 행동하며 사회운동적 시민권을 행사한다. 이러한 이주노동자들의 국경 투쟁은 홍콩의 사회운동이 이주노동운동을 홍콩사회운동의 일부로 인식하게끔 하며 시민-이주자 연대를 만들어낸다. 홍콩 노동조합총

연맹은 이주노동운동에 대해 지속적으로 우호적인 태도를 보여왔으며 이들의 투쟁을 지원하고 현지 시민들의 비판으로부터 이주노동자운동을 방어하는 데 이주노동자운동과 동일하게 보편적 시민권 개념에 호소한다 (Tang, 2010). 2010년에 이르러 이주노동자들의 국경 투쟁은 비로소 가사 이주노동자들에 대한 홍콩 당국의 가장 강력한 배제 장치인 '가사 노동자의 거주권 신청 불가 규정'에 도전하기 시작했다. 여전히 현재진행형인 이 투쟁 역시 국경과 시민적 권리의 조합을 거부하며 노동권과 시민권이 국경과 관계없이 세계시민에게 적용된다는 원칙을 고수하며 국경의 반민주성을 직접적으로 겨냥한다.

　사회운동적 시민권은 한국의 이주노동자운동에 의해서도 실천된다. 홍콩에서는 재생산 영역에서 이주노동자들이 필수적인 노동력이 되었다면 한국에서는 생산 영역이 그러하다. 소위 '초청 노동자'가 중소 규모의 기업과 농장에서 중요한 노동력으로 자리 잡고 있는데 이들 기업과 농장의 가격 경쟁력은 바로 이주노동자들이 제공하는 값싼 노동력에서 얻어지는 것이다. 현재 한국의 이주노동자들은 고용허가제를 통해 한국에서 일하게 되는데 이 제도는 2004년 처음 소개되었고 2007년에 이르면 이주노동자의 노동권을 전혀 인정하지 않았던 산업연수원제도를 완전히 대체한다.[1]

---

[1] 한국의 이주노동자 인구는 1993년 정부가 산업연수원 제도를 도입하면서 지속적인 증가 추세에 있다. 산업연수원 제도는 저숙련 외국인 노동자들에게 폐쇄적이었던 한국 노동시장의 접근을 허용함으로써 1990년대 초반 한국의 자본주의적 발전이 맞이한 위기 국면을 돌파하기 위해 도입되었다. 한국 자본주의는 1980년대 노동자 운동의 성장과 민주화로 인해 저임금 착취라는 기존의 축적 방식을 효율적으로 유지하지 못하게 되었으며 국내 노동의 유연화 전략 또한 노동운동의 반대에 직면했다. 중국 등 신흥 경제와의 수출 경쟁에서 적극적인 해외 투자를 도모하지 못하는 중소기업들의 수출 경쟁력 확보를 위해 절실했던 저임금 노동은 국내 노동자들보다 월등히 싼 임금으로 노동하는 외국인 노동자들의 수입을 통해 충원되기 시작한 것이다. 이 제도는 노동자들을 연수생으로 수입함으로써 이들의 노동권을 원천적으로 배제하고 사업장 이동권을 철

노동자에게 일할 수 있는 허가가 주어지는 노동허가제와 달리 고용주에게 외국인 고용을 허가하는 고용허가제는 시행 초기 고용주들이 채용한 노동자에게 최대 3년의 체류 기간을 허용했으나 2009년에 이르러 4년 10개월로 연장되고 2012년 재입국 특례제도의 도입 후 고용주가 사업에 반드시 필요하다고 여기는 '모범' 인력에 한해 한 차례 4년 10개월이 연장 가능하게 되어 최대 9년 8개월의 체류가 가능해졌다. 이주노동자 수는 산업연수생 제도의 도입 이래 약 열 배 가까이 증가해서 2013년 기준 약 62만 명이 한국에서 일하고 있으며 이 중 약 3분의 1가량이 일반고용허가제를 통해 한국에 온 한국과 영토적 '혈통적' 관계가 없는 외국인 노동자들이다. 이들은 소규모 제조업, 건설업, 농업과 어업에서 필수적인 인력으로 자리 잡았다. 이 제도가 고용주에게 고용을 허가하는 제도라는 점에서 알 수 있듯 이 고용허가제는 여전히 노동자들의 사업장 이동권을 제약하며 퇴직금보험을 본국으로의 출국 후에만 지급받을 수 있는 출국보증금으로 사용하는 등 노동권을 제약한다. 그러나 분명한 것은 이들의 노동은 이들의 노동 없이는 유지될 수 없는 기업과 업종이 있으며 현재의 한국 자본주의를 지탱하는 하나의 중요한 요소라는 것이다.

시민적인 권리는 고사하고 노동자를 노동자로 인정하지도 않았던 초기의 산업연수생 제도는 이주노동자들을 온전히 착취의 대상으로 파악했으며 '추격하는 국경'은 이주노동자들에게 극심한 차별과 인간 사냥식 불법체류자 검거 작전으로 나타났다. 이로 인해 한국에서는 이주노동자의 수입 체계가 채 자리를 잡기 전부터 이주노동의 전복적인 주체적 능력이 다양한 형태의 국경 투쟁을 통해 표출된다. 1994년 고용주 11명의 학대와

저하게 제한함으로써 이주노동자들과 한국의 노동인권 단체들의 저항을 불러일으켰다(Kim, 2012).

산업재해의 피해자들이 산업연수원 제도와 미등록 이주노동자에 대한 탄압과 차별을 비판하고 기본권 존중을 주장하며 서울의 경제정의실천시민연합 강당을 점거하면서 이주노동운동을 개시했다(Jung, 2012: 67). 1995년에는 네팔 산업연수생 13명이 한국 민주화의 발원지로 알려진 명동성당에서 점거 투쟁을 시작했다(Kim, 2012: 682). 국경에서 멎어버린 민주화의 확장을 위한 투쟁이 '국내' 민주화의 성지에서 출발한 것이다. 점거 투쟁에 참여한 이주노동자들이 보여준 '우리는 노예가 아닙니다', '우리를 때리지 마세요' 등의 요구는 1987년 노동자 대투쟁의 반(半)시민-노동자들이 외쳤던 국경 안의 민주화를 위한 투쟁의 구호를 연상시키기에 충분했고 시민-노동자들의 연대를 일으켰다(Kim, 2012: 683; 설동훈, 2003). 이 투쟁의 결과로 전국에서 시민·종교·노동 단체 38개가 모여 외국인 노동자 대책협의회를 구성했다(Kim, 2012: 682). 이주노동자들은 1995년 이후 국가별 공동체의 설립과 비타협적 이주노동자운동 건설에 나선다. 이미 1995년 이전에 건설되었던 필리핀, 네팔, 미얀마, 방글라데시 공동체를 이어 인도네시아와 스리랑카 공동체가 각각 1997년과 1998년에 결성되었으며(설동훈, 2003) 2002년에는 69일의 명동성당 점거 투쟁, 2003년과 2004년 사이에는 380일의 장기 점검 투쟁을 통해 미등록 노동자 합법화와 산업연수원 제도의 폐지를 주장했다.

이러한 투쟁을 거치면서 이주노동자운동은 산업연수생 제도를 폐지시키는 것에 성공한다. 이주노동자운동은 이 시기에 두 가지 형태의 운동으로 분화하는데 기존의 서비스 제공과 인권적 접근을 유지하는 쪽과 새롭게 계급투쟁으로서의 이주노동자운동을 강조하는 부류로 나누어지게 된다. 국경 투쟁을 계급 투쟁의 일부로 사고하는 활동가들과 이주노동자들은 2001년에 서울-경기 평등 노조를 설립하고 뒤이어 2005년에 이주노조를 설립하게 된다. 이렇게 함으로써 기존의 박애주의적 사회운동의 지원

을 받던 이주노동자운동은 점차 한국 노동조합운동과 연대의 폭을 넓혀나
가게 되고 노동운동의 내부에 존재했던 국경을 조금씩 극복하게 된다. 민
주노총의 이주노동자들에 대한 태도는 1990년대 초반부터 꾸준히 변화해
왔는데 초기에는 노동운동 역시 노동자 국제주의라는 수사에도 불구하고
이주노동자들을 보호의 대상으로 파악하고 조직화를 통해 노동운동의 주
체로 포괄해나갈 것을 고려하지는 않았다(정영섭, 2012: 69~71). 하지만
2002년에서 2004년에 걸친 이주노동자들의 전투적 국경 투쟁은 민주노
총을 비롯한 노동운동 조직들이 이주노동자운동에 대한 연대의 폭을 넓혀
야 하는 상황을 만들어냈고 연대는 단순한 수사를 넘어 좀 더 실질적인 것
으로 변화했다. 2005년부터 이주 노조는 민주노총 서울 본부 소속으로 자
리 잡았으며 2010년에는 이주노동자들이 민주노총의 대의원 대회에서 대
표 되기 시작했다. 민주노총은 또한 이주 담당 상근자를 본부에 두고 있
다. 최근에는 여전히 시민-노동자 사이에 존재하는 반이주민 정서에도 불
구하고 더 많은 기업과 지역, 산별노조가 이주노동자들을 조합원으로 조
직한다. 금속노조는 2005년부터 이주노동자들의 가입을 허용하고 있으며
단위 기업 노조들도 더 적극적으로 금속노조에 이주노동자들을 조합원으
로 조직하려 하고 있다. 삼우정밀과 한국 보그워너씨에스, 영진기업, 엠에
스 오토텍의 노조는 이주노동자들을 조합원으로 조직하고 사측과의 단체
협상에서 이들의 이익을 대변한다(김그루·오세용·임복남, 2014). 한국의 이
주노동자운동은 여전히 많은 도전에 직면해 있다. 여전히 노동허가제가
이주노동자들에게 강요하는 제도화된 차별과 이주노동자운동에 대한 한
국 정부의 탄압은 주된 극복의 대상이다. 이주 노조는 2005년 설립부터 노
조 신고가 거부되어 오랜 기간을 법외 노조로 활동해야 했으며 대부분의
이주 노조 활동가들은 그들의 체류 자격 여부와 관련 없이 출입국 사무소
의 집중적인 단속과 체포, 강제 추방의 대상이 되었다. 그럼에도 이주노동

운동은 사회운동적 시민권의 실천을 멈추지 않았고 한국 노동운동에 새로운 자극을 주었다. 그들의 오랜 국경 투쟁은 비로소 2015년 대법원으로부터 조합원들의 법적 지위와 관계없이 노동조합을 구성할 수 있으며 따라서 이주 노조는 합법적이라는 판결을 받아냄으로써 국경의 민주화에 한걸음 다가서는 성과를 얻어냈다. 유동노동은 따라서 한국의 경제에 내재적인 한 부분이 되었을 뿐 아니라 한국 사회에 뿌리내린 정치적인 주체로서 서게 되었다.

한국과 홍콩에서 이주자들은 사회운동적 시민권을 실천하고 시민권을 아래로부터 재구성하며 그렇게 함으로써 국경의 내연적 구성물로서의 시민권에 도전하고 보편적인 시민권을 향해 나아간다. 그들은 단순히 현존하는 시민권을 '따내기'위해서 투쟁하는 것이 아니라 시민권과 국경 간의 관계를 의문시하고 시민권을 다시금 지배와 저항의 투쟁 공간으로 만들면서 국경에서 멈춰버린 시민권의 전복적 기능을 새롭게 불러낸다. 그들의 국경 투쟁은 국경이 유동노동에 가하는 부정의에 대항하면서 국경화된 자본주의에 대항하는 진정한 민주주의를 건설하는 주체적 능력을 표출한다. 이들의 투쟁이 자본주의에 대한 대안을 모색하고자 하는 노력들의 중심에서 고려되어야 하는 것은 이들이 보호를 필요로 하는 희생자라서가 아니라 이들이 국경에서 멈춰버린 자본주의의 민주화를 한발 더 진전시킬 수 있는 전복적 행동을 멈추지 않고 있기 때문이다.

7. 나가며

발리바르는 지구적 아파르트헤이트와 현대 국민국가의 민주적이고 사회적 형태 사이의 모순을 지적하면서 국가의 사회적 성격과 시민권의 사회적 성격을 없애든지 아니면 시민권이 국민적 정의에서 분리되어 초국가적 형태를 가지는 사회적 권리들을 보장할 수 있게 되든지 양자택일을 해야 하는 기로에 서 있다고 지적한다(Balibar, 2004: 113). 사회운동적 시민권을 행사하는 이주노동자들의 국경 투쟁은 국경에 의한 시민권의 반동화를 가로막는 주요한 투쟁이며 그러한 의미에서 자본의 민주화를 추진하는 주요한 사회적 힘이다. 유동노동이 지구적 자본주의의 재생산에 핵심적 역할을 수행해온 만큼 국경들은 지구적 자본주의의 핵심 간접자본으로 자리 잡아왔다. 유동노동을 사용하는 동시에 통제하고자 하는 국민국가들의 노력은 요새화된 국경으로 구분되는 새로운 지구적 아파르트헤이트를 만들고 국경을 따라 노동을 분절적으로 구성한다. 하지만 노동은 국경 투쟁을 통해 국경의 외연에 도전하고 국경의 내연적 내용으로서의 배제적 시민권에 도전한다. 이러한 노동의 전복적 이주는 세계자본주의의 역사 도처에서 발견되며 지구적 아파르트헤이트의 등장 이후에 더욱더 중요한 저항의 수단이 되었다. 홍콩과 한국에서 이주노동자들이 벌이는 이주노동자운동은 각국에서 벌어지는 국경 투쟁의 중요한 일부이고 많은 한계에도 전복적 이주의 미래를 보여준다. 이들은 국경 투쟁을 통해 자본이 유동노동을 필요로 하는 한 자본주의는 국경에 도전하는 전복적 이주를 피할 수 없음을 증명한다. 또한 이들은 유동노동과 국경의 대결이 첨예해진 현재의 자본주의에서 노동이 이동성과 이주의 전복성이 자본주의에 대한 대안을 찾는 논의에서 핵심적인 부분을 차지해야 하는 이유를 말해준다.

참고문헌

김그루·오세용·임복남. 2014. 「사례모음」. 『이주노동자 노조조직화 사례연구』. 민주노총 정책연구원.

설동훈. 2003. 「한국의 외국인 노동운동, 1993-2003: 이주노동자 저항의 기록」. ≪진보평론≫, 17호, 246~269쪽.

정영섭. 2012. 「한국의 노동운동과 이주노동자의 아름다운연대는 가능한가?」. e-Journal ≪Homo Migrants≫, Vol.5, No.6, 65~84쪽.

Anderson, B. 2011. "Migration: controlling the unsettled poor." *Open Democracy.* https://www.opendemocracy.net/5050/bridget-anderson/migration-controlling-unsettled-poor

_____. 2013. *Us and Them? The Dangerous Politics of Immigration Control.* Oxford University Press.

_____. 2014. "Exclusion, Failure, and the Politics of Citizenship." *RCIS Working Paper,* No.2014/1. http://www.ryerson.ca/content/dam/rcis/documents/RCIS_WP_Anderson_No_2014_1.pdf

Anderson, B., N. Sharma and C. Wright. 2009. "Editorial: Why No Border?" *Refugee,* Vol.26, No.2, pp.5~18.

Andrijasevic, R. and B. Anderson. 2009. "Conflicts of mobility: Migration, labour and political subjectivities." *Subjectivity,* Vol.29, pp.363~366.

Balibar, E. 2002. *Politics and the Other Scene.* Verso.

_____. 2004. *We, the People of Europe?* Princeton University Press.

Choi, S. 2011. "Domestic Workers in Asia-campaign and organising updates." http://www.amrc.org.hk/system/files/Domestic%20Workers%20in%20Asia%202011.pdf (5th May 2012).

Constable, N. 2007. *Maid to Order in Hong Kong, Stories of Migrant Workers.* Cornell University Press.

_____. 2009. "Migrant Workers and the Many States of Protest in Hong Kong." *Critical Asian Studies,* Vol.41, No.21, pp.143~164.

De Genova, N. 2002. "Migrant 'illegality' and deportability in everyday life." *Annual Review of Anthropology,* No.31, pp.419~447.

_____. 2005. *Working the Boundaries: Race, Space, and 'Illegality' in Mexican Chicago.* Duke University Press.

_____. 2007. "The production of culprits: From deportability to detainability in the aftermath of 'Homeland Security'." *Citizenship Studies*, Vol.11, No.5, pp.421~448.

_____. 2009. "Conflicts of mobility, and the mobility of conflict: Rightlessenss, presence subjectivity, freedom." *Subjectivity*, Vol.29, pp.445~466.

_____. 2016. "The "crisis" of the European border regime: Towards a Marxist theory of borders." *International Socialism*, Issue.150, pp.33~56.

Ferguson, S. and D. McNally. 2015. "Precarious Migrants: Gender, Race and the Social Reproduction of a Global Working Class." *Socialist Register*, Vol.51, pp.1~23.

Hsia, H.-C. 2009. "The Making of A Transnational Grassroots Migrant Movement: A Case Study of Hong Kong's Asian Migrants' Coordinating Body." *Critical Asian Studies*, Vol.41, No.1, pp.113~141.

Isin, E. F. 2009. "Citizenship in flux: The figure of the activist citizen." *Subjectivity*, Vol.29, pp.367~388.

Kim, N. 2012. "The Migrant Workers' Movement in the Democratic Consolidation of Korea." *Journal of Contemporary Asia*, Vol.42, No.4, pp.676~696.

Law, S. 2012. "Globalized Capital, Keeping Women in the Homes." http://left21.hk/wp/en/wd/

McNally, D. 2011. *Global Slump*. PM Press.

Mezzadra, S. 2010. "The Gaze of Autonomy. Capitalism, Migration and Social Struggles." http://www.mara-stream.org/wp-content/uploads/2011/10/Sandro-Mezzadra_The-Gaze-of-Autonomy.-Capitalism-Migration-and-Social-Struggles.pdf

Mezzadra, S. and B. Neilson. 2008. "Border as Method, Or, the Multiplication of Labor." http://eipcp.net/transversal/0608/mezzadraneilson/en

_____. 2013. *Border as Method, Or, the Multiplication of Labor*. Duke University Press.

Morris-Suzuki, T. 2006. "Changing Border Control Regimes and their Impact on Migration in Asia." A. Kaur and I. Metcalfe(eds.). *Mobility, Labour Migration and Border Control in Asia*. Palgrave Macmillan.

Papadopolous, D., N. Stephenson and V. Tsianos. 2008. *Escape Routes. Control and Subversion in the 21st Century*. Pluto.

Perrons, D. 2004. *Globalization and Social Change: People and Places in a Divided World*. Routledge.

Tang, E. 2010. "Spotlight Interview with Elizabeth Tang." http://www.theglobalnetwork.net/news/92/(4thMarch2012).

제 4장

사회주의 전환의 함정과 가능성*
그리스의 사례를 중심으로

마틴 하트-랜즈버그 | 미국 루이스 앤드 클라크 대학교 교수
[옮긴이] 정주희 | 서울대학교 서양사학과 학부생

1. 들어가며

시리자는 2015년 선거 승리로 유럽연합 창설 이래 유럽의 정부를 이끄는 첫 좌파 정당이 되었다. 그리고 유럽연합 집행위원회, 유럽중앙은행(ECB), 국제통화기금(IMF)이라는 트로이카의 요구에 결국 항복함으로써 시리자는 사회적 전환의 매개가 아니라 계속되는 긴축의 관리자가 되었다. 이는 그리스 인민에게 국한된 문제가 아니라, 모두에게 쓰라린 새로운 국면이었다.

세계 도처에서 자본주의적 세계화라는 책무에 따라 경제적 압제와 사회적 혼란은 증대했으며 경제 과정은 재구성되었다. 불행하게도 바로 그

---

* 이 논문은 2016년 발표된 마틴 하트-랜즈버그의 "The Pitfalls and Possibilities of Socialist Transformation: The Case of Greece(Class, Race and Corporate Power. Vol.4, No.1)"를 번역한 것이다.

결과인 노동 불안정성의 증가와 사회안전망의 축소는 각자도생이라는 신자유주의적 계율을 강화했다. 그렇게 됨으로써 대안적인 사회의 미래상은 고사하고 자본주의의 역학에 맞선 집단적 저항을 진전시켜보려는 노력도 더욱 어려운 상황에 처했다. 시리자의 선거 승리가 중대한 기로였던 것은 이러한 이유 때문이다. 세계 도처, 특히 선진 자본주의 국가에서 온 활동가들에게 그들의 정치 전략을 돌이켜보는 데 시사하는 바가 컸으며, 그들은 선거의 가능성에 더욱 큰 관심을 쏟게 되었다.

당연하게도, 유럽 엘리트의 긴축 요구를 버텨내지 못한 시리자의 실패는 사실은 선출된 좌파 정부가 그들에게 적대적인 경제적·정치적 상황을 관리해야만 하는 상황에서 유의미한 전환을 향해 과연 한 걸음 더 나아갈 수 있는가에 관한 심각한 의문을 불러일으켰다. 변화를 향한 요구가 어느 때보다 강하게 지속하고 있고 선거를 기반으로 전환을 도모하려는 노력이 계속되고 있기 때문에, 그리스와 다른 곳에 있는 활동가들이 자본가 권력에 맞서는 순간에 직면할 과제들에 더욱 효과적으로 대응할 수 있도록, 그리스의 경험과 특히 시리자의 손에 있었던 정치적 선택권과 실제 그들의 선택을 평가하는 것은 대단히 중요하다.

1절은 2001년에서 2007년 사이 그리스가 유로 지역 회원국 지위로 인해 어떻게 점점 더 허약해지고, 지속 불가능한 상태로 나아가게 되었는지 검토한다. 2절은 2008년에서 2014년 사이 그리스가 겪은 불황의 악순환에서 트로이카의 역할에 관해 논한다. 3절은 국가적 위기에 대한 그리스의 대중적 저항이 시리자를 새로운 유형의 좌파 정치조직, 즉 "대중결합정당(mass connective party)"으로 구현하고 성장시킨 과정을 논한다. 4절은 시리자 정부의 정치적 선택, 즉 정부가 트로이카의 그리스 경제를 끝장내고 그리스 인민이 더욱 급진화하게끔 할 수 있었지만, 선택되지 않은 두드러지는 대안적 정책들을 비판적으로 분석한다. 5절은 장래의 투쟁과 관련해 그리스의 경험에서 다섯 가지 교훈을 제시하며 결론을 맺는다.

2. 그리스의 성장과 유로

11개국이 각자의 통화가치를 가상의 유로화에 고정시킴으로써 절차에 착수한 지 2년 후인 2001년 유로 지역에 가입했다. 다만 유로화 지폐와 주화가 영역 내 유일한 통화로 도입된 것은 2002년에 이르러서였다. 그리스의 가입은 요구 조건인 모든 유럽 경제수렴 기준을 충족하지 못해 지체되었다. 기준에는 환율을 2년간 일정하고 안정적으로 유지해야 한다는 요건, 유로 지역에서 인플레이션과 이자율을 최저로 유지한 나라들의 수치에 따라 제한 기준을 설정하라는 통화 요건, 연간 재정적자 비율을 GDP의 최대 3%로, 정부 부채 비율을 GDP의 최대 60%로 제한하라는 예산 요건 등이 있었다. 이제 회원국 정부들이 환율정책이나 통화정책을 통제하지 못하기 때문에, 어떤 나라가 일단 유로 지역에 가입할 때 여전히 유효한 요건은 예산 요건밖에 없다.

그리스는 특히 예산 요건을 충족하기 위해 분투했다. 그리고 2004년, 새롭게 선출된 보수적인 신민당 정부는 국가가 최근의 재정적자가 실제보다 적어보이도록 조작해왔다고 발표했다. 이처럼 그리스는 사기로 유로화 회원국 자격을 획득했던 것이다. 그리스가 재정적자 비율 3% 요건을 아직 충족하지 않았음에도, 그 사기에 대한 징벌을 받지 않았다.

복합적인 정치 세력들이 경쟁과 복잡한 난관을 극복해가며 오랜 역사 속에서 유로화 기획을 추진해왔다. 대체적으로 기획의 최종 단계에서 이 기획의 수립을 확고하게 하는 데 기여한 세 가지 주요한 이해 세력이 있었다. 누구보다 독일 정부가 유로 공통 환율의 시행으로 독일의 역내 무역

경쟁력의 지속이 담보되기를 원했다. 독일은 자국의 무역수지 흑자가 역
내 무역 상대국의 무역수지에 영향을 끼쳐 화폐가치 등귀로 이어지지 않
도록 해야 했다. 즉, 수출주도 성장 전략을 가로막지 않도록 보증할 최선
의 방법으로써 공통 통화를 해석했다. 프랑스 정부는 자국이 유럽의 정치
적·경제적 향방을 정하는 데 끼칠 적절한 영향력을 유지할 방법으로 이 계
획을 해석했다. 프랑스는 독일을 공통 통화 계획에 묶어놓음으로써 확대
되는 독일의 역내 지배력을 관리할 수 있기를 희망했다. 그리고 그리스를
비롯한 남유럽 국가 정부들은 더욱 쉽게 그리고 훨씬 낮은 금액으로 자금
을 유치할 수 있게 됨으로써 성장과 정치 안정을 촉진할 매력적인 새 통화
를 안정되게 할 방책으로 이 계획을 해석했다.[1]

처음에는 그리스의 희망이 현실이 될 것 같았다. 예를 들어, 그리스는
2001년에서 2007년 사이 평균 4.2%라는 상당한 GDP 성장률을 달성했는
데, 이는 1990년대 후반 성장률보다도 높은 수치다(Bank of Greece, 2014:
13). 상대적으로 낮은 생활수준에도 불구하고, 노동자들 역시 실질적인 이
득을 누렸다. 실질중간임금은 2000년에서 2007년까지 24%가 올랐으며,
이는 유로 지역에서 가장 큰 규모의 성장이다. 그리스의 중간임금은 독일
중간임금의 53.6%에서 66%까지 올랐다(Papadimitriou, 2015: 3). 실업률도
2001년 10.8%에서 2007년 7.6%까지 떨어졌다.

불행히도 이 성장은 지속 가능하지 않았다. 가장 중요한 이유 중 하나는
이 성장이 대부분 부채에 의해 이루어졌다는 것이다. 2001년에서 2007년
까지 부채 조달 민간소비가 GDP 대비 평균 85%를 상회했으며(averaged a
high 85 percent of GDP), 재정적자는 GDP 대비 평균 6%에 근접했다. 투자

---

[1] 유로 체계의 역사에 관해서는 Lapavitsas et al.(2011)을 보라. 필자는 이 글에서 프랑스
　　가 경험한 바를 서술하지 않을 것이다.

는 주택시장을 제외하고는 전체적으로 약세를 유지했다. 주택시장은 부채로 조달된 부동산 거품의 혜택을 입었다. 가장 큰 문제는 내수가 갈수록 수입에 의해 충족되고 있었다는 사실이다. 그리스의 경상수지 적자는 이 기간에 GDP 대비 7.2%에서 거의 15%까지 폭발적으로 증가했다. 그 결과 그리스의 소비는 국가의 취약한 산업 기반을 강화하는 데 거의 도움이 되지 않았다. 그리스의 성장은 항상 유럽 은행들, 특히 프랑스와 독일 은행들의 저금리 차관에 의존하게 되었다(Rogers, 2011).

2009년에 시작해 나라를 집어삼킨 위기를 두고 그리스의 당시 상태를 비난하는 일이 다반사다. 그리스는 낮은 세율과 불충분한 납세 순응으로 일상적으로 적자 상태에 처했으며, 지출로 인해 관광업과 해운업에 대한 국가경제 의존도를 거의 줄이지 못했다. 그러나 점점 심각해지는 그리스 경제의 허약함은 유럽을 배경으로 하는 더 넓은 뿌리를 지니고 있었다. 여기서 독일을 주목해보자.

상술했듯, 독일 지도자들은 자국의 수출 증가 전략을 지지하기 위해 유로화 계획을 수용했다. 그리고 유로 지역은 그들의 소망대로 기능했다. 유로 지역 전체 3분의 2에 대한 무역회계를 보면, 독일의 무역수지는 2000년 GDP 대비 2% 가까이 적자였지만 2007년 GDP 대비 7% 이상 흑자로 반등했다(Bebow, 2013: 5). 혼(Horn) 등은 독일의 수출 의존의 강점과 그리스를 포함한 유로 지역의 다른 국가들에 대한 수출 증가 전략의 결과를 서술했다(Horn et al., 2010: 8).

독일은 [1999년에서 2007년까지] 이탈리아, 포르투갈과 나란히 모든 회원국 중 최저 성장률을 기록했다. 독일은 평균적으로 GDP 성장에 순 수출이 내수보다 더 기여한 유일한 국가이다. 유로 지역의 다른 어떤 국가에서도 최종 정부 지출이 GDP 성장에 기여하지 않은 곳은 거의 없다. 이 같은 사실들이 결

합되며 높은 경상수지 흑자와 대규모 자본 수출로 이어졌다. 다른 회원국에서
는 내수가 더 강력했기 때문에 이 수출 지향적 전략이 유효할 수 있었다. (유로
지역 GDP의 4분의 1 이상을 차지하며) 유럽연합에서 가장 큰 국가인 독일보
다도, 다른 회원국들이 유로 지역의 총수요에 더욱 유의미하게 기여했다. 유로
지역의 경상수지는 내내 거의 완벽한 균형을 이루나, 내재된 불균형이 있다.
한쪽에는 취약한 내수, 증가하는 순 수출량, 증대하는 경상수지 흑자 문제를
안고 있는 독일이, 한쪽에는 상승세인 국내 경기, 증가하는 수입 잉여물자, 증
대하는 경상수지 적자 문제를 안고 있는 그리스, 아일랜드, 포르투갈, 스페인
이 있다.

고도로 제한적인 재정정책과 엄격한 노동정책이라는 두 가지 국가정책
이 독일의 수출 성공을 뒷받침했다. 예를 들어, 독일은 1999년에서 2007
년 사이에 전체 공공 지출을 실제로 삭감한 유일한 유럽 국가다(Horn et al.,
2013: 8). 정부의 노동정책에 관해 말하자면, 독일 통일 그리고 저성장에서
비롯하여 독일 노동시장에서 "유연성"이 증가하도록 설계된 일련의 노동
계획으로 2000년에서 2008년꺼자 독일 중간임금을 그대로 묶어놓았다.
이는 독일 산업의 엄청난 경쟁 우위가 되었다. 유로 지역 단위노동비용이
평균 16% 상승할 동안, 독일에서의 상승률은 3%에 불과했다(Stockhammer,
2011: 26).

요컨대 독일의 정책을 고려해본다면, 그리스가 노동자 봉급의 증가를
포함해 내수 주도 성장을 추구하는 방향은 경상수지 적자와 차관의 증가
로 이어질 수밖에 없었다. 그리고 그리스 정부가 유로 지역에 가입하면서
환율정책(과 관세정책)을 활용할 권한을 상실했기 때문에 국내 경제를 보호
하기 위해 할 수 있는 일은 거의 없었다. 그러므로 그리스의 사치정책에
관해 비판할 것이 많다 하더라도, 그리스 위기의 원인은 유로 지역 무역

역학관계에서 또한 찾을 수 있다. 이 점과 관련해, 그리스에서 민간 영역 차용의 증가가 국가 영역 차용 증가보다 규모가 크다는 사실 역시 무가치하다(Truth Committee on Public Debt, 2015: 14).

3. 그리스 위기와 트로이카

그리스의 팽창은 미국 주택 거품의 붕괴로 촉발된 세계적인 불황에 의해 몰락했다. 2008년 9월 중순 미국에서 발생한 리먼브라더스(Lehman Bro-thers) 투자은행의 붕괴는 세계 금융시장을 위기로 내몰았으며 이는 신용대출시장의 경색, 경제활동의 극적인 하락, 세계 무역의 급격한 감소를 초래했다. 이러한 새로운 국면은 그리스 경제에 심한 타격을 주었다. 국제적인 생산·고용·무역의 감소는 그리스의 관광과 해운 산업을 파괴했다. 엄격해진 신용대출시장은 그리스 은행 체계에 압박을 가했다. 은행 대출자산의 가치가 떨어지면서 새로운 자금도 부족해졌다.

그리스 경제는 2008년 0.3% 수축하면서 극적으로 쇠퇴하기 시작했다. 다음 해에 GDP가 4.3% 감소하며 쇠퇴는 가속화했다. 이후 4년 동안 GDP가 5.5%, 9.1%, 7.3%, 3.2% 감소하며 이보다 심한 모습을 보였다. 2014년에야 GDP가 0.7%라는 경미한 성장세를 기록하며 사태가 안정되었다. 당연하게도, 그리스 경제가 불황에 빠지면서, 정부의 재정적자는 2007년에는 GDP 대비 6.8%이던 것이 2008년 9.9%, 2009년 15.7%, 2010년 11.1%, 2011년 10.2%, 2012년 8.7%, 2013년 12.3%로 치솟았다(World Bank).

경기가 위축되면서 그리스 유권자들은 2009년 10월 사회민주주의적인 파속(PASOK)에게 정부를 맡겼다. 그러나 파속 정부는 국가경제의 붕괴를 되돌리기에는 무력해 보였다. 그리스 은행들은 예치금을 잃어가고 있었으며 유동성을 유지하기 위해 유럽중앙은행로부터의 통화 유입에 의존할 수밖에 없게 되었다. 그리스 정부는 자국의 통화가 없는 상황에서, 특히 주요 신용평가 기관이 그리스 국채의 신용등급을 하향하기 시작하며 자금을 필요한 만큼 조달하기가 점점 어려워지고 있음을 깨달았다. 이는 결국 그리스 정부 부채를 다량 소유하고 있는 그리스 은행들의 자산 기반의 질이 악화되는 상황에 처했음을 뜻했다. 그 결과 그리스 은행들이 자금 유치에서 직면하는 어려움은 증가했으며, 그들이 새로운 정부 채권을 구매할 유인 일체는 감소했다.

2009년 12월 유럽연합 집행위원회는 유럽연합 재정적자 제한을 어긴 그리스를 감독하기로 했다. 그다음에, "유럽중앙은행의 수장 장클로드 트리셰(Jean-Claude Trichet)는 막 선출된 총리 게오르게 파판드레우(George Papandreou)에게 '과감한' 법령을 제정하라고 호소했다." 파판드레우는 그리스가 파산해가고 있지 않고, 그리스는 "책임감 있는 국가"이며, 정부는 적자를 조만간 통제하에 둘 수 있다고 단언했다(Smith and Seager, 2009). 그러고 나서 그는 정부 지출을 줄이고 세금을 늘리는 계획을 즉각 발표했다. 그는 일련의 조치가 더 많은 차용의 필요성을 덜어주기를 바랐지만, 그 첫 번째 효과는 수요, 경제성장, 세입을 더욱 위축시키는 것이었다. 그리스 노동자들은 악화한 상황과 새로운 긴축정책에 가두 저항으로 대응했다.

2010년 초, 유럽연합 집행위원회의 자극에 대응해 그리스 정부는 2009년 GDP의 15%보다 많은 재정적자에도 불구하고 국가가 어마어마한 차용의 필요성을 관리할 충분한 능력이 있다고 계속해서 주장했다. 그러나 2월에 유럽연합 지도자들은 프랑스가 찬성하고 독일이 강력하게 반대하는 가운데 적절한 구제금융을 논의하기 시작했다. ≪가디언(The Guardian)≫은 독일의 입장을 두고 "베를린은 아테네를 구제하기보다 유로존에서 한

번도 시도되지 않았던 집행, 즉 집행위원회, 유럽중앙은행, 국제통화기금의 삼중 영향력으로 그리스 긴축 프로그램을 엄격하게 감시할 것을 주장하고 있다(Traynor, 2011)"고 서술했다.

4월 초, 그리스 채권이 지불불능 상태로 강등된 이후, 그리스 정부는 재정 지원을 요청하는 것 말고 다른 선택지가 없다는 결론을 내렸으며 독일 정부도 유럽연합 주도의 재정 개입이 필요하다는 데에 마지못해 동의했다. 이 새로운 합의의 동기는 이제 3년째 내리 불황을 경험하고 있던 그리스 노동자의 복지에 대한 염려보다는, 새롭게 자금을 차용할 능력이 없는 그리스 정부가 그 채무에 대한 책임을 이행하지 않을 수 있으며 그 결과로 독일과 프랑스의 은행을 포함한 유럽 은행들의 지불능력이 위험에 빠질 수 있다는 염려에서 비롯했다. 그리스 채무 불이행의 조짐은 포르투갈과 스페인 정부의 재무 건전성에관한 추측을 유발하기 시작했으며 이는 차입 관련 재무 비용의 급격한 증가를 초래했다.

처음 계획은 그리스가 유럽연합 집행위원회가 조정하고 유럽중앙은행을 통해 지급하는 방식으로 다른 유로존 국가들로부터 300억 유로의 양자간 대출을 받는 것이었다. IMF도 지원에는 동의했지만, 한편으로 그리스 정부가 예산 축소 정책을 강화해야 한다고 분명히 밝혔다. 그러나 이 합의가 마무리될 무렵인 5월 2일, 그리스 문제의 규모가 너무 커져 있었기에 유로존 국가들과 유럽중앙은행, IMF는 3년간 1100억 유로의 차관으로 최종 결정했다. 그리스 입장에서는 새로운 긴축 수단의 이행, 2015년 말까지 500억 유로 가치의 정부 자산 민영화, 그리스 노동시장과 상품시장의 규제 완화와 자유화를 포함한 소정의 구조개혁 이행을 약속했다. 1년도 채 지나지 않아 트로이카 지도부는 5월의 구제금융이 그리스의 재정 상태를 안정시키는 데 부족함을 명확하게 알게 되었다. 그리고 나서 2012년 2월, 그들은 뒤이은 긴축을 단행하고 그들이 보유한 채권 액면가를 53.3% "탕감(haircut)"하기로 결정한 민간 채권자 소유의 채무를 재구성하는 조건으로 1300억 유로의 두 번째 차관을 결정했다.

트로이카는 그들의 차관을 그리스 경제의 추락을 멈추기 위한 선의의 시도로 묘사했다. 그러나 실제로는 이 합의들은 그리스 경제 회복을 지원하도록 설계되지 않았다. 사실 긴축 요건들은 국가경제 위기를 심화시킬 뿐이었다. 오히려 은행의 자본금을 보강하고 유로존 은행들과 정부들이 쥐고 있던 그리스 채권을 청산하는 용도로 지정되었다. 좀 더 엄밀히 말하자면, 482억 유로는 그리스 은행들의 자본 재구성으로, 813억 유로는 채무를 책임지는 비용으로, 406억 유로는 이자 지급으로, 346억 유로는 그리스 채무로 손실을 본 상업 은행들에게로, 91억 유로는 IMF 상환금으로 사용되었다. 오직 270억 유로만이 정부 "운영 소요"에 들었다(Esing, 2015). 이들 합의의 결과로, 그리스 부채에서 채권의 비중은 2009년 91.1%에서 2014년 20.7%로 감소했으며, 차관의 지분은 2009년 5.2%에서 2014년 73.1%로 증가했다(Truth Committee on Public Debt, 2014: 20). 2014년 말, 그리스 정부는 3170억 유로를 빚지고 있었는데, 거의 78%가 유럽연합 정부들, 유럽중앙은행, IMF에 대한 것이었다(Resnikoff, 2015).

의미심장한 점은, 실은 많은 주류 분석가가 두 개의 "구제금융" 협정이 협상 중일 때 이에 반대하는 의사를 공개적으로 표명했다는 것이다. IMF 안에는 협정 조항에 관련해 훨씬 깊은 우려가 존재했다. 일례로 몇몇 IMF 상임이사들은 2010년 5월의 구제금융이 그리스에 실제로 득이 될지 여부에 강한 회의를 표했다. 저널리스트 앙브로즈 에번스프리처드(Ambrose Evans-Pritchard)는 다음과 같이 기록했다.

IMF 이사회에서 유출된 회의록은 모든 신흥시장(과 스위스) 회원국들이 첫 번째 그리스 차관종합계획 협약에 반대했음을 보여주었다. 그들은 협정이 그리스가 아니라 유로를 구하려는 목적하에 있다며 반발했다.

이는 이미 파산한 국가의 으스러진 어깨에 앞으로 더 많은 채무를 지웠고, 한 대형 프랑스 은행과 한 독일 은행 ─ 명칭을 언급하지는 말아주시길 ─ 이 복합적으로 알려졌듯 250억 유로가량을 유럽통화동맹 납세자들에게 떠넘기게 함으로써 훨씬 복잡한 문제가 되었다.

브라질 대표는 "채무 재구성이 의제로 올라야만 한다"고 말했다. 차관은 "고통스러운 조정을 겪어야만 할 그리스를 구제할 방안으로 보이지 않으며, 반대로 그리스의 사모 채권자들, 주로 유럽 금융기관들에게 구제금융책이 될 것이다."

인도 대표 아르빈드 비르마니(Arvind Virmani)는 예언자 같았다. 그는 "통화정책을 전혀 보완하지 않고 국가 재정의 규모를 축소하는 일은 전례가 없다. 그것은 경제가 지탱되기 어려운 수준의 거대한 부담이다"라고 말했다.

"이 계획이 성공적으로 시행된다 하더라도, 그것은 물가를 떨어뜨리는 악성 디플레이션, 고용 하락, 그리고 마침내 이 계획 자체의 기반을 약화시킬 재정 수입 감소의 도화선이 될 것임이 틀림없다." 이것은 정확히 일어난 일이다.

．

그리고 IMF 직원들은 2012년 2월 구제금융 협약과 관련한 긴축 요건에 대해 공개적으로 논쟁했으며, 이전 모델링 작업에서는 정부지출승수(government spending multipliers)의 크기 그리고 더 나아가 정부 지출의 광범한 삭감이 낳을 피해의 규모를 과소 추산했다고 결론지었다. 이 사례에서, IMF 수장은 두 번째 구제금융 협약의 일부로서 엄격한 긴축 조건을 포함할 것을 지속적으로 요구한 IMF 직원들의 연구를 무시했다.

그리스는 약한 경제 상태에도 불구하고 유로 회원 자격이 국가 경제를 더욱 다양화하고 경쟁력을 높이도록 기여하리라는, 지도자들이 만들어낸 큰 기대를 안고 유로 지역에 가입했다. 불행하게도, 부채를 연료 삼은 몇 년간의 성장 이후 유로 회원 자격이 도리어 족쇄임이 드러났으며, 이는 그리스의 경제 문제들을 해결하기는커녕 심각하게 만들었다. 그리스의 생활수준 개량은 수출주도 성장을 추구하는 독일의 투지 앞에서 지속될 수 없었다. 위기를 겪고 난 이후 그리스는 국가 통화의 결여 때문에 부채를 처리할 수도 없고 트로이카의 요구에도 공격받기 쉬운 상태가 되었다. 트로이카 지도자들은 그들의 입장에서 그리스가 긴축, 민영화, 경제활동 규제완화와 자유화를 촉진할 일련의 정책을 채택하도록 무자비하게 강요했다.

4. 시리자의 성장

그리스 위기에서 발생한 인간의 희생을 온전히 담아내는 것은 어렵지만, 다음 통계는 불황이 시작된 지 최소한 2년이 지난 시기인 2010년에서 2014년까지 그리스 사회 붕괴의 규모를 알 수 있게 해준다. 다음은 공식적인 그리스 정부의 통계이다(Government of Greece, 2015).

평균임금이 38% 하락했다.

평균연금이 45% 하락했다.

청년실업이 30%에서 55%로 증가했다.

빈곤선보다 낮은 그리스인 생계 수입의 비율이 27.6%에서 34.6%로 증가했다.

자살자 수가 35% 증가했다.

우울증 사례가 270% 증가했다.

건강보험이 없는 사람의 수가 500% 증가했다.[2]

그리스인들은 그들의 노동 및 생활 조건 악화를 순순히 수용하지 않았다. 그들은 트로이카의 지시에 따라 도입된 경제위기 관련 정책에 반대해 전투적인 파업과 시위에 참여했다. 그러나 점점 많은 사람들이 저항을 넘어, 필요에 따라 생계는 물론 제도에 관해서까지 대안적인 양식을 창조하기 위해 투쟁했으며, 그렇게 함으로써 낡은 것의 잔해에서 새로운 사회의 실마리를 만들어냈다.

≪가디언≫(2015.1.23)은 최근의 새로운 국면을 다음과 같이 서술했다.

페리스테리(Peristeri) 진료소는 2011년 대중적인 반긴축 운동의 말미에 그리스 전역에 나타난 40개의 진료소 중 하나다. 기증받은 약품과 ─ 국가의료 변제는 절반으로 깎였고, 이제 보험에 가입한 환자들이라 하더라도 약값으로 70%를 더 지불해야 한다. ─ 의료기구(페리스테리의 초음파 스캐너는 독일의 한 부조집단에서, 어린이 백신은 프랑스에서 들여왔다)를 사용함으로써, 아테네 시내에서만 16개 병원이 한 달에 3만 명의 환자를 치료한다.

이들 진료소는 그리스 사회복지제도의 준파산 상태에 대응하여 출현했으며 식량연대센터, 사회적 취사장, 협동조합, "중간상인 없는" 신선한 농작물 분배 네트워크, 법률지원허브, 학급 등 지난 3년간 그 규모가 두 배 이상 성장해 400개가 훨씬 넘는 시민경영집단을 통해 무척 광범위하고 공공연한 정치운동을 이루게 되었다.

전국 도처에서 발견할 수 있는 이들 집단은 대부분 자발적으로 조직되었으며, 민주적으로 집단을 운영했다. 다수는 모두를 위한 연대(Solidarity

---

2) 더욱 자세하게, 특히 국가 의료 체계의 붕괴에 관해서는 Truth Committee on Public Debt(2015, pp.34~40)를 참조하라.

for All)라는 상급 조직의 성원으로서 협력적으로 기능했으며, 모두를 위한 연대는 이들에게 기본적인 운송 및 행정 지원을 제공했다.[3]

시리자의 성장은 방어적이고 또한 공세적인 운동의 환경 속에서 이루어졌다. 시리자의 뿌리는 그리스 공산당(KKE)과 소속이 없는 사회주의자들을 포함해 몇몇 좌파 정당들에 의해 1988년 설립된 시나스피스모스(Synaspismos, 좌파와 진보의 연합)였다. 그리스 공산당은 많은 당원의 잔류에도 불구하고 3년 뒤 연합을 이탈했다. 2000년, 시나스피스모스와 여러 각종 정치조직 및 더욱 느슨한 조직들이 정치적 협력의 가능성을 탐색하며 네트워크를 형성했다. 2004년, 네트워크는 선거의 꿈을 품고 시나스피스모스를 중심으로 급진좌파연합, 즉 시리자를 창설했다.

시리자는 우경화하는 파속(PASOK)과 독단적인 그리스 공산당에 있는 넓은 좌파의 공간으로 역량을 결집하고자 했다. 시리자는 노동 및 사회운동의 중요한 의제를 점유하고 활동가들 간의 유대관계를 구축함으로써 이 목표를 달성하려 했다. 이러한 새로운 지지 기반에 의거하여 알렉시스 치프라스(Alexis Tsipras)는 2006년 아테네 시장 선거에 시리자 후보로 나서 10%가 넘는 표차로 승리했다. 또한 시리자 활동가들은 민영대학의 설립을 허용하는 입법에 반대하는 학생운동을 포함해 대중운동에서 중요한 역할을 지속적으로 수행했다. 선거에서의 위세도 계속해서 성장하여 2007년 9월 선거에서 5%를 득표했다. 2008년 치프라스는 시나스피스모스의 수장으로 선출되었으며 그다음 해에 그는 만장일치로 시리자 지도자로 선출되었다.

---

3) 연대경제운동은 긴축에 대한 경제적 대응으로 시작했지만, 모두를 위한 연대(Solidarity For All)의 노력 덕에 "정치적 활력제이자 사회 전환의 인큐베이터"가 되었다. 이 운동에 관해 더 알고 싶다면 Kolokotronis(2016)을 보라.

시리자를 눈에 띄게 만든 것은 그리스에서 빠르게 성장하는 사회운동들과 강한 결합력을 유지하면서 동시에 선거활동에 참여하는 시리자의 혁신적인 역량 때문이었다. 그리스의 학자이자 활동가인 미칼리스 스포르달라키스(michalis spourdalakis, 2012: 103)는 다음과 같이 설명한다.

한 해[2008년] 동안, 시리자의 인기는 꾸준한 상승세를 보였고 2007년 선거 이후 모든 여론조사에서 지지율을 두 배로 불렀다. 시리자는 생존과 발전의 모델로 사회운동에 개방적인 전략을 선택했다. 실제로 노동계급 '대중정당'이라는 조직의 특성이 입장 또는 하다못해 포부를 통해 드러난다면, 이와 대조적인 소위 '대중결합정당'의 특성에 가까운 일련의 기능적·조직적 실천을 채택하게 함으로써 연합체가 생존해야만 두 문화가 공생할 수 있다. 그것은 또한 모든 정치적·사회적·이데올로기적·문화적 반자본주의 표현을 내부에서 통합하고, 국정에 도전하거나 국정을 운영하겠다는 목표 달성을 촉진하는 방향으로 사용함으로써 가능했다. '대중결합정당'의 주요한 조직적 특성은 통합보다는 이러한 표현을 안정적인 연합 내로 녹여나갈 다양한 행동, 계획, 운동을 유연하게 결합시키고, 국가 시책의 변화 못지않게 대중 정치의 수용력을 향상해내는 데서 나타난다.

이러한 정치적 지향으로 시리자는 대중 투쟁에서 활기와 통찰력을 얻었고 결과적으로 그들이 성장할 새로운 정치적 공간을 창조해낼 수 있었다. 이러한 과정을 통해, 사람들은 새로운 정치 기획이 실제 전환적인 변화를 촉진할 수 있을 것으로 여겼으며 이 기획에 따라 활동하게 되었다. 이렇게 만들어진 동력을 보며 사람들은 시리자의 선거 승리가 옛 정치로부터 진정으로 탈피해야 한다는 열망을 대변하리라는 희망을 가졌다.

2010년 5월의 구제금융에 그리스 정부가 찬성하면서 그리스의 정치적

풍경은 극적으로 바뀌었다. 관련한 양해각서는 그리스 정부가 깊어지고 있는 불황 한복판에서 공공 부문 임금과 사회 프로그램에 지출하는 비용을 대폭 삭감할 것을 요구했다. 다양한 계층에서, 더 많은 수의 사람들이 유럽 금융제도를 구하기 위해 희생되고 있다고 인식하기 시작하면서 기성 정당들은 정통성을 상실했다. 두 번째 구제금융협약 조항들이 2012년 2월에 승인되면서, 새로운 정치적 방향과 지도력을 바라는 인민의 염원은 찬물을 맞았다.

시리자는 점증하는 급진화의 주요한 수혜자였다. 시리자는 2012년 5월 총선에서 16.9%를 득표했다. 가장 많이 득표한 신민당(New Democracy)이 새 정부를 구성할 수 없게 되면서, 다음 달에 새롭게 선거가 잡혔다. 시리자는 한층 더 선전하여 27%를 득표했으며, 제1당 신민당과 불과 3%밖에 차이가 나지 않았다. 이번에는 신민당이 시리자를 제외하고 연립정부를 구성하는 데 성공했으며, 이 정부는 2015년 1월 총선까지 유지되었다.

시리자의 성공이 선거에서의 운동적 책무를 유기함으로써 이루어지지 않았다는 점이 의미심장하다. 사실, ≪가디언≫이 보도했듯, "시리자가 2012년에 처음으로 선출되었을 때 [시리자] 의원 72명은 월급의 20%를 모두를 위한 연대 재정을 보조할 연대 기금으로 증여하는 데 동의했다. (많은 도움이 더 있었다. 몇몇은 무료통화 수혜권을 지역 사업에 양도했다.) 시리자는 이 운동이 당이 달성하고자 하는 사회적 변화의 사례와 기준으로 기능할 수 있다고 밝혔다(Henley, 2015)."

이와 같이, 대중결합정당이라는 지향 덕에 당에 가입하거나 당에 가입하지 않은 지지자가 늘어날 수 있었고, 한편으로 시리자는 그 고유의 민주주의와 해방을 위한 전략적 통찰을 강화해나갔다. 2013년 시리자를 통합정당으로 수립하는 설립대의원대회가 열렸다. 설립 문건은 중대한 전환에는 서로 다른 길을 지원하고 걸으면서도 운동과 정당 사이에 복합적인 상호작용이 있어야 한다는 점을 분명하게 밝혔다(Syriza, 2013).

오늘날 우리가 처한 상태는 계획적인 체계 이상의 것을 필요로 한다. 심지어 민주적이고 집단적으로 구성한 완벽한 계획 이상의 무언가가 필요하다. 가능성이 가장 높으며 다양한 층위에서 전복을 도모하는, 투쟁적이면서 변화를 초래할 정치운동, 최대한 연대, 득의, 감화를 갖춘 태도로 수행할 정치운동을 만들어내고 표출할 것을 요구한다. 운동은 서로를 밀접해지게 하며 수십만의 사람을 결집시킬 것이다. 우리는 광장에 쇄도한 모든 사람, 도시와 마을의 크고 작은 파업에서 열정적으로 참여한 모든 사람을 창조적으로 연합할 운동에 주목하고 있다. 이는 일상의 위기에 잔혹한 영향을 받은 사람들이요, 사회적 행위자, 집단성, 자주성이요, 사회의 모든 세포에서 모습을 드러낸 모든 사회적 급진주의이다.

오직 이러한 운동이 좌파 정부를 이끌 수 있으며 오직 이러한 운동이 좌파 정부의 노정을 보호할 수 있다.

실제로 시리자는 당선될 경우 여러 가지 중에서도 각서 철회, 입안된 민영화 종료, 공공 부문 실업노동자 재고용을 단행할 것을 선언했다. 그리고 미카엘 레보위츠(Michael Lebowitz)가 요약했듯, 시리자는 그 어떤 가능성 있는 위협과 대출 기관의 협박에도 우리가 동원할 수 있는 모든 가능한 수단을 동원해 맞붙을 것을 약속했으며, 우리는 그리스 인민이 우리를 지지할 것을 확신한다(Lebowitz, 2015). '유로를 위한 어떤 희생도 안 된다'는 시리자의 오래된 슬로건이 나타내듯, 시리자의 확고한 우선 사항은 인도주의에 닥칠 재앙을 방지하고 사회적 욕구를 충족시키며, 외부에서 가해진 의무에 굴복하지 않는 것이다.

마침내 불황 수준의 상황에도 불구하고 경제가 안정되는 것처럼 보였다.4) 신민당 정부는 트로이카에게 2012년 각서의 모든 조건을 예정대로 지킬 것이며, 따라서 마지막 70억 유로의 부채 지불금을 12월에 받을 수 있다고 설득하기 위해 애썼다. 또한 신민당 정부는 2016년까지 가동될 예정인 IMF 프로그램 기간을 연장할 필요가 더 이상 없으며, 그러므로 그리스 금융안정기금(Hellenic Financial Stability Fund)에 적립되어 있지만 사용하지 않는 은행자본 재구성 기금에서 110억 유로를 받을 수 있다고 주장했다.

그러나 트로이카는 마지막 구제금융자금을 면제한다 하더라도 그리스가 현재의 적자 목표를 충족하거나 장차 사모채권시장에서의 부채 상환 소요를 감당할 수 있으리라고 납득하지 않았다. 긴축에 새로운 국면이 필요해졌다. 그리스와 트로이카 간의 협상은 12월에 결렬되었다. 구제금융 계획은 마지막 예산 검토를 위해 두 달 연장되었다. 만약 그 시점에 그리스가 트로이카 관료들을 만족시켰다면 남아 있는 자금은 면제되고 트로이카와 IMF의 계획은 종료되었을 것이다.

마찬가지로 12월, 그리스 의회는 대통령 선거를 실시했다. 1위 후보가 득표 요건을 충족하지 못하고, 세 번의 투표에도 결론을 짓지 못하자 정부

---

4) 경제 상태는 하강 궤도로 다시 돌아서기 전인 2014년과 2015년 1·2분기에 소폭의 GDP 성장세를 보였다. 일반적 통념에 따르면 시리자가 그리스의 허약한 복구 상태를 유산시켰다. 그러나 이는 사실이 아니었다. 이 기간 실질 GDP의 증가는 국민소득의 증가가 아니라 국민소득보다 더욱 떨어졌던 물가, 부채 부담을 진 대중의 끔찍한 상태 때문에 가능했다. 야니스 바루파키스(Yanis Varoufakis)는 다음과 같이 설명한다(Varoufakis, 2016). "실제로 (그리고 트로이카의 선전과는 반대로) 그리스는 2014년에 복구되지 않았다. 그 대신, 2014년 내내 그리스는 대공황으로 계속 고통을 겪었다(현금 수입은 1.8% 감소했다). 게다가, 2015년 봄 트로이카와 전투 분위기의 협상을 지속하는 동안 … 현금 수입은 할인에도 불구하고 계속 떨어졌다. 불황은 2015년 6월 30일 트로이카가 우리 정부를 질식시키기 위해 그리스 은행들을 폐쇄함으로써 다시 가속화했다!"

는 의회를 해산하고 새로운 총선을 치르게 되었다. 총선은 2015년 1월 25일에 진행되었고, 시리자는 36.3%를 득표했으며 의회에서 재적 대비 과반을 이루기에 딱 두 석이 모자랐다. 시리자는 지배권을 확고히 하기 위해 빠르게 대처해 반긴축 중도우파 정당인 독립그리스인(ANEL)과 연립정부를 구성했다. 알렉시스 치프라스는 이제 총리가 되었다.

유럽연합 지도부, 특히 독일 지도부는 이 결과에 충격을 받았다. 그리고 주요 민영화 중단과 해고된 공공 부문 노동자 재고용 및 연금 복원 약속이 포함된 시리자 정부의 첫 번째 조치에 더욱 충격을 받았다. 좌파 정부가 권력을 잡았고, 그리스의 전환을 지도할 시험대가 앞에 놓여 있었다.

5. 통치의 시험대

2014년 선거 강령에서 말했던 것처럼 시리자의 당면한 목표는 "공공 투자와 중간계급 감세를 통해 그리스 경제의 시동을 다시 거는 데 초점을 맞춘 국가재건계획"을 진행하는 것이었다. "(채무원리금상환 지불유예 협상에 따른) 복구와 성장이 그리스 경제를 구할 것이며, '점진적으로' 모든 부당한 각서를 뒤집고 '점진적으로' 급여와 연금을 복원하고 복지국가를 재건할 것이다"(Lebowitz, 2015). 확실히 시리자는 복구를 통해서 새로운 민주적·참여적·연대적 경제를 창조한다는 장기 목표를 추구할 수 있는 경제적 능력과 정치적 신뢰를 얻을 수 있으리라 기대했다.

그러나 특히 그리스가 지고 있는 상당한 외채를 포함해 그리스의 취약한 경제 사정과 유로 지역에 잔류하겠다는 시리자의 결정이 결부되어 있었기 때문에, 이러한 당면한 목표가 트로이카의 지원 없이 달성될 수는 없었다. 더욱 분명하게, 시리자는 트로이카가 극적으로 방침을 전환하고, 유의미한 새로운 재정적 지원과 부채 탕감으로 확장적 재정정책을 뒷받침해 주기를 원했다.

새 정부가 들어서고 닷새가 되었을 때, 그리스 재무부 장관 야니스 바루 파키스(Yanis Varoufakis)가 그리스는 더 이상 트로이카를 상대하지 않을 것이라고 밝혔다. 그 대신, 시리자는 주권정부의 지도부로서 기존 협정의 조항을 세 참여 기관과 개별적으로 재협상할 것이라고 밝혔다. 아마 시리자 지도자들은 경제가 불황기가 아니라 성장기에 있을 때 부채를 상환하는 것이 한층 더 용이하다는 그들의 논거가 효과가 있기를 기대했을 것이다. 이뿐 아니라 그리스의 파산이 미칠 광범한 지역적 영향에 관한 유럽연합의 두려움이 트로이카 정책의 변화를 압박하는 데 유화책과 강경책으로 작용하리라는 근거에도 기대를 걸고 있었을 것이다.

현재 상황(status quo)에 이의를 제기한 강경한 개막 연설에도 불구하고, 시리자는 불행하게도 협상에서 불리한 위치에 있었다. 그리스가 협상에 따라 채무상환 연기 승인이 만료되는 2월 28일까지 현행 각서의 조항을 이행하지 않는다면, 트로이카 관료들은 그리스 정부가 자국의 의무를 이행하고 부채를 상환하는 데 필요한 자금 지원을 거부할 수 있었다. 그리스는 국가 통화가 없었기 때문에, 재정 부족은 그리스 경제를 또다시 불황으로 몰아넣을 수 있었다. 그리고 과거 구제금융의 조항 때문에 유럽 은행 체계는 그리스의 채무불이행에 이미 취약하지 않은 상태였다. 사실 유럽 중앙은행이 트로이카 기관들에 대한 부채 상환 불이행을 겪고 나면 자산을 잃은 그리스 은행들을 재정적으로 지원하지 않게끔 되어 이 경우 그리스 경제는 빠르게 붕괴할 것이었다.

놀랄 것도 없이, 그리스에서 돈이 빠져나가면서 시리자는 트로이카 권력의 실재를 인정할 수밖에 없게 되었다. 그러므로 새 정부가 서명할 첫 협정의 조항을 정하는 것은 시리자가 아니라 트로이카였다. 구제금융 검토 기간은 추가로 넉 달이 연장되었다. 이 기간에 기존 협정의 골조는 유지되었다. 유로 그룹은 다음과 같이 표명했다. "연장의 목적은 그리스 당국과 그 제도를 함께 참작해 설정한 유연성을 최고로 발휘해 현재 협정의 조항을 기반으로 성공적으로 검토를 마무리하는 것이다. 합의된 체계 내에서 약속을 이행하는 한, 그리스가 시장 접근을 완전히 회복할 때까지 우리는 적절한 지원을 제공하기 위해 계속해서 헌신할 것이다"(Smith, 2015에서 인용, 강조는 필자). 다시 말해, 시리자가 전임자가 시행했던 것과 같은 긴축 조건을 시행할 적극성을 보이지 않는 한 그리스에 추가적인 지원은 주어지지 않을 것이며, 그리스에는 복종을 표명할 짧은 시간만이 허락될 뿐이었다.

시리자 지도부는 매우 곤란한 상황에 처했다. 선택의 결과가 알려진 후 그것을 비평하는 것은 언제나 쉽다고는 하지만, 설사 실패할지언정 기존 협정을 바꾸겠다는 시리자의 결단이 협상 공세를 펼쳐볼 타당한 첫 시도였음은 확실하다. 그러나 트로이카의 대응은 트로이카의 정책이 유럽연합의 결속과 복리를 증진한다는 "객관적인" 이익에 따라 형성되지 않는다는 중요한 교훈을 가르쳐주었다. 반대로 유럽 전역에서 노동을 약화하고, 공공 자산을 사유화하고, 경제활동을 자유화하며 규제를 철폐한다는 자본가계급의 오랜 기획이야말로 트로이카의 동기였다.

불행히도 전환을 도모할 계급 기반 정치를 하겠다는 약속에도 불구하고 시리자 지도부는 이 교훈에서 아무것도 배우지 못했다. 확실히 수개월 동안 그들의 정치적·정책적 선택에는 트로이카에 관한 식별이 반영되지 않았다. 달리 말해 시리자 지도부는 트로이카를 선의의 협상 상대로 대우한 반면, 협상에서의 입지를 그리고 더욱 중요하게는 장기적인 그리스 사회주의 운동을 강화할 수 있는 선택지를 무시하거나 거부했다.

시리자 정부가 최후의 결전을 준비하는 데 단 4개월의 시간이 있었다. 그 기간에 시리자 지도부는 그리스에 대한 트로이카의 접근이 역효과를 낳았다고 입증하는 데 집중하는 것 같았다. 시리자 지도부는 그리스가 각 국에게 재무 부채를 갚는 것을 포함해, 유로 지역의 신뢰할 만한 회원으로 남을 것을 확실하게 약속한다고 트로이카가 생각하게끔 각종 새로운 장기 협정안을 만들었다. 인상적인 사실은 주류 언론은 시리자 지도부가 내놓은 어떤 안에도 전혀 관심을 갖지 않았고 트로이카도 이를 진지하게 받아들이지 않았다는 것이다.

그리스 내외의 많은 사람은 그리스 정부가 중대한 개혁 프로그램을 실행할 의지가 없거나 능력이 없다고 보았다. "그러나" 2015년 5월 바루파키스가 설명했듯 "실제 협의는 매우 다르다. 우리 정부는 유럽연합의 경제 전문가 집단이 강조한 경제개혁 일체를 포함한 의제의 실행을 열망한다. 게다가, 우리는 믿을 만한 경제계획에 관한 그리스 대중의 지지를 유지할 유일무이한 능력이 있다(Varoufakis, 2015b)".

시리자 지도부는 국민소득 대비 명목부채 비율을 낮춰야 한다는 트로이카의 강박이 긴축이라는 함정으로 몰았다고 주장했다. "재정 건전화는 예정된 미래 시점에 달성될 예정된 부채 비율을 기준으로 한다. 이 목표를 달성하는 데 필요한 기초 재정수지 흑자는 민간 부문에서 예상되는 성장률을 약화시키고 계획된 재정 방침을 좌절시키는 효과를 일으킨다. 확실히, 이것이 바로 과거 그리스 재정 건전화 계획이 극적으로 그 목표를 빗나갔던 이유다"(Varoufakis, 2015a).

그들은 그리스 정부가 성장을 촉진하기 위해 확장적 지출을 수행해 그로써 일정 기간 뒤에는 그리스 경제의 안정과 낮은 부채 비율을 달성하도록 할 새로운 협정이 필요하다고 주장했다. 그와 대조적으로, 기존의 협정은 그리스가 2015년에는 GDP의 3%에, 2016년에는 4.5%에 필적하는 기초 재정수지 흑자를 달성할 것을 요구했다. 그러한 규모의 재정흑자는 정부의 채무 지불을 더욱 용이하게 하기는커녕 더욱 어렵게 함으로써 그리스에 수년간의 추가 불황을 선고하는 것과 같았다. 만약 새로운 협정에 유의미한 부채 탕감이 포함된다면 복구 절차는 매우 가속화할 것이다.[5]

트로이카 관료들은 흔들리지 않았다. 그리스가 기존의 각서에 따라 약속을 지켜야 한다는 입장을 일치단결하여 고수했다. 그러나 수개월의 협상 후 그들은 기초 재정흑자 수치의 경미한 조절에 합의했다. 유럽중앙은행의 자체적인 통화긴축에 많은 부분 영향을 받아 그리스 경제가 다시 위축되었기 때문에 그들은 2015년에는 1%, 2016년에는 2% 감소된 수치의 재정흑자를 인정하겠다고 밝혔다. 그러나 새로운 합의에서조차 2018년에는 3.5%로 기초 재정흑자를 올려야 한다는 내용을 포함해야만 했다.

6월이 마무리될 무렵, 마지막 구제금융기금을 열고 새로운 자금을 확보할 수 있는 합의를 간절히 원했던 시리자 지도부가 항복했다. 그리스 정부는 새로운 예산흑자 목표를 포함해 트로이카의 요구 조건을 충족하는 안을 제출했다. 그러나 놀랍게도 이 안조차 거부당하고 말았다. 트로이카 관료들은 이 안이 목표에 도달하는 방법이 지출 감축이 아니라 새로운 세금에 지나치게 의존하고 있다고 주장했다(Thomas, 2015; Spiegel and Hope, 2015).

정해진 부채 절감 목표를 달성하기는커녕, 그리스 노동자에게 막대한 비용을 전가하며 도리어 긴축정책이 실패했음을 입증하는 것과 대안적인 확장정책이 갖는 이익을 설명하면서 트로이카에 도전하는 것은 옳았다. 문제는 시리자의 지도력이 약했다는 것이다. 시리자 최고지도부는 트로이카 관료들이 역(逆)제안을 전부 기계적으로 일축해버린 데 놀라서는 안 되었다. 각서에 따른 정책들은 그리스 부채를 한층 더 공고하게 하도록 설계

---

5) 시리자는 국가산업의 효율성을 조정 및 개선할 계획을 제안했고 "극단적인 냉대"에 마주했다(Varoufakis, 2015c 참조).

되었다. 대체적으로 그들은 그리스만이 아니라 유럽 전역에서 자본가의 힘을 강화하려 하고 있었고, 그리고 대개 그것은 노동자의 힘을 약화하고 대다수의 생활 조건을 끌어내리는 것을 뜻했다. 이와 같이, 유럽 자본의 대표들이 정해진 절차를 파기하거나 자본주의에 대립을 공포한 그리스 정부의 신용을 신장시킬 정책을 지지하기로 결정했다면 매우 놀라운 일이었을 것이다.

실제로 시리자 지도부는 특히나 그리스 노동자만이 아니라 더욱 폭넓게 소통해야만 했다. 시리자 정부는 당시 트로이카 관료들이 시리자의 타당한 안들을 거부한 이유를 명확하고 반복적으로 설명하고, 이로써 자본가계급의 기획에 내재한 논리를 드러내야 했다. 그리고 트로이카 정책에 대한 시리자 정부의 비판을 그리스 계급관계에서 형성된 경제 동학의 역사에 관한 비판적 분석과 결부시켜야 했다. 시리자는 이 같은 이데올로기적 대립을 통해 대중이 자본주의의 한계에 관해, 그리고 유로 지역에서 탈피할 준비를 할 전략적 필요성에 관해 넓고 깊게 이해하게끔 할 수 있었을 것이다.

불행히도, 시리자 관료들은 반복해서 실효성 없는 주먹질을 하고 있었다. 일례로, 바루파키차스는 4월에 다음과 같이 말했다(Varoufakis, 2015a).

현재 상대방과의 의견 차이는 메울 수 없는 것이 아니다. 우리 정부는 (예를 들어 제한적 조기퇴직을 통한) 연금 체계 합리화, 부분적인 공공 자산 민영화 진행, 경제의 신용 서킷(credit circuits)을 막는 부실채권 처리, 완전히 독립된 국세심사위원회 창설, 기업가 활동 부양을 간절히 바란다. 남아 있는 차이는 우리가 다양한 개혁과 거시환경 사이의 관계를 이해하는 방식에 달려 있다.

이 중 어느 것도 공통점에 즉각 도달할 수 없음을 의미하지 않는다. 그리스 정부는 타당한 재정 건전화 경로를 원한다. 그리고 우리는 모든 측면에서 신뢰할 수 있는 개혁을 바란다. 우리의 과제는 우리의 약속이 전술적인 것이 아니라 전략적인 것이며, 우리의 논리가 타당함을 상대방이 납득하게 하는 것이다. 상대방의 과제는 실패한 접근법을 포기하는 것이다.

5월에, 바루파키스는 이렇게 말했다(Varoufakis, 2015b).

그리스와 그 채권자들 사이의 4개월에 걸친 협상을 공정하게 관찰한 자들은 간결한 결론을 피할 수 없을 것이다. 협상을 깬 주요한 난제는 우리 정부가 시행하기를 갈망한 개혁 의제를 수포로 만들면서까지 훨씬 높은 수준의 긴축을 요구한 채권자들의 고집이다.

명백하게, 더욱 긴축하라는 채권자들의 요구는 진정한 개혁에 관한 고민이나 그리스를 지속 가능한 재정 궤도에 올려놓는 것에 관한 고민과는 아무 상관이 없다. 그들의 진짜 동기는 후세의 역사학자들에게 남겨진 최대의 질문이다. 나는 어느 누구도 당대의 언론 보도를 액면 그대로 받아들이지 않으리라 확신한다.

그리고 치프라스는 5월에 이렇게 말했다(Tsipras, 2015).

지금까지 합의가 이루어지지 않은 것은 소위 비타협적이고, 완고하며, 이해할 수 없는 그리스의 태도 때문이 아니다.

세 기관이 대중의 판단을 존중하기 위해 필요한 유연성을 발휘해야 한다고 공식적으로 인정했음에도, 터무니없는 안을 제안하며 최근 그리스 인민의 민주적 선택에 완전한 무관심을 드러낸 일부 기관 관계자들의 고집 때문이다.

왜 이런 고집을 고수하는가? …

내 결론은 … 그리스 문제가 그리스와 관련한 문제만이 아니게 되었다는 것이다. 오히려 그리스 문제는 유럽 통합의 미래와 관련한 상반되는 두 전략이 충돌하는 한가운데에 있다.

첫째 전략은 인민과 시민 사이의 평등과 연대의 맥락에서 유럽 통합을 심화함을 목표로 한다. …

둘째 전략은 정확하게 다음을 추구한다. 유로존의 불화와 분열 및 그 결과로서 유럽연합의 불화와 분열.

이를 완수하는 첫 번째 단계는 "중심부"가 긴축 및 순응에 관한 가혹한 규칙을 세우고, 무제한의 권력과 극단적인 신자유주의 선언에 동참하지 않은 주권국가의 예산안을 거부까지 할 자격을 지닌 "극상의" 유로존 재무부 장관을 임명함으로써, 소속국 일부가 다른 일부보다 더욱 빠르게 성장할 수 있는 유로존을 창출하는 것이다. …

현재 상황에 따라 판단하자면, 이러한 새로운 유럽연합 권력이 그리스를 첫 번째 재물 삼아 건설되고 있는 것으로 보인다. …

그러므로 유럽은 선택의 기로에 놓여 있다. 그리스 정부의 중대한 양보 이후에, 그 결론은 더 이상 ― 유럽연합 집행위원회를 제외하면 ― 어떤 경우에도 선출되지 않고, 인민에게 책임을 지지 않는 기관의 손에 있지 않다. 이제 결론은 유럽연합 지도부의 손에 달렸다.

일반적으로 시리자의 지도력은 무지에 대한 비난, 비열한 개인, 무관심한 기관, 협상 고착에 따른 공격적인 국가 사이에서 흔들리는 경향이 있었다. 그들은 최소한 국내 문제에 관해서조차, 새로 전개된 국면을 설명하기 위해 계급 구조를 이용하지 않았다. 거의 6월이 끝나갈 때까지 그들은 트로이카 관료들이 "올바른 일"을 하리라는 진실한 희망을 품고 있었던 것 같다. 이는 중대한 실수였다. 이로 인해 그리스인들을 무슨 일이 왜 발생하고 있는지 혼란해하는 상태로, 그리고 협상 종결 시점의 망연자실한 패배에 전혀 준비되지 못한 상태로 방치했기 때문이다.

만약 시리자 정부가 협상 목적을 달성할 어떤 가능성이라도 포착했다면, 재정적으로 심각한 타격을 입히겠다는 트로이카의 위협에 대응해 그리스 경제를 운영할 책무와 능력이 있음을 입증해낼 필요가 있었다. 불행하게도 시리자 최고지도부는 이를 입증할 수 있는 가능한 선택지를 전혀 추구하지 않았다. 예를 들어 최우선 협상에서 시리자 지도부는 연대 경제에 관해 갈수록 묵묵부답이었다. 그들은 트로이카가 야기하는 경제적 압력에 저항하도록 도울 새로운 제도와 관계를 건설하는 과정에서 노동자와 관계된 잠재력을 명백하게 무시했다.

샘 긴딘(Sam Ginden)과 레오 패니치(Leo Panitch)는 다음과 같이 서술한다(Ginden and Panitch, 2015).

'모두를 위한 연대'의 두 지도자는 그들은 특정한 작물을 기를 장소를 선정하는 데 필요한 정보를 농무부 장관에게조차 얻을 수 없었다고 한다. 그래서 한층 넓은 범위에서 농부들을 접촉해 그들과 궁핍한 사람들 사이에 더욱 직접적인 관계를 구축해나가야 할지도 모른다며, 그들이 느낀 좌절감을 우리에게 말했다. 총 12명의 사람만이 모두를 위한 연대에 고용되었다. 국가 보조로 이 숫자를 크게 늘려야 한다. 시위 복판에 쓸데없이 놓여 있는 군용 트럭은 연대 네트워크를 통한 식량분배를 가능하게 하는 데 사용될 수 있다. 이는 일부 극빈 연금 수령자의 연금 삭감분 일부를 벌충하고 최근 각서에 따라 인상된 식량 부가가치세를 상쇄하는 방법으로 기능할 수 있다. 다양한 국가 부처는 전원 지역에 많으며, 위기임를 고려할 때 도시 지역에도 많을 것으로 보이는, 노는 땅을 확인하는 데 참여할 수 있다. 이 땅을 지역사회 협동조합에 양도하면 식량을 재배하고 소구역 전역에 걸쳐 이를 조직할 일자리를 창출하게끔 할 수 있다.

교육부 장관은 식량과 의료 서비스를 조직할 사회운동의 공간으로 기능하며 이를 위한 알맞은 기술교육을 수행할 지역사회의 허브로서 학교를 사용하도록 촉진하는 데 앞장서서 참여해야 한다. 우리는 지역사회에서 일하는 데 확실히 열정적일 뿐 아니라 학생회에 출마하는 데 정통하며 소책자를 배포하고 시위를 조직하는 데 능숙하지만, 장기적으로 지역사회 조직에는 매우 한계적이라고 인정하는 새살이기도 한 많은 학생을 만났다. 교육부 장관은 학생들이 지역사회에서 일정한 기간을 들이도록 준비시킬 특별 과정을 수립하고, 성인교육을 제공하며, 지역 사회의 기획에 역량을 투여함으로써 이 문제를 극복하도록 도울 수 있다.

마찬가지로, 그리스 정부에 강요된 민영화에는 새로운 소유주는 새로운 일자리가 창출될 공업단지를 설립하도록 보완적인 노력을 다해야 한다는 요건을 첨가해야 한다. 민영화한 회사는 그리스 내에서 투입 요소를 획득할 것을 요구받으리라. 그와 동시에 국가가 자체적으로 매입하는 (학교와 병원에 사용될 것을 포함한) 설비, 자재, 물자는 이러한 방식으로 설립된 새로운 생산시설에서 공급받을 것이다. 놀고 있거나 (올림픽 경기 시설처럼) 충분히 활용되지 않는 땅에 세워진 매우 많은 건조물을 이용한다면, 온갖 종류의 협동조합과 소규모 회사들이 운영을 시작하도록 지원을 받을 것이며, 이러한 공간을 재구성하기 위해 뽑힌 청년 건축가와 기술자 그룹의 도움도 받을 것이다. 이 점에 관해서만이 아니라, 특히 매우 많은 실업 청년이 이미 참여할 준비가 되어 있는 광범위한 예술, 연극, 문화 활동에서 미국 뉴딜 공공사업 촉진국 사례를 활용할 수 있다.

또한 치프라스는 그리스 부채 부담의 축소를 목표로 한 계획 수행을 거부했다. 2013년 10월 말, 치프라스는 1953년 미국이 독일의 국가 성장을 보장하기 위해 주요 부채를 감축하고 국제 채무 지불 상한선을 조정하려

개최한 것과 유사하게 그리스 부채에 관한 유럽연합 회의의 가능성에 관해 논의했다.[6] 그러나 부분적으로는 유럽 좌파의 광범위한 지지가 부족했기 때문에, 무엇보다 치프라스가 유용한 수단으로 보지 않았기 때문에 이 구상은 곧 탈락했다. 아마 그가 트로이카 지도부를 화나게 할 수 있다고 걱정했기 때문일 것이다.

다른 사례가 있다. 그리스 사회운동은 2011년, 국가 부채에 관한 시민 회계감사에 착수했으며 이는 상당한 대중적 관심과 지지를 받았다. 시리자 정부가 이 방법을 되살리기로 한 2015년 4월까지 완료되지 못했다. 그 후에 그리스 의회 의장은 공식적으로 그리스 공적채무 진실위원회를 설치했다. 위원회의 책임자였던 에릭 투생(Eric Toussaint)은 다음과 같이 말했다 (Toussaint, 2015).

우리는 그리스의 현재 채권자들이 상환을 요구하고 있는 모든 부채 및 그 계약이 체결된 조건 등을 연구했다. 그리고 우리는 위법적이거나, 불법적이거나, 지속 불가능하거나, 추악한 부채를 확인하는 데 적용할 수 있는 기준을 정했다. 그러한 기준과 더불어 상환을 요구받고 있는 부채들에 대한 철저한 조사에 근거해 7월 17일과 18일에 발표한 예비보고서를 제작했다. 이 보고는 공공 채권자들과 트로이카가 주장하는 부채들이 우리가 판단하기에 위법적이거나, 불법적이거나, 지속 불가능하거나, 추악하다는 결론을 내렸다. 내가 "우리가 판단하기에"라고 했을 때는 물론 과학적 기준에 따르며 국제법 및 국내법의 개념에 근거함을 의미한다.

---

6) 독일 부채 회의에 관한 논의 및 이 논의의 그리스와의 관련성에 관해서는 Kaiser(2013)을 참조하라.

투생에 따르면, 트로이카가 기존 협정의 조항을 유지하기로 결정한 것이 명백해졌을 때, 치프라스는 부채 회계감사에 착수하고 2월의 부채 지불을 중단했어야 했다. 시리자 정부는 회계감사의 개시를 연기했을 뿐 아니라 2010년 이후 지게 된 부채는 상환하지 말아야 한다는 위원회 결론을 끝내 활용하지 않았다. 그 대신, 그리스 정부는 부족한 자금을 IMF, 유럽중앙은행, 민간 채권자들에게 지불 의무를 다하는 데 계속해서 사용했다.

더욱 영문 모를 일은, 치프라스가 전자 병행 유로 경제 창출 추진을 거부했다는 것이다. 이는 아마 유로화 접근을 제한함으로써 그리스 경제를 착취하는 트로이카의 전략에 대한 가장 효과적인 대응책이었을 것이다. 투생은 다음과 같이 설명한다(Toussaint, 2015).

국가 중앙은행은 휴대전화를 이용한 신용거래를 개발할 수 있다. 100유로를 두고 말하자면, 연금을 일부 지급받는 은퇴자, 공공서비스 종사자, 정부 지원을 받는 사람처럼 예금을 지닌 사람이 일례로 전기요금, 수도요금, 대중교통 요금 등을 지불하는 데 이를 사용할 수 있게끔 해준다. 그러나 그들은 또한 그 예금을 슈퍼마켓에서 지불하는 데에도 사용할 수 있다. 당신은 민간 슈퍼마켓이 병행 화폐를 창조하는 데 비록 열성적이지 않을지라도 그들이 결국 그것을 인정하게 될 것이라는 사실을 이해해야만 한다. 왜냐하면 그들이 사람들이 병행 화폐를 사용하지 못하게 한다면, 잠재적인 소비자들이 병행 화폐가 사용 가능할 상점으로 떠날 것이기 때문이다. 그러므로 정부 당국은 공식적인 화폐에 직접 의존하지 않더라도 임금 상승과 연금 상승을 승인할 수 있다.

이 전략은 위에서 강조한 모든 제안과 더불어 정부의 협상력을 높이기 위해, 또는 유로화 체계에서 실제로 탈출해 국가 통화를 재정립하기 위해 사용할 수 있었다. 바루파키스는 다섯 명과 팀을 이루어 병행 통화 체계를 구축할 계획에 실제로 착수했으나 그것은 비밀로 유지되었다. 정부는 트로이카가 이 작업에 관해 알기를 분명 원치 않았을 것이나, 그것은 중대한 실수였다.

계획은 큰 규모로, 가시적인 방법으로 이루어져야 했다. 예를 들어, 토론은 국제 법률 전문가들과 함께 열어야 했다. 다시 말해, 유로존 지도부가 시리자가 그들의 대안을 진지하게 연구하고 개발하고 있음을 의식하게끔 해야 했다. 협상이 끝내 좌절되기에 이르자, 치프라스는 병행 통화 체계 활성화에 반대하는 결정을 했다(Lambert, 2015).

시리자 최고지도부는 더구나 고려도 거의 하지 않은 채 이 선택지를 거부했다. 실제로, 치프라스는 트로이카와의 협상 중에 이 선택지에 관심이 없음을 반복해서 확인했다. 이러한 행동은 협상 테이블에서 그리스의 영향력을 더욱 약하게 했을 뿐이다. 역시나 유로화와 단절하기를 반대했던 바루파키스는 그리스 재무부 장관에서 물러난 이후 가진 인터뷰에서 바로 이런 관점을 내비쳤다(Lambert, 2015).

유로존은 그리스에 요구 조건을 지시할 수 있다. 왜냐하면 더 이상 그렉시트의 우려가 없기 때문이다. 그리스 은행들이 채무불이행 상태가 된다 해도 유로존 은행들이 보호받는다는 확신이 있다. 그러나 바루파키스는 그가 여전히 협상력을 갖고 있다고 생각했다. 유럽중앙은행이 그리스 은행들을 폐쇄하라고 강요하면, 그는 단독 행동할 수 있으리라 생각했다.

그는 유럽중앙은행이 거래를 강요하며 그리스 은행들을 폐쇄할 수 있음을 그리스 내각에 경고하는 데 수개월을 썼다고 말했다. 그들이 이를 시행할 경우에 대비해 그는 세 가지 방법을 준비했다. 유로화로 표시된 차용증서를 발행하는 것, 2012년 유럽중앙은행에서 발표했던, 그리스의 부채를 감축하도록 그리스 채권 "탕감(haircut)"을 신청하는 것, 유럽중앙은행에서 그리스 중앙은행의 통제권을 빼앗아오는 것.

그렉시트를 단행할 어떠한 움직임도 없었지만 그들은 그렉시트를 위협했다. 바루파키스는 그리스가 유로 그룹에서 축출될 수 없을 것이라고 자신했다. 그런 움직임에 관한 법률상 조항은 없다. 그러나 오직 그렉시트를 가능하게 만들어야만 그리스가 더 나은 대우를 얻을 수 있었다. 그리고 바루파키스는 7월 5일 국민투표가 그러한 과감한 조치를 취하기 위해, 또는 최소한 그런 조치를 발표하기 위해 필요한 권한을 부여하리라고 생각했다.

그는 국민투표 전날 이러한 계획을 암시했으며, 이후 이를 제안하는 보고가 그의 역할을 요하는 일이었다. 그는 더욱 명확하게 설명했다.

군중이 일요일 밤 신타그마 광장에서 축제 기분에 젖어들 때, 시리자의 각내각료 여섯 명은 결정적인 표결을 열었다. 4표 대 2표로 바루파키스는 그의 계획에 지지를 획득하는 데 실패했고, 치프라스를 설득하지 못했다. 그는 유럽 중앙은행이 그리스 은행들의 문을 닫도록 처음 강요하기 시작할 일주일 내에 그의 대책이 담긴 "세 폭짜리 그림(tryptych)"을 상연하고 싶었다. 일요일 밤은 그의 마지막 도전이었다. 그가 기회를 놓쳤을 때는 피할 길이 없었다.

시리자가 더욱 공세적인 협상 전략을 거부한 것은 놀랍지 않은 일이었다. 그리스 정부와 트로이카 관료들의 회담은 2월 구제금융 연장이 7월 30일에 만기되기 2주쯤 전에 차츰 중단되었다. 트로이카는 그리스가 그들의 요구를 이행할 때까지 지난 구제금융 이후로 자금을 풀거나 새로운 협정의 일환인 새로운 차관의 제공을 거부했다. 그리스 정부는 자금을 빠르게 소진하고 있었고 새로운 협정 없이는 트로이카 기관에 부채 지불도 곧 하지 못하게 될 상황이었다. 일단 이 일이 벌어지면, 유럽중앙은행은 그리스 금융 부문 지원을 종료할 것임을 공표하고 있었다. 실제로, 유럽중앙은행은 시리자가 트로이카의 요구를 수용하도록 강요하기 위해 그리스 은행의 예금 인출을 적극 장려했다. 저널리스트 에번스프리처드는 트로이카의 강경한 전술에 관해 다음과 같이 서술했다(Evans-Pritchard, 2015b).

> 유럽중앙은행이 은행 감독 기관인 나라에서, 유럽중앙은행이 수요일에 이 보고를 발행해 뱅크 런(bank run)을 적극적으로 선동하는데 어느 누가 그리스 중앙은행을 통해 이의를 제기할 수 있을까?
> 채권자의 합의가 없었는데도, 유럽중앙은행은 치솟는 인플레이션, "실업률의 기하급수적인 증가", "그리스 경제가 유럽연합 회원 자격으로, 특히 유로 지역에 있었던 수년간 성취한 모든 것의 붕괴"에 따른 "통제될 수 없는 위기"가 닥칠 수 있다고 경고했다.
> 금융 안정의 수호자가 범경제통화연맹(pan-EMU) 그리고 더 광범위한 지구적 확산의 위험을 감수하고서라도, 그리스를 테이블로 나오도록 압박할 협상 전술로서, 의식적으로 그리고 의도적으로 경제통화연맹(EMU) 회원국의 금융 위기를 가속화하고 있었다.

대부분의 논평가들은 긴축정책이 그리스의 재정 상태를 안정화하기 위해 이미 시도되었다가 많은 희생을 내고 실패했음을 정확하게 지적하며 트로이카의 태도를 강도 높게 비판했다. 더욱이 트로이카는 이제 다른 차관을 이용하기 위해 더욱 심한 긴축정책을 펼 것을 요구하며 세 번째 협정을 운운하고 있다. 그리스가 부채를 상환하도록 가능하게 할 것은 새로운 자금뿐이다. 추가 대출과 결부된 새로운 긴축협상은 트로이카가 끝맺기를 추구한다고 주장한 바로 그 부채 위기를 심화시킬 뿐이었다.

IMF 직원들은 아일랜드 구제금융에 관한 IMF 이전 수장의 의견을 상기하며, 트로이카의 긴축 요구에 반대하는 입장을 다시금 밝혔다. "시리자는 IMF 연구부를 대변인으로 선임해야 한다. 왜냐하면 그들은 시리자가 그

경제 상태에 관해 말하는 것과 거의 정확히 동일한 말을 하고 있기 때문이다. 채권자들에 관한 전체적인 전략은 잘못되었고, 이 전략이 더 오래 계속될수록 그들이 더 많은 비용을 치르게 할 것이다(Evans-Pritchard, 2015a).

6월 25일, 트로이카는 마지막 제안을 던졌다. 그리스에 추가 자금을 제공하지만, 이는 불과 다음 다섯 달 동안 부채 지불을 할 수 있을 정도였다. 그 대신 시리자는 그동안 거부해왔던 긴축 조건을 수용해야 했다. 그리스 정부가 승인한다면 이는 "문제를 뒤로 미루는" 것에 불과했다. 다섯 달 동안 그리스는 더한 긴축을 대가로 더 많은 자금을 요구하도록 강요받기를 반복할 것이었다. 치프라스는 마침내 만족했다. 그는 충분한 결과에 도달할 희망을 포기했음을 밝히고 그리스 인민이 이 제안의 수용 여부에 대한 의사를 표현하게 하는 국민투표를 소집했다. 그는 반대투표를 권고했다.

그리스 의회는 6월 28일에 국민투표를 승인했으며 트로이카는 다음 날 그들의 제안을 철회하는 것으로 응답했다. 국민투표는 7월 5일로 잡혔다. 트로이카 관료들은 그리스 정부에 반대 입장을 수차례 밝히는 것을 포함해 찬성투표를 독려하기 위해 할 수 있는 모든 것을 했다. 아마 가장 강력한 것은 유럽중앙은행이 그리스 금융제도 지원을 제한하고 있음을 밝힌 것이다. 결과적으로 이는 그리스 정부가 은행과 주식시장을 폐쇄하고 ATM 인출과 자금 이체를 제한하도록 몰아붙였다. 이러한 조처가 야기한 곤란에도 불구하고 그리스 인민은 트로이카에 퇴짜를 놓았다. 반대투표가 61%로 승리를 거뒀으며, 전국 모든 지역에서 다수를 획득했다.

국민투표 사흘 후, 시리자가 이끄는 그리스 정부는 새로운 구제금융 요청을 제출할 것을 공표했다. 충격적이게도, 그 조항은 국민투표에서 이미 거부된 것과 몹시 유사했다. 혼란에 빠진 경제, 대안이 없는 상황 속에서 정부는 새로운 합의를 간절히 원하는 것으로 보였다. 7월 13일, 17시간 지속된 마라톤 협상회의 이후, 시리자 지도부는 거부된 것보다 실제로 더욱 악화된 3개년 계획을 수용했다.[7] 그 대신, 유럽연합 지도부는 새로운 860억 유로의 구제금융 차관에 관한 협상 개시에 동의했다. 이 차관은 8월에 승인되었다.

새로운 협정의 조항에 관한 ≪가디언≫(2015.7.13)의 논의는 이 협정이 그리스에 얼마나 나쁜지를 시사한다.

우리 경제 전문기자 래리 엘리엇(Larry Elliott)은 아침 합의의 세부 사항을 검토했으며 합의가 그리스의 불황을 더욱 심화하고 부채 상태의 유지 가능성을 약화하게 할 것이며, 그것은 "오래 지나기 전에 이 문제가 거품으로 되돌아올 것을 사실상 보증하는 것"이라는 결론을 내렸다.

그가 계속해서 밝히기를,

일곱 쪽짜리 유럽연합 정상회담 성명 중의 한 줄은 이러한 우행의 이면에 있는 생각을 요약하는데, 그것은 "의욕적인 기초 재정흑자 목표에서 일탈할 경우에 따를 준자동적인 지출 삭감"에 관해 언급하고 있다.

일상 영어로 번역해보면, 이것이 의미하는 바는 한쪽에 부채에 대한 이자 지불 몫을 남겨둔 채, 그리스는 매년 정부 지출보다 세입을 더 많이 올려야 한다는 것이다. 만약 경제적 성과가 이 목표를 달성하는 데 충분히 확실하지 않다면, "준자동적인" 지출 삭감이 효과를 발하기 시작할 것이다. 그리스가 구멍에 빠지면 유로존의 나머지 국가가 삽을 건네주며 계속해서 구멍을 파라고 이야기할 것이다.

공공 재정에 관한 이러한 접근은 1930년대 이후 사라졌지만, 이제 되살아나고 말았다.

---

7) 최종합의의 개요에 관해서는 Wearde(2015)와 Varoufakis(2015d)를 참조하라.

요컨대 그리스 인민은 그들의 영웅적 노력에도 불구하고 다시 한 번 트로이카의 구속에 사로잡히게 되었다. 비극적이게도 이번에 그들을 넘겨준 것은 시리자였다. 그리스 인민이 어떻게 대응할지는 지켜보아야 한다.

대중의 이익을 지키는 데 허술했음에도, 치프라스와 새 단장을 한 시리자는 대중적 지지를 유지하고 있는 것으로 보인다. 새로운 차관 협상 이후, 치프라스는 새로운 총선을 열기 위해 총리직을 사퇴했으며, 이는 새로운 구제금융 협정에 반대하는 자들을 일소할 기회가 되었다. 시리자는 2015년 9월 총선에서 35%가 넘는 표를 얻어 다수당의 지위를 유지하고 독립그리스인(ANEL)과 한 번 더 연립정부를 구성했다. 그러나 정권을 잡은 시리자는 한때 완전한 희망을 고취했던 정당이 결코 아니었다. 최소한 현시점에서 그리스에서 사회주의 전환을 진전시키는 투쟁은 추진력을 잃었다.

6. 교훈

노동자, 특히 그리스의 노동자는 가혹한 패배를 겪었다. 아마도 최악의 고비는 협정을 맺은 것이 시리자 정부였다는 것이며, 이제 그들이 긴축, 민영화, 그리스 경제에서의 규제 철폐와 자유화를 포함한 세 번째 각서를 집행할 담당을 맡고 있다는 것이다. 필자는 알렉시스 치프라스 및 다른 시리자의 핵심 지도부가 이러한 결정을 내리게 한 동기를 정확하게 알지는 못한다. 그리고 다른 결정을 조직하기 위해 시계를 돌려놓을 방법도 없다.[8] 그럼에도, 해방을 향한 다른 사회 변화 운동에 도움이 될 수 있는 그

---

8) 트로이카의 비타협적 태도에 대한 시리자 지도부의 수동적인 대응을 설명하기 위해 다

리스 투쟁에서 배울 수 있는 것은 많다. 다섯 가지 교훈을 후술하겠다.

필자는 대중결합정당 유형의 시리자 조직이 대규모로 대중을 동원하고 대중적 지지를 획득한 핵심적인 능력이었다고 믿는다. 아마 더욱 중요하게, 이러한 조직 형태는 특히나 21세기 사회주의를 건설하는 데 필요한 이 같은 투쟁을 진전시키는 데 매우 적합하다. 그것이 "이 목표가 당신이 — 기존의 국가와 자본을 돕는 전도된 정책을 포착하고, 아래로부터의 자치 위에 새로운 사회주의 국가의 요소를 건설하고 키운다는 — 두 다리로 걷는 데 필요하다"는 사실을 구체화하는 데 적합하기 때문이다"(Lebowitz, 2015). 이와 같이 시리자의 조직 경험에서 도출한 첫 번째 교훈은 정당과 사회운동이 교류하는 방식에 세심해질 필요가 있다는 것이다. 이상적으로, 전자는 후자의 독립과 활기를 장려하는 활동의 중요성을 인지해야 한다. 한편 후자는 정부 권력을 획득하는 것이 새로운 사회적·경제적 관계를 넓히고 심화하는 데 결정적인 문제임을 인지해야 한다.

시리자가 극도로 어려운 환경에서 권력에 다가갔으며, 책략을 짜볼 여지가 거의 없었음은 분명한 사실이다. 그들의 지도력이 그들에게 주어진 환경에 도전하기에는 너무나 작았던 것도 사실이다. 다시 말해, 그리스에서의 패배는 단순히 트로이카를 통해 행사된 압도적인 자본가 권력만으로는 설명할 수 없다. 이는 우리가 자본주의에 맞선 미래의 투쟁 과정에 영

수의 설명이 제출되었다. 그중 가장 흔한 의견에는 치프라스와 다른 핵심 지도자들이 사회민주주의자였으며 실제 혁명적 변화에 결코 헌신하지 않았다는 것, 유럽연합 역관계에 도전할 의도가 아님을 트로이카에 보여준다면 트로이카가 긴축에 있어 합리적인 타협안에 동의할 것이라고 순진하게, 실제로 믿었으리라는 것, 지배에 도전할 준비가 되지 않았으며 두려움으로 마비되어 있었으리라는 것, 트로이카의 요구에 계속해서 대항한 결과로 나타날 수 있는 잠재적인 사회 위기의 부담을 안는 것이 내키지 않았으리라는 것 등이 있다. 쿠벨라키스(Kouvelaskis, 2016)가 이 사안에 관해 비판적인 관점을 제시한다.

향을 미치는 데 무력감을 느껴서는 안 됨을 의미하며, 중요하고 힘을 북돋아줄 만한 지점이라 할 것이다. 따라서 시리자의 통치 경험에서 얻을 두 번째 교훈은 대담성이 중요하다는 것이다. 매우 약했던 시리자의 초기 처지는 세력 균형을 변화시키는 지도부의 과감한 행동으로 이어졌어야 했다. 미래에 좌파 정부가 자본주의에 맞설 때에는 위험을 무릅쓰고 운동을 밀고 나아갈 태세를 갖추어야 한다.

2015년 7월 국민투표에서 압도적인 반대투표는 그리스 인민 측의 꽝장한 결의를 밝힌 방식이었다. 인민은 극심한 경제적 고난의 위협에도 불구하고 시리자를 지지하기 위해 결집했다. 세 번째 교훈은 기회가 주어진다면 강력한 다수가 좌파 정부를 등에 업고 필요한 저항 행위를 지지하리라고 믿을 타당한 이유가 있다는 것이다.

시리자 정부는 초기에 혁명적 교육을 펼치는 데 실패했다. 시리자가 2013년 단일정당의 형태를 갖췄을 때 이는 사회주의를 향한 대중운동을 발전시키는 데 헌신하는 좌파 정당으로서 형성된 것이다. 2015년 총선에 출마했을 때는 반긴축 정당으로서 출마한 것이다. 절제된 정치적 메시지는 호소력을 넓히고 선거 승리를 보장하는 데 긍정적으로 작용하는 것으로 보였다. 그러나 일단 관직에 앉자마자, 그들은 자신의 새로운 위치를 지지자들이 혁명적 의식을 심화하도록 고취하는 데 거의 활용하지 않았다. 특히 트로이카와의 수개월에 걸친 장기간 협상 과정에서 혁명적 교육의 빈자리가 부각되었다. 트로이카의 비협조와 대중적 저항이 병존하는 상황이라면, 시리자는 이러한 상황을 이용해 사람들에게 자본주의 축적의 파괴적인 논리와 한계에 관해, 그리고 그리스 사회의 급진적인 전환을 추구하는 것의 이익에 관해 교육할 기회를 마련했어야 했지만 전혀 그러지 않았다. 이렇게 했다면, 다른 각서의 시행은 민중의 사기를 꺾는 것이 아니라, 더욱 급진화하는 결과를 가져올 수 있었을 것이다. 네 번째 교훈은 좌파 정부가 첫째로 민중의 생활과 노동조건 하락이 자본주의 생산과 엮여 있는 이유와 그 방식에 관해, 둘째로 노동자와 지역사회에 분배를 수행할 효율적이면서 지금도 진행 중인 방식에 관해 분명하게 설명할 수 있어야 한다는 것이다.

더욱 인간적인 유럽의 미래상은 환각에 불과하다. 유럽연합 지도부는 시리자 정부가 넓은 차원의 유럽연합 정치에서 약점을 쥐는 데 성공함으로써 전시효과가 파급될까 두려워했다. 그래서 유럽연합 지도부는 시리자를 끝장내기 위해 그리스 경제를 완전히 붕괴시키려는 의지 그 이상으로 완고했다. 그리스에 대한 억압적인 정책에는 현대자본주의의 모든 곳에서 드러나는 약탈적 본성이 반영되어 있다. 패니치와 긴딘(Ginden, 2015)이 지적하듯, 사실 현대 유럽연합은 "신자유주의의 DNA를 내재하고 있어, 경제통화공동체 30년 뒤는 고사하고 로마조약의 시대로 돌아가려 안간힘을 쓰고 있다." 즉, 마지막 교훈은 좌파 유럽 정부는 필요한 순간에, 그만의 조건에 따라 유로 지역을 탈퇴하기 위해 필요한 기술적·정치적 역량을 개발해야만 한다는 것이다.

참고문헌

Ban, Cornel. 2012. "Is the IMF going through a paradigm shift in fiscal policy?" *Triple Crisis blog*, 18 October. http://triplecrisis.com/?s=is+the+imf+going+through

Bank of Greece. 2014. *The Chronicle of the great crisis, The Bank of Greece 2008-2013*. Athens: Bank of Greece.

Bibow, Jörg. 2013.6. "Germany and the euroland crisis: The making of a vulnerable haven." *Levy Economics Institute of Bard College*. Working Paper No.767(June). http://www.levyinstitute.org/pubs/wp_767.pdf

Evans-Pritchard, Ambrose. 2015a. "IMF has betrayed its mission in Greece, captive to EMU creditors." *The Telegraph*. http://www.telegraph.co.uk/finance/economics/11654639/IMFhas-betrayed-its-mission-in-Greece-captive-to-EMU-creditors.html

_____. 2015b. "Greek debt crisis is the Iraq war of finance." *The Telegraph*, 19 June. http://www.telegraph.co.uk/finance/economics/11687229/Greek-debt-crisis-is-the-Iraq-War-offinance.html

Ewing, Jack and Liz Alderman. 2015. "Bailout money goes to Greece, only to flow out again." *New York Time*s, 30 July. http://www.nytimes.com/2015/07/31/business/bailout-money-goes-togreece-only-to-flow-out-again.html?_r=1

Gindin, Sam and Leo Panitch. 2015. "The real plan B: The new Greek marathon." *The Bullet*, Socialist Project, E-Bulletin No.1145(17 July). http://www.socialistproject.ca/bullet/1145.php

Government of Greece. 2015. *Infographics*, 5 July. http://www.referendum2015gov.gr/en/infographics/

Henley, Jon. 2015. "Greece's solidarity movement: 'It's a whole new model - and its working.' *The Guardian*, 23 January. http://www.theguardian.com/world/2015/jan/23/greece-solidaritymovement-cooperatives-syriza

Horn, Gustav A. et al. 2010. "Reforming the European stability and growth pact: Public debt is not the only factor, private debt counts as well." *Macroeconomic Policy Institute* (IMK), IMK Report No.51(July). http://www.boeckler.de/pdf/p_imk_report_51e_2010.pdf

Kaiser, Jurgen. 2013.6. "One made it out of the debt trap, Lessons from the London Debt Agreement of 1953 for current debt crises." *Friedrich Ebert Stiftung*. Department for Global Policy and Development, Berlin, Germany, http://library.fes.de/pdf-files/iez/10137.pdf

Kolokotronis, Alexander. 2016. "Building alternative institutions in Greece: an interview with Christos Giovanopoulos." *Counterpunch*, 11 March. http://www.counterpunch. org/2016/03/11/building-alternative-institutions-in-greece-aninterview-with-christo s-giovanopoulos/

Kouvelaskis, Stathis. 2016. "Syriza's rise and fall." *New Left Review*, 97, January-February. https://newleftreview.org/II/97/stathis-kouvelakis-syriza-s-rise-and-fall

Lambert, Harry. 2015. "Exclusive: Yanis Varoufakis opens up about his five month battle to save Greece." *NewStatesman*, 13 July. http://www.newstatesman.com/ world-affairs/2015/07/exclusiveyanis-varoufakis-opens-about-his-five-month-battle-save-greece

Lapavitsas, Costas. 2015. "The path not taken." *Jacobin*, 9 October. https://www. jacobinmag.com/2015/10/greece-debt-tsipras-eurozone-syriza-draghi/

Lapavitsas, Costas. et al. 2011. "Breaking up? A route out of the Eurozone crisis." *Research on Money and Finance*, RMF Occasional Report 3, November. http://politi caleconomy.ie/wp-content/uploads/2012/10/Eurozone-Crisis-RMF-Report-3-Breaking-Up.pdf

Lebowitz, Michael A. 2015. "Social democracy or revolutionary democracy: Syriza and us." *The Bullet*, Socialist Project, E-Bulletin No.1149, 2 August. http://www.socialist project.ca/bullet/1149.php

Panitch, Leo and Sam Ginden. 2015. "Treating Syriza responsibly." *The Bullet*, Socialist Project, E-Bulletin No.1140(13 July). http://www.socialistproject.ca/bullet/1140. php

Papadimitriou, Dimitri B., Michalis Nikiforos and Gennaro Aezza. 2015. "Greece, conditions and strategies for economic recovery." *Levy Economics Institute of Bard College*, Strategic Analysis, May. http://www.levyinstitute.org/pubs/sa_gr_5_15.pdf

Resnikoff, Ned. 2015. "Who is really being bailed out in Greece?" *Al Jazeera America*, 1 July. http://america.aljazeera.com/articles/2015/7/1/greek-bailout-money-went-to-banks-notgreece.html

Rogers, Simon. 2011. "Greece debt crisis: How exposed is your bank?" *The Guardian*, 17 June. http://www.theguardian.com/news/datablog/2011/jun/17/greece-debt-crisis- bank-exposed

Smith, Helena and Ashley Seager. 2009. "Financial markets tumble after Fitch down-grades Greece's credit rating." *The Guardian*, 8 December. http://www.theguardian. com/world/2009/dec/08/greece-credit-rating-lowest-eurozone

Spiegel, Peter and Kerin Hope. 2015.6. "Defiant Alexis Tsipras accuses creditors of 'pillaging' Greece." *Financial Times*, 16 June.

Spourdalakis, Michaelis. 2012. "Left strategy in the Greek caldron: Explaining Syriza's success." in Leo Panitch, Greg Albo, and Vivek Chibber(eds.). *Socialist Register*

2013, *The Question of Strategy*. New York: Monthly Review Press.

Stockhammer, Engelbert. 2011. "Peripheral Europe's debt and German wages. The role of wage policy in the euro area." *Research On Money and Finance*, Discussion Paper No.29(March). Faculty of Arts and Social Sciences, Kingston University. http://www.boeckler.de/pdf/v_2011_10_27_stockhammer.pdf

The Guardian. 2015.7.13. "Greek crisis: Tsipras faces fight over bailout, and misses another IMF bill-as it happened." http://www.theguardian.com/business/live/2015/jul/13/greek-crisis-tsipras-battle-bailout-dealbacklash-live

Thomas, Landon. 2015. "Hopeful start to Greek debt negotiations quickly soured." *New York Times*, 3 July. http://www.nytimes.com/2015/07/03/business/dealbook/hopeful-start-to-greekdebt-negotiations-quickly-soured.html

Toussaint, Eric. 2015. "Greece: Why capitulate? Another way is possible." *Committee for the Abolition of Third World Debt*, 16 December. http://cadtm.org/Greece-Why-Capitulate-Another-Way

Traynor, Ian. 2015. "Angela Merkel dashes Greek hopes of rescue bid." *The Guardian*, 11 February. http://www.theguardian.com/theguardian/2010/feb/11/germany-greece-merkel-bailout-euro

Truth Committee on Public Debt. 2015. *Preliminary Report of the Truth Committee on Public Debt*. Athens: Hellenic Parliament, 18 June. http://cadtm.org/Preliminary-Report-of-the-Truth

Tsipras, Alexis. 2015. "Prime Minister Alexis Tsipras' article in Le Monde Newspaper: Europe at crossroads." *Government of Greece*, 31 May. http://www.primeminister.gov.gr/english/2015/05/31/prime-minister-alexis-tsipras-article-at-lemonde-newspaper-europe-at-crossroads/

Smith, Yves. 2015. "Benchmarking the Greece/Eurogroup bailout memo and process." *Naked Capitalism blog*, 21 February. http://www.nakedcapitalism.com/2015/02/benchmarkinggreeceeurogroup-bailout-memo-process.html

Syriza. 2013. *Political Resolution of the 1st Congress of Syriza*, July. http://www.syriza.gr/article/id/53894/The-political-resolution-of-the-1st-congress-of-SYRIZA.html#.Vo WKh8YrJD8

Varoufakis, Yanis. 2015a. "A new deal for Greece." *Project Syndicate*, 23 April. http://www.project-syndicate.org/commentary/greece-debt-deal-by-yanis-varoufakis-2015-04

_____. 2015b. "Austerity is the only deal-breaker." *Project Syndicate*, 25 May. http://www.projectsyndicate.org/commentary/greece-government-reforms-by-yanis-varoufakis-2015-05

_____. 2015c. "Europe's vindictive privatization plan for Greece." *Project Syndicate*, 20

July. http://www.project-syndicate.org/commentary/greece-privatization-plan-public-assets-by-yanisvaroufakis-2015-07

_____. 2015d. "Greece without illusions." *Project Syndicate*, 5 October. http://www.projectsyndicate.org/commentary/tsipras-new-administration-maneuvering-room-by-yanis-varoufakis-2015-10

_____. 2016. "Real vs money incomes - the one thing we need to understand during deflationary times (with an illustration from Greece and Cyprus)." *Yanis Varoufakis blog, Thoughts for the post-2008 world*, 13 March. http://yanisvaroufakis.eu/2016/03/13/real-vs-money-incomes-theone-thing-we-need-to-understand-during-deflationary-times-with-an-illustration-from-greeceand-cyprus/

Wearde, Graeme. 2015. "Greece bailout agreement: key points." *The Guardian*, 13 July. http://www.theguardian.com/business/2015/jul/13/greece-bailout-agreement-key-points-grexit

'권리와 권력 간 융합체제'의 민주적 메커니즘*

남아공과 베네수엘라의 사례를 중심으로

김영수 | 경상대학교 사회과학연구원 연구교수

1. 문제의식

민주주의는 인간이 추구해나가야 할 영원불변한 가치인가 아니면 사회의 권력과 시스템을 보조하는 수단인가? 이도 저도 아니라면 '가치로서의 민주주의'와 '수단으로서의 민주주의'는 서로 융합되어 있는 것인가? 어느 한 가지로 규정하기 어렵다. 역사의 구성물이기도 한 민주주의는 바라보고 규정하는 사람들에 따라 그 모양이 달라져 있기 때문이다. 민주주의 이행이론에서 자주 거론되는 자유화 단계, 민주화 단계, 사회화 단계, 사회주의 이행 단계 등의 단계이론이나 중앙정부의 권력을 지방정부나 풀뿌리 생활세계로 이전시키려는 민주주의 권력분산이론 등도, 그리고 각 국

---

* 이 논문은 2013년 중점연구과제에 대한 한국연구재단의 지원사업의 도움으로 완성되었다(NRF-2013S1A5B8A01055117).

가의 특수성에 주목하는 지역 중심의 민주화 이론 역시 민주주의의 다양한 형식과 내용을 반증하는 것이다.

하지만 사람들은 만인은 한 사람을 위하고 한 사람은 만인을 위하는 '정치적인 것'이 보편화되기를 원한다. 그래서 권력을 권력자의 자의로부터 분리시켜 제도화하고, 국가 중심의 권력 속에 인민 중심의 권리를 투영시키려 했다. 인간이 자연 상태에서 권력과 권리를 동일하게 누리듯이, 지배자와 피지배자 모두에게 이익이 되는 사회적 관계 혹은 지배자와 피지배자의 관계를 지양하는 대안사회 민주주의의 영원한 숙제일 것이다. 그렇지만 인간은 사회적 관계를 맺는 순간부터 권력관계의 주체이자 대상으로 존재하고, 그 딜레마 속에서 다양한 권리들을 탄생시켜왔다. 이는 인간의 사회적 관계뿐만 아니라 그 관계에 영향을 미치는 힘도 지속적으로 변해왔다는 것이고, 대안사회 민주주의의 시원적 토대를 구축해왔다는 의미인 것이다.

남아공은 1990년 이후 현재까지 아파르트헤이트 체제를 넘어서는 권력과 권리 간의 민주적 메커니즘을 구축하여 운영해오고 있고, 베네수엘라도 2005년에 21세기 사회주의를 선언한 이후 현재까지 민중이 주인 되는 참다운 세상의 민주적 권력 메커니즘을 제도화하고 있다. 남아공이든 베네수엘라든, 헌법의 전문과 제1조에서 "민주적이고 참여적이고 인민이 주인이 되고 다인종적이고 다문화적인 사회와 정의롭고 분권적인 국가를 수립하기 위해 노력하고, 이러한 국가는 자유, 평화, 연대, 공생, 사회정의, 평등 등의 가치를 보장한다"(남아공 헌법 제1조, 2009)는 원칙을 수립하고, 그것에 조응하는 다양한 제도들을 도입해 운영하고 있다. 물론 국가권력의 민주적 메커니즘이 제도화되는 것과 실질적으로 집행되는 것이 서로 조응하지 못하는 경우도 있지만, 필자는 남아공과 베네수엘라에서 헌법과 각종 법률로 제도화된 민주적 권력메커니즘을 찾아 분석하고 평가하려

한다.

이러한 제도들은 자본주의 사회체제에 대한 개혁적 대안이든 혁명적 대안이든, 대안사회의 민주주의를 구축하는 실질적인 토대로 작용할 수 있다. 왜냐하면 어떤 사회체제이든 권력이 권리를 배제시키기는 쉬워도, 권력과 권리를 융합시키는 국가권력의 민주적 메커니즘은 민주주의의 최고 가치를 지향한다고 할 수 있기 때문이다. 물론 남아공과 베네수엘라의 다양한 민주주의 제도와 21세기 사회주의 모델과 연계될 수 있는 사례들이 연구(조돈문, 2011, 2012; 허석열, 2014; 서상현, 2006; 김영수, 2013)되기도 했다. 그런데 이러한 연구들은 그러한 제도 속에 투영되어 있는 권력과 권리의 융합관계나 국가권력의 민주적 메커니즘 관계를 규명하지 못했다. 물론 남아공과 베네수엘라의 민주적 메커니즘들이 실질적으로 인민들의 권리나 국가의 권력을 작동시키는 과정에서, 또는 사회경제적 조건의 변화에 따라 제도화된 형식화에 머무를 수 있다. 국가적 차원의 신자유주의 전략을 추진하고 있는 남아공과 석유 가격의 하락과 경제위기에 따라 21세기 사회주의 전략이 위기에 처하게 된 베네수엘라가 권력과 권리를 융합시킨 민주적 메커니즘을 실제로 작동시키지 못하거나, 소위 형식화된 '식물 제도'로 여길 수 있다. 그렇지만 필자는 양 국가에서 작동되고 있는 민주적 메커니즘이야말로 대안사회의 민주주의를 구성하는 핵심 요소이자 가치라는 전제에서, 권력과 권리의 융합 사례를 세 가지로 범주화했다. 권력과 권리와 주체의 관계에서 '지배적 통치관계의 지양, 독점적 소유관계의 지양, 그리고 동원적 대상관계의 지양'이 그것이다. '21세기 대안사회에서 구상할 수 있는 민주적인 자치 모델'의 시원성이 세 가지의 관계를 지양하는 과정에서 드러날 수 있다고 여기기 때문이다.

2. 권력과 권리의 융합 사례 분석의 방법

사람들은 생명과 자유와 재산을 좀 더 효율적으로 보호하고 유지하기 위해 시민사회를 만들고, 그 사회를 유지하는 데 공동의 권력을 필요로 한다. 인간으로 태어났다는 이유만으로 자연스럽게 주어지고, 그 누구도 부정할 수 없는 천부인권적 측면이다. 그래서 개개인은 자연적이든 사회적이든 인간에게 주어지는 보편적 삶을 향유할 자신의 힘을 누군가에게 또는 무엇인가에게 위임한다는 계약의 방식으로 권력을 형성한다. 권력을 형성하는 근원성이 인민에게 있다는 관점으로 볼 때, 권리는 인간의 보편적 삶의 구성 요소로 전화되어야 할 다양한 힘들이 사회적으로 응집된 가치이다. 그동안 마르크스주의 이론에서는 소비에트 모델이나 평의회 모델은 곧 인민의 권력과 권리를 융합시킬 수 있는 최고의 민주주의 가치로 여겼다. 마르크스나 레닌이[1] 혁명운동을 전개하면서 제시했었던 공산주의 사회의 가치들이다. 그 이유를 일반화하여 정리하면, 다음과 같다. "관료나 정치적 대표자들을 선출하는 것은 물론 항시라도 소환과 통제가 가능할 뿐만 아니라, 사회구성원 모두가 한 번씩은 관료 및 대표자가 될 수 있다"(레닌, 1995: 136; 이진경, 2014: 29; 리브만, 1985: 355). 또한 프랑스의 혁명 이후, 파리코뮌이 추진한 정책도 그러한 가치를 추구했었다. "파리코뮌은 상비군의 폐지, 재판관 및 정치적 대표자들의 직접 선출 및 소환, 기존 국

---

[1] 마르크스는 1848년 프랑스의 6월 봉기 직전에 『공산주의당 선언』을 출간해, 인민의 권력과 권리가 융합될 수 있는 사회체제의 전략적 원칙들을 선언했다. 이러한 원칙들은 평의회나 소비에트 권력모델로 구체화되었다. 하지만 권력과 권리의 융합은 선언이나 원칙만으로 이루어지는 것이 아니라, 평의회나 소비에트 권력모델에 조응하는 권력메커니즘의 실체가 제도화되는 과정에서 이루어질 수 있었다. 맑스, 「공산주의당 선언」, 최인호 외 옮김, 『칼 맑스, 프리드리히 엥겔스 저작선집』, 제1권(박종철출판사, 2008), 367~433쪽 참조.

제5장 '권리와 권력 간 융합체제'의 민주적 메커니즘　163

가권력의 파괴 등, 그 이전의 억압적 국가와는 달리 국가라는 특수한 형태의 기능을 사회 자체에 되돌려 주고, 그럼으로써 국가를 서서히 소멸시키는 정치적 형태"(김세균, 1989: 51)를 구성했다. 이러한 사례들은 혁명에 성공한 세력들이 새로운 국가권력을 만들고, 그 국가권력과 인민들의 권리가 상호 호응적으로 융합되는 관계를 새롭게 구성한 것으로 보고 있다.

그러나 구소련과 동구권의 사회주의 국가들은 혁명 이후에 이러한 권력모델을 앞세워 국가의 사멸 및 계급 적대를 지양하기보다 "당과 정부를 단일한 시스템으로 융합시켜 전례 없는 권위적 국가, 공포정치적인 국가"(Badiou, 2013: 144)를 지향했다. 국가가 인민들의 권리를 권력에서 배제시켰던 것이다. "혁명 이후의 사회주의 국가에서는 그 승리를 위한 국가장치, 특히 경찰, 군대와 같은 억압적 국가 장치를 유지해야 했다. 승리한 사회주의 국가를 보존하고, 자본주의 국가와의 경쟁에서 승리한다는 전략은 정치적 진리의 주체적 상징화를 철저하게 막을 수밖에 없었다"(서용순, 2014: 56). 단지 "사회주의 혁명의 성공을 프롤레타리아 국가권력의 완성, 즉 거대한 관료기와 군사 조직, 방대하고 정교한 통치기구의 주체와 구조를 변경시켜나가는 의회권력과 행정권력의 형성으로 보았다"(맑스, 2008: 280~281). 그러나 이러한 국가기구들은 인민들의 권리를 대상화하면서 사회체제나 권력을 위한 도구로 사용되었고, 인민들을 통치의 주체가 아닌 대상으로 전락하게 했다. 구사회주의 국가는 인민의 권리를 국가권력 내에서 실질적으로 실현시키지 못했던 것이다.

반면에 '권력과 권리의 융합체제'는 '인민의 권리를 배제시키거나 분리해, 국가나 사회체제를 중심으로 하는 권력체제'를 '인민의 권리체제'로 전화하는 구조 혹은 인민의 권리로 국가의 권력을 통제하고 감시할 수 있는 구조이다. 이것은 인민이 자신의 권리를 내세워 권력의 형식과 내용을 일상적으로 구상할 수 있고, 권력의 집행뿐 이미 집행된 권력에 개입해서

〈그림 5-1〉권력과 권리의 융합체제에 대한 분석 방법

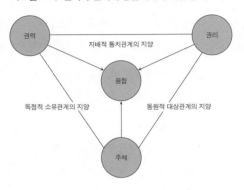

국가를 관리할 수 있다는 의미이다. 국가권력의 전략적 가치가 인민의 권리를 바탕으로 형성되고, 권력자들 역시 인민의 권리를 전제로 권력을 집행하는 민주적 메커니즘인 것이다. 베네수엘라 헌법 제89조 제1항은 인민의 권리를 현실의 권력으로 변화시킨 경우이다. 베네수엘라 헌법은 "어떠한 법률도 노동자의 권리와 급부에 관해 그 불가침성과 향상성을 손상시키는 조항을 제정할 수 없다"(베네수엘라 헌법 제89조 1항, 2009)고 규정했다. 제3절의 사례로 확인하겠지만, 베네수엘라의 헌법은 선언적이고 추상적인 수준을 넘어섰다.

그래서 필자는 인민의 권력과 권리를 융합시키는 것 자체가 대안사회의 국가권력을 민주적으로 재구성하는 것이라고 판단해, 소비에트 모델이나 평의회 모델에서 제시되었던 대안적 권력모델의 추상적 과제들을 권리-권력-주체의 관계를 융합시키는 구체적 과제로 재구성하려 한다. 첫째 과제는 권력과 권리의 관계에서 지배적 통치관계를 지양하는 것이고, 둘째 과제는 주체와 권력의 관계에서 발생할 수 있는 독점적 소유관계를 지양하는 것이다. 마지막으로는 권리와 주체의 관계에서 동원적 대상관계를 지양하는 것이다. 이러한 융합의 관계 및 과제를 도식화하면, <그림5-1>

과 같다.

<그림 5-1>의 핵심적 구성 요소인 융합의 과제들은 공공 권력 및 국가 권력의 제도적 메커니즘이나 비제도적 메커니즘을 구축해 인민의 권리를 권력 속에서 실현시킬 수 있는 방안이기도 하고, 국가권력을 점진적으로 소멸시켜나가는 과정이기도 하다. 레닌은 "국가권력을 집행하는 관료나 인민의 정치적 대표자들의 권한을 최소화하는 원리를 제시했다"(레닌, 1995: 136). 권력과 권리가 융합되고, 권력에 대한 관리와 통제의 권한을 인민이 보유할 수 있어야 한다는 원리이기도 하다. 관건은 세 가지 관계를 지양하는 구체적 방법이다. 계급이 폐지되지 않고 국가가 소멸되지 않은 탈자본주의 사회체제라 한다면, 인민이 '권력과 권리 간의 간격'으로 규정되는 '권력 거리'2)의 주체로 재구성되어야 한다. 두 가지 방안이 있을 수 있다. 하나는 권력을 인민들의 권리에 가깝게 분산시키는 것이고, 다른 하나는 권리를 권력과 거의 동일시될 수 있도록 강화시키는 것이다.

그래서 루소(J. J. Rousseau)는 국가의 역할을 개인의 자유와 권리를 억압하는 것이 아니라 지켜주는 데 있고, 개개인을 지킬 공동체의 힘은 인민주권에 기반을 둔 일반 의사에서 나온다고 하면서, 세 가지 유형의 권력자 의사를 비판적으로 규명했다. "개인적 이익을 도모하는 개인 의사, 지배계급의 집단 의사, 일반 의사 또는 주권의사로 분류한 상태에서, 관료들의 권한이 집중될수록 관료들의 개인 의사가 가장 강하게 발현되고, 국가권력의 작동 원리에서 일반 의사가 지배적이어야 함에도 불구하고, 일반 의사가 가장 약하다"(희망철학연구소, 2015: 186)고 했다. 이러한 현상은 권력

---

2) '권력 거리'란 '권력자와 인민들이 누리고 있는 권리의 형식과 내용을 지표화해, 인민이 권리를 누리고 있는 지표와 지배자들이 권력을 누리고 있는 지표를 서로 비교했을 때 발생하는 간격의 폭을 의미'한다. 이 폭이 좁은 국가일수록 민주주의의 실질적 요소들이 삶 속에서 구현되고 있다고 간주할 수 있다.

자들이 사회구성원들의 권리를 지배하고 통치하는 과정에서 발생한다.

3. 권력과 권리의 융합: 남아공과 베네수엘라의 사례

1) 지배적 통치관계의 지양

국가권력은 사회적인 지배-피지배의 관계에서 인민에 대한 국가권력의 통치 수단이었다. 국가는 권력을 지배자와 피지배자 모두에게 공통적으로 이익이 되는 공동선의 수단으로 제시해왔지만, 사회적 관계가 지배자와 피지배자 간에 호응적 상생의 관계를 유지하지 못할 경우, 권력은 인민을 지배하는 통치의 수단으로 존재했었다. 권력은 권리를 배제하거나 대상화하는 힘을 발휘하면서 인민보다 우위에 위치했다. 물론 인민은 권력의 힘에 대해 자의적이든 타의적이든 복종 의지를 전제로 지배-피지배의 관계를 유지하지만, 지배-피지배의 관계가 전복된 경우에는 권력의 힘을 자신의 권리로 끌어들인다. 지배-피지배의 관계를 맺는 형식과 내용이 '권력 중심의 관계'에서 '권리 중심의 관계'로 전이된다.

대안사회에서 국가가 소멸되지 않거나, 지배-피지배의 통치관계가 지속되는 한, '권리 중심의 관계'를 구체화하는 것은 국가의 '권력 중심의 관계' 속에 인민의 권리를 투영시킬 수 있는 권력 구조를 구축하는 것이다. 그런데 "국가의 권력 구조는 권력 기구, 권력 형성, 권력 집행, 그리고 권력 평가라는 순환적이고 유기적인 체제를 유지한다"(김영수, 2014: 47). 이러한 체제를 유기적으로 순환시키는 주요 동력은 권력인데, 만약 이러한 권력을 특정한 사람이나 일부 세력이 독점하게 된다면, '권력 중심의 사회적 관계'는 더욱 강화될 것이다. 그래서 권력의 독과점화를 방지하기 위한 권력분립이 공화주의의 주요 원리로 작용했다. 국가가 권력의 통치 기제들이 가지는 힘을 서로 균등하게 분립시켰던 것이다.

국가의 이러한 권력 구조나 통치 기제에 인민들의 권리를 투영시켜 권력과 권리의 융합을 새롭게 모색하는 방안은 기존 국가권력을 통제하거나 관리할 수 있는 새로운 권력 메커니즘을 구축하는 것이었다. 그것이 국가권력의 '4권 분립'이나 '5권 분립'이었다. 사회주의 사회체제든 공산주의 사회체제든 국가가 소멸되지 않은 상태라 한다면, 국가와 인민 간의 통치관계를 유지하는 권력이 존재할 수밖에 없기 때문에, 이러한 권리를 권력화하기 위한 권력의 분산모델은 인민에 대한 권력 중심의 통치관계를 국가에 대한 권리 중심의 지배관계로 변화시키는 권력의 상을 제시한다.

남아공과 베네수엘라는 시민사회권력을 헌법에서 보장했다. 남아공의 4권 분립이 대표적이다. 남아공 헌법은 입법권, 행정권, 사법권, 그리고 시민사회권을 보장했다. 국가권력이 네 개의 권력으로 구성된다. 시민사회권은 국가권력의 나머지 세 개의 권력을 감시하면서 인민의 권리를 권력으로 투영하기 위한 국가권력이다. 시민사회권력은 구체적으로 헌법상의 민주주의를 지원하고 보호하는 독립된 국가기구로 구성되었다. '공공호민관(Public Protector)', '국가회계감사관(Auditor-General)', '인권위원회', '문화·종교·언어 공동체 보호발전위원회', '성평등위원회', '선거위원회'는 남아공 인민의 사회적 권리들을 구체적으로 실현하는 국가권력의 기구이다. 인민들은 자신의 권리를 권력화한 제도적 메커니즘을 이용해 모든 국가기구와 그 구성원의 부정부패를 감시하고 수사해 그 결과를 공개할 수 있으며, 또한 중앙정부나 지방정부의 예산을 만들어 의회에 제출하고, 의회는 그 예산안을 토대로 국가의 예산을 확정한다. 남아공의 시민사회권력은 모든 국가기구에 인민의 권리를 투영하기 위한 진지이자, 인민의 권리를 권력화하기 위한 수단이었다.

베네수엘라의 경우에는 국(공)영 기업에 대한 인민의 감독을 실질적으로 단행할 수 있는 시민사회권력이 헌법 제273조로 보장되었다. "시민사회권력은 인민의 수호자, 검찰총장, 감사원장으로 구성되는 공화국 윤리위원회이고, 이 권력체는 국(공)영 기업에 대한 감독과 통제의 권리를 보유하게 된다(베네수엘라 헌법, 제273조, 2009)." 그래서 헌법 281조 2항은 공화국 윤리위원회의 구체적인 과제까지 제시했다. "시민권력체는 국가의 공공사업이 적절히 기능하는지의 여부를 감독하고, 공공 재화를 생산·관리하고 공급하는 행정의 업무가 독단 행위, 권력 남용, 과실 등으로 인민의 합법적이며 집합적·광범위적인 모든 이익과 권리가 침해되는 일이 없도록 보호한다(Richard, 2005: 68)." 베네수엘라가 지향하는 사회는 인민의 권리를 권력화하는 체제였다. "사회 위에 군림하는 국가 대신에 민주적·참여적·주체적 형태의 국가권력 메커니즘, 즉 인민이 자신에게 영향을 주는 각종 결정 과정에 참여하고, 생산 활동의 목적을 자신의 목적과 일치시켜 나갈 수 있다(원영수, 2006: 130)." 또한 "인민은 민주주의 이행기이든 국가권력의 소멸기이든, 통치관계 속에서 자신의 권리에 조응할 수 있는 다층적 요구들을 투쟁으로 분출한다"(Marcuse, 1999: 40). 인민들은 이 과정에서 민주적 의사결정의 실질적인 주체로 참여하고, 이를 통해 새로운 사회의 주체로서 자신을 생산하게 될 것이다.

낡은 국가기구를 파괴한다는 것은 국가 장치의 완전한 파괴 및 대체를 의미하기보다 인민의 권리를 권력으로 전화시키기 위한 국가권력을 새롭게 창조한다는 의미로 보아야 한다. 새로운 관료와 관료기구, 새로운 군인과 군대 구조, 새로운 통치 인력과 통치 구조 등이 인민의 권리를 실현하도록 재구성되는 것이다. 이것이 낡은 국가기구를 파괴하고, 나아가 국가를 소멸시켜나가는 디딤돌인 것이다. 이는 국가권력의 모든 힘이 인민의 권리를 실질적으로 실현하기 위해 인민과 함께 작동되어야 한다는 의미이다.

2) 독점적 소유관계의 지양

권력과 권리를 분리하거나 혹은 권리를 대상화하는 순간, 권력은 특정한 사람이나 일부 세력에게 독점될 수 있다. 권력의 속성상 소유하거나 양도할 수 있는 성질의 것이 아니지만, 권력을 권력자들이나 지배 세력의 자의적 의지에 예속시키는 순간, 권력은 타인의 의지에 반해 해를 입힐 수 있는 가장 직접적 형식인 폭력으로 둔갑하고, 인민 스스로 자신을 보호할 수 있는 자연적 권리조차 인정하지 않으려 한다. 국가공동체든 사회공동체든, 이는 권력자가 인민의 권리와 일반 의지에 조응하는 공동체 리더십을 발휘하는 것이 아니라 권력을 악용하고 소유하려는 권위주의 리더십인 것이다. 인민들이 반민주적인 권위주의 체제를 비판하거나 저항의 방식으로 무너뜨리는 주요 이유도 권력에 대한 독점적 소유관계를 변화시키려는 욕망을 분출했던 것이다. 이는 권력의 독점적 소유관계를 인민과 공유하는 소유관계로, 혹은 인민이 권력자나 권력을 제한할 힘을 보유하는 소유관계로 변화시키는 과정이었다.

그런데 아프리카나 라틴아메리카 대륙의 원주민 공동체들은 구성원 간에 권력을 공유하는 민주적 감각과 평등성을 선호했다. 이를 가능하게 한 것은 무력(無力)에 가까운 권력이나 권한을 내세우지 않는 탈권위주의적 공동체 리더십(commune leadership)이었다.[3] 남아공의 전 대통령인 넬슨 만

---

[3] 원시적 사례이지만, 원시공동체 사회의 최고 권력자가 지니고 있었던 탈권위주의적 리더십을 설명하면 다음과 같다. "① 추장은 평화의 중재자이다. ② 추장은 자기의 재화에 대해 집착해서는 안 된다. ③ 추장은 구성원들과 소통을 잘하기 위해 말을 잘해야만 한다." 피에르 클라스트르(Pierre Clastres), 『국가에 대항하는 사회』, 홍성흡 옮김(이학사, 2005), 39~40쪽. 또한 원시사회의 경우를 빌어, 사회가 분리된 권력기관을 갖지 않았고 권력이 사회로부터 분리되지 않았다는 점을 밝히면서, 권력과 권리의 융합이라는 원시적 전형을 강조했다. 피에르 클라스트르(Pierre Clastres), 『폭력의 고고학』, 변

델라(Nelson Mandela)의 공동체 리더십은 권위를 어떻게 확보할 수 있는가를 잘 보여준다. 만델라 리더십의 특성은 "하의상달, 상의하달, 토론 의무화, 만장일치 가결"(Holdt, 2003: 3~10)이었다. 대통령직에 재임하는 동안 이러한 리더십을 발휘했다. 대의제 민주주의하에서 거의 나타나기 힘든 리더십이지만, 만델라는 국가권력 내부에서뿐 아니라 인민들의 생활공동체와도 '의사소통'을 일상화했다. 우고 차베스(Hugo Chavez)의 리더십도 역시 소통과 참여를 주요 특성으로 한다. 베네수엘라의 국제 컨퍼런스에 참가했던 국내의 노동운동가와 학자는 차베스를 다음과 같이 소개한다. "차베스는 일주일에 한 번씩 하는 라디오방송 토론회를 이용해서 국민과 소통했고, 각종 국내외 회의장에서도 격식을 차리지 않고 토론을 즐겼다. 소통과 토론은 그에게 생명줄이나 마찬가지였다. 투명하게 드러내고, 격렬하게 토론하는 차베스를 인민들이 환호하지 않을 수 없었다(정진상·김승호 외, 2010.10)." 사회 구성원 모두가 공동체 리더십의 주체이자 대상이었다.

남아공과 베네수엘라의 민주주의 세력들은 종족적 전통으로 이어지고 있는 공동체 리더십을 발휘하면서 사적 소유를 넘어서는 각종의 공동체적 소유제도도 만들었다. 권력은 생산수단과 재산에 대한 사적 소유를 기반으로 했기 때문에 남아공과 베네수엘라에서는 권력만이 아니라 재산에 대한 독점적 소유관계까지 지양하기 위한 사회적 토대를 구축한 것이다.

남아공의 공동체적 소유제도는 권력의 독점적 소유관계를 지양하는 토대로 작용했다. 남아공산당과 ANC(아프리카 민족 회의)는 노동자 소유모델을 법제화하기 위한 투쟁을 전개해, 노동자 소유에 기초하는 각종의 협동조합적 은행을 만들었고, 또한 토지의 협동조합적 소유를 활성화시켰다

지현·이종영 옮김(울력, 2002), 144~145쪽.

(Vishwas Satgar, 2001: 72~73). 베네수엘라도 마찬가지였다. 2007년에 개정 된 헌법은 다양한 소유 체계를 보장했다. "권력체의 공공적 소유, 지역사 회가 지배하고 관리하는 사회적 소유, 협동조합과 같은 방식의 집단적 소 유, 소유의 주체가 혼합되어 있는 혼합적 소유, 그리고 개인의 소유를 보 장하는 사적 소유 체계였다(강남훈, 2009: 56~57)." 이러한 소유제도의 의 미를 인민의 권리라는 측면에서 보면, 인민이 생산수단의 '소유 권력'을 사회적으로 공유할 수 있다는 것이다. 베네수엘라 헌법 제307조에서 대토 지 소유제가 사회적 이익에 반하는 것으로 규정한 이유도 권력의 독점화 를 방지하는 것에 있었다.

그런데 권력의 독점은 곧 권한의 집중을 의미한다. 권한으로 표상되는 대표적인 권력은 인사 권한과 예산 권한이다. 그런데 남아공은 그러한 권 한을 국가와 시민사회가 공유하고 있다. 남아공 시민사회는 또한 국가의 예산을 수립하는 권한을 보유한다. 그것은 인민예산제도이다. 남아공 국 가 예산은 시민사회 단체에서 만든 예산안과 행정부의 예산안을 국회가 동시에 심의하여 결정된다. 남아공 시민사회 단체의 인민예산제도는 국가 예산의 전략적 목적을 다음과 같이 설정하고 있다. "국가 예산은 기초 생 활에 대한 양질의 공공서비스 고양, 경제성장과 함께 양질의 직업 창출, 재산 및 기술에 대한 인민들의 접근 가능성 강화, 민주적이고 참여적인 통 치 구조의 강화, 환경보전 및 발전보장 정책의 강화" 등을 추구해야 한다 (COSATU, 2002: 7). 이런 전략적 목적에 조응하는 국가 예산안을 시민사회 단체가 수립할 수 있다는 것 자체부터 권력을 정치사회가 독점하는 것이 아니라 시민사회 단체가 공유하는 것이다. 또한 남아공에는 공공적 관리 를 임명하거나 공공 권력의 후보자를 선정하는 복합적 인사검증체제가 구 축되어 있다. 남아공의 국회의원 후보는 시민사회에서 이루어지는 최소 여섯 번의 복합적이고 다면적인 인사검증체제[4]를 거쳐야 한다. 이는 인사

권과 관련된 권력을 시민사회가 분산적으로 공유하는 대표적 사례이다. 베네수엘라에서도 권력의 독점적 소유를 지양하기 위한 구성 요소들을 씨줄과 날줄로 엮어 나가고 있다. "작업장 내에서의 민주적 결정(자본주의적 지시와 감독 대신에), 활동의 목적에 대한 공동체의 민주적 지시(자본가들의 지시 대신에), 필요를 충족시킬 목적의 생산(교환의 목적 외에), 생산수단의 공동 소유(개인적 또는 집단적 소유 대신에), 민주적·참여적·주체적 형태의 정치(사회 위에 군림하는 국가 대신에), 그리고 인간 잠재력의 발전에 대한 집중(물건의 생산 대신에) 등 이 모든 것이 새로운 유기적 체제, 즉 진정으로 인간적인 사회의 팔다리인 것이다(원영수, 2006: 130)." 베네수엘라에서는 인민들이 자신의 권리를 권력화한 체제의 주체로 나서서 '정치적인 것'의 일상화를 추구한다. 그렇지 않으면 생산 활동의 목적을 자신의 목적과 일치시켜나갈 수 없기 때문이다.

3) 동원적 대상관계의 지양

정치의 주체화는 기본적으로 권리 주체들의 정치적 참여가 일상화되는 것을 말한다. 권리의 주체들은 각종 '정치적인 것'의 의사결정 과정에 평등하게 참여할 때에만 권리의 구체적 내용들을 획득할 수 있기 때문이다. 종종 과정에 참여하지 않은 상태에서 결정의 권리를 행사하여 동의하는 관계만으로도 주체성의 일환으로 여겨지기도 하지만, 인민들 스스로 자기

---

4) 남아공 지배적 정당인 ANC는 여섯 번의 검증 절차를 거쳐서 국회의원 후보를 결정한다. 그 절차는 지역구 당원 검증 단계-지역구 유권자 검증 단계-도 단위 당원 검증 단계-도 단위 검증기구 단계-전국 검증기구 단계-당원 총회 단계 등이다. Dianne R. Berman and Mark Andrew Abdollahian, "Negotiating the Peaceful Expention of the South Africa Electorate," *Journal of Conflict Resolution*, Vol.43, No.2(1999.4), p.178.

가 결정할 내용을 자발적으로 습득하지 않는 한, 그러한 결정은 불안정할 수밖에 없다. 그래서 권리의 주체들이 정치적으로 대상화되거나 동원되는 것을 '권리의 소외'로 여기면서 '소통의 시공간이나 참여의 공론장을 권리와 권력의 융합을 이루어낼 수 있는 대안'으로 여기기도 한다. 대의제 민주주의나 의회민주주의의 기본 원리도 '인민의 결정'이라는 것을 전제로 한다는 점에 비추어 본다면, 인민들의 자발적 참여는 '과정으로서의 권리와 결과로서의 권리'를 권력에 투영시킬 때 그 의미를 부여받을 수 있을 것이다. 그 출발선은 인민의 정치적 자율성을 최대한 보장하고, 인민의 정치적 잠재력을 최대로 끌어올려 '함께 논의하고 함께 결정하는 민주적 메커니즘'을 구축하는 것이었다.

남아공에서 인민들의 정치적인 '권리의 소외'를 지양하는 대표적인 것은 거리자치위원회(street committee)와 구역자치위원회(area committee) 등과 같은 권력 기구들이었다. 흑인들은 집단거주 지역의 문제를 노동 현장과 유기적으로 연계시키는 인민위원회(people's committee)도 구성하여 운영했다. 이 기구들은 1985년 이후 아프리카민족회의(ANC)와 남아공공산당(SACP)이 "무장공격을 확대, 학생동맹 투쟁, 대중봉기 투쟁을 지속적으로 강화하고, 흑인 집단거주 지역의 공동체 내부에서 인민의 권리와 지역의 권력을 융합시키기 위해 만들어졌다"(Charney, 1999: 147). 이러한 위원회는 흑인들의 자율적인 선거로 선출된 대표로 구성되었고, 일상생활과 관련된 거주 지역의 생활자치뿐 아니라 백인 지배 세력에게 저항하기 위한 풀뿌리 진지였다. 그래서 흑인들은 이러한 위원회를 중심으로 정치적인 것을 함께 논의하고 함께 결정하는 일상의 정치를 실현하는 주체로 존재했다. 1990년 아파르트헤이트 체제가 무너지고 난 이후 현재까지, 이러한 기구들은 남아공 풀뿌리 자치민주주의의 공적 기구로 전화되었다. 이러한 자치기구들이 흑인 공동체의 생활을 유지하는 권력체로 존재했고, 또한 흑인들에게 자신의 권리를 일상적으로 행사할 수 있도록 했다.

그런데 남아공 흑인들은 집단거주 지역뿐만 아니라 노동 현장에서도 권리와 권력을 융합시키려는 제도의 주체로 존재한다. 그것은 '노동 현장 포럼'이라는 제도이다. 이 제도는 1995년에 개정된 '노동관계법' 제5장 제78~94조가 보장하고 있다. 흑인 노동자들은 노동 현장에서 노동 현장 포럼을 결성하고, 그것을 중심으로 노동 현장의 제반 문제들을 노동자와 경영자가 서로 협의하여 해결할 수 있는 권리의 주체들이다. 노동 현장 포럼은 노동자들의 선거로 선출된 대표자들을 중심으로 구성되는데, 주로 노동조합의 간부, 사업장 이외의 정치적 활동가들이다. 노동관계법이 1000명 이상의 사업장에서 노동 현장 포럼의 전임자를 보장해야만 한다고 규정하고 있고, 노동조합을 중심으로 하는 단체교섭과 명백하게 분리된 상태에서 기업의 정보공개, 공동의 협약, 공동의 의사결정 등도 보장하는 만큼, 노동 현장 포럼은 노동 현장의 문제와 관련된 단위사업장 내부의 '노동자 권력기관'이라 할 수 있다. 노동 현장에 대한 노동자 통제 구조의 형성, 노동 현장의 문제에 대한 정책결정 과정에서 노동자들의 참가, 권한을 실질적으로 집행하는 역량의 강화, 독점적 소유 구조를 국민적·사회적 소유 구조로의 전화, 주요 산업의 국영화 추진, 공공 부문에서의 고용 창출 등의 성과를 축적하고 있다. 1970년대 후반, 흑인 노동자들은 "흑인 공동체 내에서 민주주의의 실천, 즉 현장위원들을 정기적인 선거로 선출, 투쟁결의 투표, 정기회의의 지속 등 직접 민주주의에 준하는 총회민주주의를 실천했는데, 이러한 역사적 경험이 노동 현장 포럼의 실질적인 토대로 작용했다"(Imraan Patel, 2000, 161~163).

총회민주주의는 기본적으로 권리를 위임받았던 대표자들에게 권리의 주체들이 자신의 의사를 다시 행사하거나, 특정한 제도나 기구의 의사를 최종적으로 결정하는 장이어서, 주체들의 정치적 소외를 원천적으로 배제하려 한다. 베네수엘라는 노동자들 스스로 총회민주주의를 실질적으로 실현할 수 있는 제도적 장치를 제공하고 있다. 그것은 "노동자 관리제도, 노동자 자주관리제도, 노사공동경영제도"(이수현, 2006: 51~52)이다. "2004년부터 인베발(국영 제지회사), 까다페(국영 전력회사), 까델라(까다페의 자회사), 알까사(알루미늄 제련기업) 등의 기업에서 노동자 공동소유 및 노동자 자주관리제도가 실험"(조돈문, 2012: 333~365; 허석열, 2014: 171~196)되었고, 노동자들은 공장 평의회와 노동자 총회를 중심으로 기업의 의사결정 주체가 되었다. 노동자의 대표들이 이사회의 이사로 참여하게 된 것이다. "이러한 사례들은 정부와 노동자의 협치나 노동자의 자치를 기반으로 생산 공정의 전체 과정에 대한 공동 관리가 가능하다는 것을 보여준다"(허석열, 2014: 179~180). 베네수엘라의 노사공동경영은 주로 국공영기업에서 추진되었다. "이 제도의 전략적 가치는 노동자들이 공장을 통제하는 것이다"(베네수엘라혁명 연구모임, 2006: 250~252). 국공영기업의 노사공동경영은 생산과 기술에 대한 문제를 결정하는 권한만이 아니라 관리자를 선출하는 권한도 역시 노동자들에게 부여했다. 생산 활동을 조직하는 데 베네수엘라의 노동자 관리제도나 노동자 자주관리제도가 드러내는 긍정적 효과는 노동 과정에서 노동자들을 소외시키기 않기 때문에 노동 과정에서 협력과 자율성이 최고 수준에 도달하게 될 것이고, 또한 구상과 실행의 통일성이 강화되어 노동에 대한 자존감도 높아질 수 있다는 점이었다.

그리고 2016년 현재, 노동자들이 기업을 공동으로 소유한 상태에서 민주적이며 자주적인 방식으로 운영하고 잉여소득을 평등하게 분배하는 노동자 협동조합도 활성화되고 있다. 노동자 협동조합은 2004년 이후 현재까지 인민의 자립화를 위한 사회경제 프로그램 정책의 일환으로 활성화되었다. 인민들이 공동체 형식의 경제주체로 나서면, 정부는 운영자금을 무이자로 대출해주거나 자금을 지원했고, 국(공)영 기업들은 사회적 경제주체들에게 건물이나 장비들을 지원했다. 인민들은 그러한 물적 자원을 바탕으로 자립과 자치의 기반을 구축했다. "2014년 베네수엘라에서는 인상적인 자립 프로젝트가 추진되었다. 빈민가 주민들은 전국에서 자치적인 주택지구 수백 개를 만들어냈다. 새로운 주택지는 부분적으로 카라카스에서 가장 좋은 주거 지역에 위치해 있었다. 또 노동자 협동조합과 지역운동의 주체들은 버려진 지역에서 주민 1000여 명을 위한 새로운 주거지를 만들어냈다. 주목할 만한 점은 주민들이 이 프로젝트를 스스로 계획하고 실행했다는 것이다. 국가의 역할은 물질적인 자금을 지원하는 것에 한정되었다. 사람들은 이 같은 방식으로 일반적인 국영 주택사업보다 더 저렴한 가격으로 일을 해냈다. 그러나 무엇보다도 베네수엘라에서 매우 중요하게 논의되고 있는, '인민권력'이라는, 실제적인 공동체 구조가 형성되었다"(Raul Zelik, 2015.02.14.). 이처럼 베네수엘라가 추구하는 사회적 경제는 인민들이 공동경영이나 자주관리 또는 협동조합의 주체로 나서게 하고, 그들 스스로 자신의 권리와 권력을 융합시키면서 살아가게 하는 것이었다.

4. 나가며

사회체제와 민주주의는 같으면서도 다르고, 다르면서도 같을 수 있다. 자본주의 체제 내에 민주적 요소와 반민주적 요소가 함께 구성되어 있듯이, 사회주의 체제에서도 마찬가지 현상이 존재했었다. 흔히 이상사회라고 하는 공산주의 사회체제에서도 그러한 두 가지 요소들이 서로 경쟁·대립하거나 통일되는 역사적 과정을 밟게 될 것이다. 사회구성원들이 국가나 국가권력을 소멸시켜나가는 과정이기도 하다.

　필자는 그러한 과정의 메커니즘을 세 가지로 설정한 것이다. 그것은 '지배적 통치관계의 지양, 독점적 소유관계의 지양, 대상적 동원관계의 지양'이라는 제도적 메커니즘으로 주체들의 권리와 권력을 융합시키는 것이다. 이러한 국가권력의 민주적 메커니즘들은 권력에 대한 권리의 '통제, 관리, 참여, 공유, 소통' 등을 실현하는 수단들이었다. 인민들 스스로 국가권력을 소멸시켜나가는 주체가 되는 것이었고, 인민들이 사회의 각 영역에서 정치적인 주체로 활동하는 것을 의미했다.

　이처럼 남아공과 베네수엘라의 사례에서 보여주듯이, 권력과 권리를 융합시키는 제도들은 기본적으로 주체들을 권리와 권력의 실체로 주체화하고 있었다. 권리의 주체들이 권력을 지배함과 동시에 지배받는 관계에서, 헌법에서 내세우는 '자유, 평화, 연대, 공생, 사회정의, 평등 등의 가치'를 일상적인 삶의 정치로 전화시킬 수 있었다. 하지만 남아공과 베네수엘라의 사례들도 수많은 제도 중 하나에 불과하다. 자본주의 사회체제의 지배 세력이 자신의 기득권을 보장하기 위해 만든 제도적 헤게모니를 고수하고 있고, '권력과 권리를 융합시킨 제도'들이 사회적 기반으로 강화되는 것을 쉽게 허용하지 않았다. '권력과 권리가 융합되는 것'은 자본주의 사회체제의 지배 세력들을 위협할 수 있었기 때문이다. 따라서 권력과 권리를 융합시켜 점차 국가와 권력을 소멸시키기 위해서는 자본주의 체제가 아닌 대안적 사회체제가 필요하다.

　'권력과 권리의 융합'은 권력 중심의 국가를 권리 중심의 개인으로 전화시키는 과정이자, 국가 중심의 정치가 일상생활을 중심으로 하는 정치로 전이되는 과정의 산물이다. 이는 곧 국가와 권력을 소멸시켜나가는 대신 개인의 자연적 권리를 중심으로 하는 연합사회의 기틀이기도 하다.

참고문헌

강남훈. 2009. 「21세기 라틴아메리카 변혁과 미래 사회를 위한 비전」. ≪미래와 희망≫, 통권1호.(겨울호).

김세균. 1989. 「마르크스의 국가관」. 한국철학학회. ≪철학≫, 제31집.

김영수. 2013. 「남아공 민주주의 이행과 흑인 노동자의 계급적 분화: 생활조건의 변화를 중심으로」. 한국외국어대학교 국제지역연구센터. ≪국제지역연구≫, 제17권 제2호.

_____. 2014. 「민주주의 이행기 국가권력의 민주적 사회화 모델 모색」. 전남대학교 5·18 연구소. ≪민주주의와 인권≫, 제14권 제3호.

남아프리카공화국. 1994. '헌법'. 남아공정부.

레닌, 블라디미르(V. I. Lenin). 1995. 『국가와 혁명』. 김영철 옮김. 돌베개.

리브만, 마르셀(Marcel Liebman). 1985. 『레닌주의 연구』. 안택원 옮김. 미래사.

맑스(Marx). 2008. 「공산주의당 선언」. 최인호 외 옮김. 『칼 맑스, 프리드리히 엥겔스: 저작선집』, 제1권. 박종철출판사.

베네수엘라. 2009. '헌법' 제89조 1항. 베네수엘라정부(세계법제정보센터).

베네수엘라혁명 연구모임. 2006. 『차베스, 미국과 맞짱뜨다』. 시대의 창.

서상현. 2006. 「남아공 민주화에 대한 이론적 접근과 민주화 이행의 환경」. 한국아프리카학회. ≪한국아프리카학회지≫, 제23권.

서용순. 2014. 「바디우의 '코뮌주의 이념'에 대한 소고」. 경상대학교 사회과학연구원. ≪마르크스주의 연구≫, 제11권 제1호.

원영수. 2006. 『지금 건설하라, 21세기 사회주의』. 메이데이

이수현. 2006. 『차베스와 베네수엘라 그리고 21세기의 혁명』. 다함께.

이진경. 2014. 「실재의 정치학과 배제된 자들의 공산주의: 지젝의 공산주의 정치에 대하여」. 경상대학교 사회과학연구원. ≪마르크스주의 연구≫, 제11권 제1호.

정진상·김승호 외. 2010년 10월. 베네수엘라와 쿠바 방문결과 면담.

조돈문. 2011.12. 「베네수엘라 공동경영의 정치: 행위주체들의 전략과 상호영향의 동학을 중심으로」. 한국인문사회과학학회. 「현상과 인식」, 제35권 제4호.

_____. 2012.9. 「베네수엘라 공동경영의 실천: 인베팔(Invepal)과 인베발(Inveval) 실험의 비교 연구」. 비판사회학회. 「경제와 사회」, 제95권.

첼릭, 라울(Raul Zelik). 2015.2.14. "페트로 달러의 저주: 산유국 경제의 구조적 한계 속 좌파의 도전". ≪참세상≫.

클라스트르, 피에르(Pierre Clastres). 2002. 『폭력의 고고학』. 변지현·이종영 옮김. 울력.

_____. 2005. 『국가에 대항하는 사회』. 홍성흡 옮김. 이학사.

허석열. 2014.6, 「베네수엘라의 공동관리와 자주관리」. 충북대학교 사회과학연구소. ≪사

회과학연구≫, 제31권 제1호.

희망철학연구소. 2015. 『세상을 바꾼 철학자들』. 동녘.

Badiou, A. 2013. "General Introduction." 서울 공산주의 국제 컨퍼런스 발표문.

COSATU. 2002. "People's Budget System." COSATU.

Charney, Craig. 1999. "Civil Society. Political Violence. and Democratic Transition: Business and peace process in South Africa. 1990 to 1994." *Society for Comparative Study of Society and History*, Vol.99.

Berman, Dianne R. and Mark Andrew Abdollahian. 1999. "Negotiating the Peaceful Expention of the South Africa Electorate." *Journal of Conflict Resolution*, Vol.43, No.2(April).

Gott, Richard. 2005. *In the Shadow of the Liberator, Hugo Chavez and the Transformation of Venezuela*. translated by into, *Hugo Chavez: The Bolivarian Revolution* in Venezuela, Verso[코트, 리처드. 2006. 『민중의 호민관 차베스』. 황건 옮김. 당대].

Patel, Imraan. 2000. "Democratizing The Public Service-Co determination, workplace democratization and transformation." Glenn Adler(ed). *Engaging the State and Business*. Johannesburg: Witwatersland Univ. Press.

Holdt, Karl Von. 2003. *Transition From Below*. Pitermaritzburg: University of Natal Press.

Marcuse, P. 1999. "Transition in South Africa: To What?" *Monthly Review*, Vol.47. No.4.

Satgar, V. 2001. "Worker Owned Co-operatives. Development and Neo-liberal Economic Adjustment." *The African Communist*. First Quarter. SACP.

제 6 장

생태적인 자유의 왕국(eco-kingdom of freedom)에 이르는 길*

리처드 웨스트라 ┃ 일본 나고야 대학교 교수
[옮긴이] 이주용 ┃ 사회운동 활동가

진보적이고 재분배적이며 물질적·경제적으로 재생산 가능하고 생태적으로 지속 가능한 인류 번영의 사회를 이룩하기 위해서는 이 책에서 제시했던 전면적 사회 변화를 잠재적으로 지지할 대중적 지지 집단의 문제와 함께 무엇을 할 것인가의 문제가 필수적이다. 이를 위해 한 가지가 보강되어야 한다.

역사적 지향성의 거대 이론(master theory)인 역사유물론에 집착하는 마르크스주의자들은 마르크스의 작업 가운데 자본주의의 착취적·소외적 측면과 부의 비대칭적 분배를 폭로한 점에 주로 주의를 기울였다. 그 이유는 역사유물론에 따르면 노동자계급 혁명은 자본주의의 역사적 경향들을 활용해서 이루어지며, 알려진 대로라면 이 경향들은 사회주의의 토대를 제

---

1) 이 논문은 리처드 웨스트라의 *Exit from Globalization*(Routledge, 2015)의 제7장(결론)을 번역한 것이다.

공하기 때문이다. 그러나 대부분의 마르크스주의자들은 오직 마르크스주의 경제학만이 답하고 있는 더 근본적인 문제에 대해서는 거의 관심을 기울이지 않았다. 그리고 언뜻 보기에 이 문제는 그들의 혁명적 도약을 거스르는 것처럼 보인다. 즉, 온갖 병폐를 드러내면서 인간 사회 전체를 가치 증식의 추상적 목적을 위해 지배하는 경제체제가 어떻게 그 화식(貨殖)의 부산물로써 인간의 물질적 생활을 재생산할 수 있는 것인가? 달리 말하자면, 종종 좌파적 용법에서는 노동자들이 공정한 몫을 받는 것이나[예를 들면 "시장사회주의자"인 데이비드 슈바이카르트(David Schweickart)] 자신들의 사업장을 "관리"할 권한을 갖는 것[미국의 마르크스주의자 리처드 울프(Richard Wolff)의 최근의 글을 보라(Wolff, 2012: Chapter 6 and 7)]과 관련해서 이해하는 착취 문제, 부의 비대칭적 분배 혹은 "불평등"(최근 "뜨거운" 주제다) 문제, 그리고 노동에서의 "의미"나 "만족"의 결핍으로 여겨지는 소외 문제는 부르주아 국가와 사회정책들도 개선하려고 하는 병폐들이다. 특히 2차 세계대전 이후의 "황금기" 동안 그런 부르주아적 개량 정책들에 대한 좌파의 지지는 단편적인 수준을 넘어 그 계획들이 심화되는 과정에서 중요한 정치적 방침이었다. 그러나 자본주의에서 정책 그 자체는 결국 자본주의를 유지하거나 "더 잘" 작동하도록 하는 것이 지상 과제이고, 그 목적을 지지한다는 것은 근본적 사회 변화를 추구하는 입장에서 보면 매판적인 전략이다.

변증법적 경제 이론의 측면에서 보면, 마르크스에게 자본주의는 단지 착취적이고 소외적이며 부를 비대칭적으로 분배하는 사회가 아니라, 양적 가치 증식이라는 "인간 외부의" 목적을 위해 인간의 경제생활을 재생산하는 "뒤집히고" "이질적인" 사회다. 다른 각도에서 보면, 변증법적 경제 이론이 보여주는 것은 자본이 착취와 인간 소외, 부의 비대칭적 분배에 집착하면서도 역사적 사회로 존재하기 위해 이 모든 병폐를 조성하는 가치 증식의 부산물로서 경제생활의 일반적 규범들을 만족시켜야 한다는 것이다. 물론 자본의 자원분배 과정은 생산의 사회적 계급관계에 의해 제약된다. 또한 자본은 산업예비군을 흡수하고 재형성하는 경제주기 진동의 무정부적 격변을 통해 생산력의 혁신을 일으킨다[물론 자본이 "잘" 작동하고 있을 때의 이야기이며, 그렇지 않다면 종종 전쟁에 의해서야 중단되는 공황의 장기 국면에 빠져든다. 그리고 오직 이로써 자본은 회생할 수 있다. 자본의 논리로 길들일 수 있는 사용가치 세계(use value space)가 보장된다면 말이다]. 자본이 직접생산자들에게 임금의 형태를 통해 필요노동의 산물을 최소한으로 주는 것도 사실이다("황금기"에는 선진 부르주아 민주주의 국가들에서 "중산층" 생활양식이 생겨나기도 했지만, 그 밖의 시기에 노동자들이 받은 것이라고는 계급으로서 겨우 노동력을 재생산할 수 있을 정도, 즉 가장 기본적인 생활유지 수준일 뿐이었다). 그러나 어쨌든 자본은 대략 한 세기 반 동안 역사적 사회로서 존속하며 물질적 재생산을 보장해야 할 필요에 따라 이런 일들을 수행했다.

마르크스주의 경제학에 근거하여 필자가 이전의 작업에서 상세히 논했던 것, 그리고 이 책 *Exit from Globalization*(2015)의 1장에서 압축적으로 주장했던 것은 과거부터 현재까지 정통·비정통을 막론한 그 어떤 부르주아 경제학도, 그리고 역사적 지향성의 거대 이론인 역사유물론에 속박된 마르크스주의자들도 쉽사리 이해할 수 없다. 즉, "세계화" 혹은 최근 용어로 "금융화"라고 완곡하게 표현된 것은 신자유주의 이데올로기가 소리 높여 연호하는 것과는 달리 "시장"의 현현("순수한" 자본주의 등등)이 결코 아니다! 오히려, 필자가 *Political Economy and Globalization*(2009)에서 말한 것은 사실 자본의 발생지(마르크스는 이를 세계의 "틈새"라고 불렀다)로의 후퇴였다. 이전 장에서의 논의를 돌이켜보면, 고대세계의 "틈새"에서 자본이 태고적 형태로 존재했다는 마르크스의 개념은 화폐, 임금, 이윤, 심지어 일종의 "시장" 같은 자본의 **형태들**이 과거 역사적 사회들의 물질적 재생산

양식 외부에서 인류 역사의 흐름 속에 다양하게 존재했다는 사실에 근거한다. 그들의 자본주의적 본질은 인간 노동력의 상품화에 입각한 독특한 공생에서 비롯하는데, 자본은 그러한 형태들을 엮어 인간과 자연 사이의 물질대사 교환을 포섭함으로써 인간 사회를 추상적인 가치 증식의 부산물로 만든다.

다시 한 번 말하지만, 인간의 경제생활에 대한 자본의 장악력이 약화되었다는 것은 여러 요인에 근거한다. "정신노동"을 바탕으로 점증하는 지식집약경제에서는 간접비용이 계속 늘어나게 되는데 이는 가격 메커니즘을 전복시킨다. 자본주의 시장은 상품화된 노동력과 투입 원료의 직접비용에 맞추어져 있음을 기억하자. 자본주의 시장에서 계산된 직접비용은 자본주의적으로 "합리적" 혹은 "객관적인" 가격 책정을 뒷받침하고, 결과적으로 이에 따라 자원이 배분되며, 역사적 사회로서 자본주의의 물질적·경제적 재생산이 보장된다. 현대 경제의 가격 책정에서 간접비용의 무게로 인한 주관적인 경향이 커지면서, 자본의 시장 원리는 그저 왜곡된 배분결과를 낳을 뿐이다. 또한 만약 역사적 사회가 임의적인 방법 외에 자원을 배분할 수 없다면, 그 종말이 가까이 온 것이다.

나아가, 선진 경제권에서 기간산업 생산의 외재화(disinternalizing)와 생산 중심 활동이 분절·탈구되어 초기 자본주의적인 저임금 지역으로 분산된 것은 자본주의의 특유한 활동인 "실물"경제에서의 이윤 생산과 재투자가 미국 같은 주요 경제국에서는 더 이상 핵심이 아니라는 점을 의미한다. 서비스업은 자본주의 특유의 경제활동이 전혀 아니라는 사실을 고려하면, "서비스 부문"이 전체 고용의 80%에 이르는 미국의 경우처럼 소위 선진 경제권은 자본주의라고 보기 힘들다. 그리고 상품화된 노동력의 대가로 필요노동의 산물을 받아가는 것과 달리, 서비스 노동에 대해서는 노동자들이 받는 보수가 생계를 재생산하기에 충분한지 여부를 자본주의 시장의

"합리적" 혹은 "객관적" 방식으로 측정할 방법이 없다. 물론, 서비스 부문은 양분되어 있으며 그 가운데 특권적 상층을 이루는 "1%"는 주관적인 보수 측정으로 인해 생계를 걱정할 일이 없다. 그러나 최근의 저항 운동에서 드러난 것처럼, 나머지 "99%"는 분명히 생계를 위협받는다. 자본주의적 생산 중심 경제에서 서비스 노동에 대한 임금 지불은 상대적인 기준으로 이루어지는 것이 사실이다. 미국의 생산 중심 활동이 분절·탈구되어 중국 등지로 분산되면서, "불평등"은 심지어 부르주아 "내부의" 논의로서 등장하게 되었다. 금융은 "황금기"의 종말에 이르기까지 자본주의 내내 생산 중심 활동에 의해 제약되어 있었지만, 그 고삐가 풀리면서 마침내 유휴화폐에 의한 약탈이 "베니스의 상인" 식으로 부를 뜯어내면서 인류를 괴롭히게 되었다. 화폐를 낳는 화폐 혹은 M-M은 과거에 상인자본과 태고적 "대부자본" 혹은 고리대자본의 활동에서 존재했다. 유휴화폐에 의한 현재의 카지노 게임 체제는 후자의 현대적 환생이다.

하지만 현재의 "대리" 경제의 이상 생성물을 자본주의적이라고 보기 힘들다는 것은 그 자체가 요점이 아니다. 그보다는, 앞선 논의를 종합해볼 때 만약 경제생활의 일반적 규범들이 자본의 시장 원리에 의해 대체로 충족되지 않는다면 인간 사회의 장기적 존속을 위해 뭔가 다른 원리(들)가 운용되어야 한다는 것을 강조하는 게 요점이다. 1장에서 논의했듯이, 20세기 초부터 자본의 시장 원리를 위한 상부구조의 지원 범위가 꾸준히 확대되면서 분명 자본 축적은 점차 그 "순수한" 이미지로부터 멀어졌다. 이러한 방식으로, 비록 경제적 재생산의 주된 원리는 여전히 자본의 시장 원리였지만(그렇지 않다면 우리는 이 사회를 자본주의라고 부를 수 없었을 것이다), "황금기" 동안 축적을 지원하는 프로메테우스(Prometheus)적 기능을 수행하기 위해 국가의 계획 원리가 채택되었다.

신자유주의 시대의 망상과 그 이데올로기는 상당히 많은 좌파와 (당연하게도) 우파들에게 그대로 받아들여졌는데, 그것은 신자유주의에서 "시장", 즉 자본주의가 재장전되었다는 것이다. 이런 입장은 전후 복지국가의 장치들과 공공재 공급에 대한 신자유주의적 공격을 기반으로 했다. 그러나 이는 전혀 사실이 아니다. 신자유주의는 표면상으로 "황금기"의 사슬로부터 자본을 "해방"시킨다면서 (국내적으로나 국제적으로나) 수많은 규칙과 법적 변화를 강제하기 위해 "큰 정부"에 의한 상부구조의 지원에 절대적으로 의존한다. 그러나 그 은밀한 법적 변화들은 단지 생산 중심 활동에서 투자를 위한 실물자본으로 전환될 가능성이 전혀 없던 부풀어 오른 유휴화폐를 "해방"시켰을 뿐이고, 이는 인류의 "살덩이"를 발라내는 약탈적 파괴를 시작하기 위함이었다. 1장에서 인용된 리처드 던컨(Richard Duncan)의 말처럼, 그다음 단계로서 "큰 정부"는 "거대 은행"과 함께 마구잡이로 신용을 창조했고 "통화주의" 정책을 통해 화폐가치를 조작했다. 이 마구잡이식 신용 창조는 미국과 다른 주요 경제국의 전체 신용대출시장 부채를 천문학적인 수준으로 키워놓았다. 이 엄청난 신용 팽창은 신자유주의적 "성장"으로 부풀어 오른 자산 거품을 인수했고, 증권화가 진행되는 한편 차입금으로 벌이는 카지노 게임이 진행되었다. 높아지는 버블은 사람들 사이에 소비의 축제를 불러일으켰다. 던컨(Duncan)은 이러한 이상 생성물을 "신용주의(creditism)"라고 부른다. 그러나 던컨이 의도한 것은 아니겠지만, "주의"라는 표현은 이 "대리 경제"에 무언가 일관성이 있는 듯한 느낌을 준다. 하지만 "베니스의 상인" 같은 "대리 경제"에 일관성은 없다. 매번 카지노 게임의 거품이 터질 때마다 혼란은 더 커질 뿐이고, 여기에 국가를 끌어들여 최대한의 공적 지원을 받는다. 신자유주의 수십 년간 GDP 비중에서 "큰 정부"의 지출이 점점 증가한 것이 그 증거다. 요컨대 여기에서 궁극적인 역설이자 사악함이 드러나는데, 바로 국가의 계획 원리가 자본주의 없는 자본가들인 초부유층의 이익을 위해, 물질적 재생산에 기여하는 것이 아니라 인류를 약탈하는 방식으로 사용되고 있다는 점이다.

그런데 6장에서 언급했듯이, 우리는 대부분 호혜의 양식에 근거한 새로운 대안 경제의 제도적 형태들이 확산되고 있는 것을 볼 수 있다. 여기에는 생산자·소비자조합, 지역 교환/고용 거래 체계(local exchange/employment and trading systems: 이하 LETS), 지역 통화, 지역 금융 등을 포함한 여러 형태가 있다. 이 형태들이 더 포괄적인 변혁적 전망에 이르거나 혹은 그것을 잠재적으로 자극할 수 있을지 여부는 곧 살펴볼 기회가 있을 것이다. 여기서는 이러한 호혜적 형태들이 신자유주의 수십 년간, 그리고 가장 최근에는 2008~2009년의 붕괴 이후 퍼져나갔던 것이 우연이 아니라는 점을 간단히 짚고자 한다. 예를 들어 스페인에서는 물물교환 중심의 이른바 "병렬(parallel)" 경제가 부상했다. 이 물물"교환"에는 반려견 산책 서비스부터 자동차, 심지어 부동산에 이르기까지 모든 것이 포함된다(Stonestreet, 2012)! 또 다른 사례로, 독일의 도시 오버하우젠(Oberhausen)은 금융위기로 파산한 이후 "석탄"을 통화로 도입하며 새로운 "슈바르츠방크(Schwarzbank)", 즉 검은 은행을 설립했다. 주민들은 공동체를 위한 사업에 참여해 그 대가로 석탄을 받고, 그 "석탄"으로 이 프로젝트에 참여하는 많은 기업의 상품을 구입할 수 있다(Broll, 2012). 하지만 국가계획의 역할이 카지노 게임의 "대리 경제"를 지탱하는 데 협소하게 초점이 맞춰지고 인간의 물질적 재생산에 대한 자본의 장악력이 약화된 데 대한 이런 특수한 공동체적 대응은 인간 사회의 물질적 생활을 재생산하는 데 있어 자본의 시장 원리를 완전히 대체하기에는 턱없이 부족하다. 스페인의 물물교환 경제나 오버하우젠의 "슈바르츠방크" 같은 프로젝트는 단지 지역적 생존을 위해 도입된 것이었다.

그러나 인류가 번영할 수 있는 사회주의적 미래의 제도적 구성에 대한 창조적인 사고뿐만 아니라 이를 위해 조직되고 있는 잠재적인 지지 집단들에 대한, 그리고 무엇을 할 것인가에 대한 전략적 사고까지 마비시키는 효과를 감안하더라도, 명심해야 할 것은 이것이다. 자본주의는 역사적으로 한계가 정해진 사회로서 물질적 재화들의 역사적으로 구성된 물질적 재화의 집합체를 생산하는 데 초점이 맞춰져 있다. 마르크스는 가치와 사용가치 사이에서 발생하는 자본의 근본적 모순의 측면에서 자본주의의 역사적 한계를 포착한다. 가치는 추상적이고 양적이며 역사적으로 제한된 자본의 원리다. 사용가치는 인간 생존의 보편적인 토대다. "모순"에 대한 온갖 종류의 터무니없는 주장이 좌파들 사이에 퍼져 있지만, 인간의 물질적 생활을 관리하는 역사적 과정으로서의 자본주의의 소진이라는 의미에서 궁극적인 모순은 자본에 맞서는 사용가치 세계에 의해 제기된다. 자본주의는 생산에 투입되는 사용가치 복합체의 표준화된 제조에 근거해서 성립하는데, 이는 노동력의 상품화와 더불어 경제에 있어 양적 계산을 위해 질적 고려를 억제하면서 이루어진다. 자본주의의 마지막 단계인 소비주의(consumerism) 단계 혹은 2차 대전 이후 "황금기"는 (비록 상부구조의 엄청난 지원도 있었지만) 자본에 의해 관리되는 사용가치 세계로서 자동차 부문으로 대표되는 내구소비재 대량생산이 특징이었다. 하지만 내구소비재의 생산 중심 경제가 탈구되고 궁극적으로 카지노 게임의 "대리 경제"에 자리를 내주면서, 자본은 스스로 역사적 역할을 다했음을 명확하게 드러냈다. 내구소비재 생산의 하부구조가 파괴되었기 때문에 신자유주의는 "황금기"의 공공재 공급과 복지국가의 장치들 역시 파괴할 수 있었다. 미국에서 내구소비재 생산 체계의 잔여는 물론 계속 작동하고 있지만, 그 어떤 사용가치 복합체도 자본 축적의 새로운 시기를 지속시키기 위해 존재하지 않는다. 독일과 일본 같은 주요 경제국은 내구소비재의 생산 중심 경제를 조금이라도 더 유지하기 위해 절망적으로 싸웠다. 그와 함께 상부구조의 지원 요소들도 유지하고 있다. 그러나 해를 거듭할수록 이들도 생산 중심 경제와 상부구조의 지원 모두를 점점 포기하고 있다.

간단히 말하자면, 자본주의와 사회주의 간의 영웅적인 최후의 결전은 결코 없을 것이다. 자본주의는 그 어떤 실제적인 의미에서도 사라졌기 때문이다. 자본주의는 사용가치 세계에 의해 역사적으로 뒤처지며 시장 원리에 따른 관리는 이제 불가능해졌고, 새로운 사용가치의 가능성들이 등장하며 미래의 지평선에서 인류를 향해 손짓하고 있다. 물론 자본의 중요한 잔여물은 여전히 남아 있으며 특히 상부구조 영역에서 그러하다. 추상적이고 양적인 가치 증식이 사회의 목적이라는 이데올로기적 집착과, 부패하고 고갈된 경제와 자원의 하부구조에서 어떤 사회적·환경적 희생을 치르더라도 양적인 "성장"(그 "성장"이 자본의 시대가 불러왔던 발전, 산업화, 실물적 부의 창조와는 분리되었음에도 불구하고)을 짜내겠다는 정책들은 계속되고 있다. 자본주의가 영원하다는 믿음과 함께 지속되고 있는 자본의 상부구조는 이제 인류의 가장 큰 위험이다.

탈출구는 있다

에릭 올린 라이트(Eric Olin Wright)는 '리얼 유토피아 프로젝트(The Real Utopias Project)'[1]라고 명명한 작업을 통해 제시된 구상들을 엮은 저작에서 우리의 문제를 다룰 유용한 틀을 제공한다. 여담으로, "리얼 유토피아"에 대한 라이트의 작업은 대부분 아주 흥미로우며 "유토피아들"에 대한 개괄서가 아니라는 점을 밝혀두어야겠다. 사실, 라이트가 제시하는 각각의 "유토피아" 모델의 중심에는 그가 아무렇지도 않게 "경제"라고 부르는 것이

---

1) http://www.ssc.wise.edu/~wright/RealUtopias.htm.

자리하고 있는데, 문제는 여기에서 라이트 자신이 염두에 두고 있는 경제와 경제 원리의 유형, 혹은 앞서 우리의 비유에 따르면, 사회주의적 목적을 위해 사회의 물질적 하부구조를 운영할 소프트웨어의 구체적인 구성을 문제화할 필요성을 보이지 않는다는 점이다(Wright, 2010: 128~149). 이 때문에 그 부분에 있어서는 그다지 끌리지 않았다. 우리에게는 구체적이고 진보적이며 사용가치에 대한 필요가 충족되고 생태적으로 지속 가능한 인류 번영을 위해 상부구조의 관리하에서 인간의 경제생활을 생존 가능하게 재생산하는 경제적 하부구조 혹은 경제의 유형이 중요한 문제이기 때문이다.

그러나 책의 마지막 부분에서 라이트는 흥미롭게도 변혁의 경로 문제를 크게 세 가지의 잠재적 전략 유형으로 구분한다. 이 세 가지는 바로 바로 "단절(ruptural)", "틈새적 변형(interstitial metamorphosis)", "공생적 변형(symbiotic metamorphosis)"이다(Wright, 2010: 304). 이 가운데 세 번째 전략을 먼저 살펴보자. "공생적 변형" 개념은 20세기 초 그 유명한 "수정주의 논쟁"(Westra, 2009: 48)에서 처음 수면으로 떠오른 이래, 현존하는 경제적·부르주아 민주주의적 정치 구조 내에서 "상향식"으로 진보적 개혁을 추동한다는 오래된 문제와 관련된다(Westra, 2009: 337ff). 물론 라이트는 이를 자본주의 "유토피아"라는 측면에서 바라본다. "수정주의 논쟁"의 참여자들은, 심지어 "공생적 변형"의 입장을 고수한 에두아르트 베른슈타인(Eduard Bernstein)조차도, 최종 단계에 대해서는 더 원대한 생각을 갖고 있었다. 어쨌든, 내가 이 책에서 계속 강조했듯이, 우리가 알고 있는 자본주의라는 늙은 악마는 신자유주의의 이데올로기적 구호와는 반대로 더 이상 부활할 수 없다. 하지만 앞서 4장에서 생태적 대안에 대해 논의했던 것과 마찬가지로, 그 기획을 완전히 무시하기보다는 간단히 정리해보기 위해 자본주의냐 아니냐의 문제는 일단 미뤄두고 최근의 경제적 상황에 대한 접근으로서 "공생적 변형"에 초점을 맞춰보자. 그레그 알보(Greg Albo)는 이런 방식으로 무엇이 우리의 경제적 병폐들을 해결할 "믿을 만한" 방법으로 받아들여지는지 조사한다. 이들 방법은 "신자유주의 국가를 다시 예전의 케인스주의 복지국가로 되돌리려는 정책의 조합"을 중심으로 한다(Albo, 2012: 5). 1장에서 많은 마르크스주의 좌파가 사실 자본에 대한 숙명론적 이해에 틀어박힌 케인스주의자라고 말했다. 1장에서 밝혔듯이 이런 마르크스주의자들의 입장은 역사적 지향성의 거대 이론인 역사유물론에 의지한다. 그리고 이러한 입장은 소련의 붕괴가 지금까지 마르크스주의자들의 심리를 악몽처럼 짓누르면서 더 많은 지지를 받았다. 그들에게는 사회주의가 아니라면 자본주의가 있을 뿐이다.

알보는 노벨경제학상 수상자인 폴 크루그먼(Paul Krugman)이 지지한 주장, 즉 경기부양의 규모를 늘리고, 경제의 감제고지를 점한 "거대 은행"과 "거대 다국적기업"을 넘어 채무자가 되어 거리에 나앉은 보통 사람들에게 구제금융을 확대시켜야 한다는 논의들을 검토한다. 크루그먼의 제안은 모기지와 신용카드 부채를 통제하에 두는 것 등의 수요 주도형 성장의 재판(再版)이다. 알보는 이것이 부족하다는 것을 제대로 지적하는데, 이 제안은 최근의 붕괴와 길어지는 불황의 뿌리에 있는 금융 구조를 그대로 남겨두기 때문이다(우리는 이 지점으로 다시 돌아올 것이다). 알보는 그다음으로 사회민주주의 국가들이 위기에 어떻게 대응했는지 살펴본다. 그는 사회민주주의 국가들에서 금융 구조의 고질적이고 "매인 데 없는(footloose)" 요소들에 대처하기 위해 구체적인 정책 방안들을 발전시켰음을 보여주지만, 결국 사회민주주의 국가들은 자신들의 채무를 쥐고 있는 국제 금융자본의 요구에 따라 "경쟁적 긴축" 프로그램을 진행하게 되었다(Albo, 2012: 5~8, 14~18).

그러나 "신자유주의 국가를 케인스주의 복지국가로 되돌리려는" 오늘날 "공생적 변형"의 그 모든 전략은 더 깊은 구조적 문제를 안고 있다. 여기에서 마르크스주의 정치경제학의 분석 수준으로서 단계 이론은 아주 유용한 것으로 드러난다. 앞서 2장의 Box 2.4에서는 2차 세계대전 이후의 자본주의를 소비주의라는 단계로 이론화하는 것에 대해 논의한 바 있다. 또한 1장에서는 거시경제 차원에서 경기조정을 위한 "큰 정부"의 수요정책에 의해 사회적 임금이 추가 지급되면서 노동력의 부분적 탈상품화가 이루어진 것은 내구소비재 대량생산이라는 자본주의 경제의 하부구조에 필요한 상부구조의 조응이었다는 점을 설명했다(Westra, 2009: 78ff). 자동차 같은 "황금기" 핵심 산업에서의 과도한 고정자본 비용에 더해 이윤 창출을 위한 높은 생산율은 자본의 가치 절하, 약화된 수요, 그리고 조업 정지의 저주를 가져왔다. 따라서 상부구조의 핵심적 지원 임무는 경기순환의 공황 국면에서 임금 축소의 하한선을 설정하여 결과적으로 거대한 과점적 다국적기업 간의 잠재적인 파괴적 가격 경쟁을 미연에 방지하는 것이었다. 그러나 다국적기업들이 설비 가동률을 최대로 끌어올렸다가 산출량을 줄이고 과잉생산능력을 유지하는 것을 교대로 반복함으로써 핵심적인 내구소비재산업의 가격변동폭은 아주 작았다. 따라서 역설적이게도, "황금기" 동안 노동력의 부분적 탈상품화는 노동력이 여전히 상품으로 남아 있다는 것과 자본 축적은 계속된다는, 자본을 위한 보험이었다.

황금기의 종말과 함께 다국적기업의 생산 중심 활동이 외재화되면서 생산은 분절·탈구되어 가치사슬을 따라 초기 자본주의적인 제3세계의 저임금 지역으로 퍼져나갔다. 더 이상 아무것도 만들지 않는 "상표화된(branded)" 기간산업의 다국적기업을 운영하는 자본주의 없는 자본가들(capitalists without capitalism)에게는 상품화된 노동력을 유지할 아무 이유가 없어졌다. 구체적인 수치로 보면, 이미 1987년에 미국 자동차산업에서 계약 공급자들이 3대 자동차 다국적기업보다 더 많은 노동자를 고용하고 있었다. 1994년에는 "임시직" 인력센터인 맨파워(Manpower)가 제너럴 모터

스(General Motors)를 제치고 미국에서 단일 최대 고용주가 되었다. 2003년
에는 소매업체인 월마트(Wal-Mart)가 맨파워를 앞질러 미국 최대 고용주
가 된다(Westra, 2009: 139).

하지만 이것은 일부에 불과하다. 20세기 끝 무렵, "황금기"의 종말과 함
께 시작된 고정자본의 전반적인 축적 해소와 나란히 이루어진 정보컴퓨터
기술(information and computer technology: ICT)에 대한 투자의 범람은 소비주
의의 전형적인 사용가치생산 세계에서 남은 것들을 변형시켰다. 1장에서
말했듯이, 지식집약에 드는 비용이 확대되면서 다국적기업의 수입은 기술
임대료와 ICT 특허 보유자, 엔지니어, 소프트웨어나 장치 개발자 등의 집
단으로 흘러들어갔고, "황금기" 노동력을 고용했던 생산 중심 활동에 대
한 재투자는 극히 줄어들었다. 물건을 만드는 대부분의 작업은 "황금기"
선진 경제권에서처럼 상품화된 노동력에 의해 수행되는 것이 아니라, 중
국처럼 초기 자본주의적 조건하에서 생산적 노동자들이 필요노동에 상응
한 보수조차 받지 못하면서 이루어지고 있다(표 7-1 참조).

약탈적 카지노 게임의 "베니스의 상인" 동학이 발행-후-판매(originate-
to-distribute: OTD) 방식의 금융기법과 결합하면서 다국적 기업들은 중개
거래인이 되어 그들 자신의 부채를 사고팔며 소득 흐름에 왜곡된 영향을
미치고, 실물경제의 경기변동은 거품과 붕괴의 순환으로 대체된다. 이런
점에서 볼 때, 설령 길거리에 나앉은 사람의 부채가 크루그먼 식으로 상환
된다고 해도, 그와 동시에 금융·보험·부동산 부문(finance, insurance and real
estate sector: FIRE)에 대한 "대리 경제"의 구제가 이어지면서 부(富)가 지대
와 카지노 게임으로 흘러들어가는 경제의 악성 종양은 계속 커질 수밖에
없다(Itoh, 2012). 또한 사회적 임금과 복지국가를 통해 저임금·비숙련 직종
의 임금을 "황금기" 수준에 비례해 상승시키는 데 드는 순전한 비용 규모
만 해도 미국 예산에서 다른 모든 재정지출을 "밀어내게" 될 것이다. "황

〈표 7-1〉

초기 자본주의적 혹은 초기 산업적 생산이라는 개념은 역사적으로 자본주의의 여명을 특징지었던 "착취무역"(의류산업)과 특정한 외주계약 형태에 대한 분석에서 유래한다. **중상주의**(mercantilism) 단계에서 자본은 양모 생산에 특화된 **상인자본**(merchant capital)의 형태를 띠었고, 초기 산업생산 체계인 선대제가 주요한 특징이었다. 2장에서 다루었듯이, 마르크스는 자신의 원고에서 양모 생산의 선대제를 자본에 대한 노동과 생산과정의 형식적 종속으로서 "직접 생산과정의 결과물"이라고 불렀다. 마르크스가 형식적 종속을 자본에 대한 노동의 "실질적" 종속과 구분했던 이유는 전자가 자본주의와는 다른, 자본이 태고적 형태로 세계의 틈새에서 작동하던 과거의 생산양식에 머물러 있었기 때문이다. 마르크스가 자본주의와 비자본주의 사회에서 노동과정의 형식적 종속, 달리 말하자면 노동력의 상품화와 비상품화에 대해 판단을 내린 기준은 다음과 같다. 첫째, 마르크스는 노동에 대한 강제의 문제에 초점을 맞춘다. 자본주의 이전의 경제는 경제 외적 강제를 특징으로 하는 반면 자본주의에서는 잉여노동이 수행되는 전형적인 형태가 시장에서 노동자들이 "자유롭게" 노동력을 판매하는 것으로부터 유래한다. 따라서 노동에 대한 강제는 오로지 경제적이다. 둘째는 "시간"의 문제로서, 상인자본이나 심지어 "고리대금업자"의 대부자본의 순환으로 빨려 들어온 제조 활동이 직접생산자계급의 물질적 재생산을 담보하는 수단으로서 보조적인지 여부에 대한 문제. 셋째는 조업 규모의 문제다(마르크스는 도구나 원료가 생산자들에게 공급되는지의 여부는 여기서 별로 결정적인 요인이 아니라고 말한다).
필자의 이전 저작인 *Political Economy and Globalization*(2009, pp.179ff.)과 *The Evil Axis of Finance*(pp.161ff.)에서 말했던 것은, 전반적으로 제3세계의 경우 임금만으로는 노동력 재생산이 보장될 수 없기 때문에 생산의 농업적 사회관계와 다른 임시노동을 통한 가족 전체의 수입에서 보충되어야 한다는 점에서, 앞서 말한 마르크스의 두 번째 기준이 중요하다는 것이다. 제3세계는 다양한 종류의 농업적 관계가 인구의 60%가량의 생존 기반을 형성하며, 이 인구가 임시 노동자로서 도시로 유입되어 국제적 가치사슬을 위한 노동력을 구성한다. 중국의 경우, 주거인가 제도가 권위주의적이기 때문에 자유로운 이동과 "자유로운" 노동력 판매(자본주의적 노동력 상품화의 핵심)에 제약이 있다. 마르크스의 정의에 따라 노동력이 상품화되었는지 여부를 판단할 때 이 문제가 고려되어야 하는 것이다. 어쨌든, 왜 국제적 가치사슬은 세계의 이런 부분으로 파고들어왔을까? 이것은 자본이 분산되고 태고적 형태로 후퇴하는 과정에서 핵심적인 부분이다.

금기" 복지국가의 복원을 위한 "합리적인" 경제적 목적이 있는 것도 아니다. "황금기"의 경제적 하부구조는, 예를 들어 수입 증대나 달러의 가치 절하를 통해 마법처럼 다시 나타나지 않을 것이다. 소비주의 단계의 자본주의적 외피는 사용가치 세계의 변형과 기술 변화에 의해 뒤처졌다. 마르크스의 역사유물론적 표현에 따르면, 생산력은 더 이상 자본주의적 사회관계에 따라 관리될 수 없다. 더군다나 탄소 기반의 자동차 중심적 내구소비재 경제는 파괴적인 환경적 결과들을 야기했다.[2] 만약 "큰 정부"가 지금 현존하는 경제적 상황들에 의해 조성된 미래를 위해 어떤 "대규모" 투자 계획을 갖고 있다면, 그것은 저널리스트 나오미 클라인(Naomi Klein)의 디스토피아적 시나리오처럼, 현재의 문제들을 감옥·안보·군사 산업복합체를 통해 관리하면서 초부유층의 번영을 위한 "안전지대(green zone)"를 어렴풋이 보이기 시작한 경제와 기후변화의 혼란으로부터 보호하는 방식일 것이다(Klein, 2008).

그러나 현재의 세계적 추세에 재난의 징조가 흐르고 있음에도 불구하고, 심지어 마르크스주의 써클들 내에서조차 자본주의가 유일한 길이라는 믿음은 좌파적 사고를 "공생적 변형"으로 다시 끌고 가는 강력한 힘을 계속해서 행사하고 있다. 루크 쿠퍼(Luke Cooper)와 사이먼 하디(Simon Hardy)가 말했듯이, "어떤 의미에서는, 혁명적 좌파의 주장에도 불구하고, 체제의 점진적 변화에 대한 에두아르트 베른슈타인의 관점이 승리했다 — 비록 실제의 사회민주주의적 개혁주의는 쇠퇴하고 있는 것처럼 보이지만(Cooper and Hardy, 2012: 30~33)."

이제 에릭 올린 라이트의 "단절" 전략에 대한 개념으로 넘어가보자. 단절은 기본적으로 1장의 첫머리에서 인용했던 최근 유행하는 좌파 지도자들의 급진적 언급에서 전조를 찾을 수 있다. 이런 의미에서, 라이트가 옳게 지적했듯이, 경멸적인 권력 구조와의 영웅적 대결이라는 개념은 특히 최근 경제적 결과로서 미래를 강탈당한 것에 분노한 젊은 활동가 집단에게 매력적으로 다가온다(Wright, 2010: 307). 또한 이것은 마르크스의 언명

---

2) 예를 들어, 새럴 사카(Saral Sarkar)의 크루그먼에 대한 비판을 보라(Sarkar, 2014).

을 이용해 부르주아 정치권력의 보루인 국가에 대항해 영웅적인 노동자계급의 투쟁을 완성한다는 사회주의의 관념을 만들었던 과거의 사회주의적 상상에서 중요한 역할을 담당했다. 그러나 1장에서 언급했듯이, 마르크스의 언급은 또한 현대의 군사화된 부르주아 국가가 정면 공격으로 전복될 수 있는지의 문제에 대해 신중해야 한다는 증거가 되기도 한다. 오늘날 이른바 치안유지 기관들이 무수하게 늘어나고 그들의 준군사적 무기 체계가 가장 치명적인 형태로 더 복잡해졌다는 점에서 더욱 그러하다.

  "단절" 전략은 또한 행위주체의 문제를 야기한다. 이 문제에 대한 마르크스주의자들의 대답은 마르크스가 『자본론』 1권에서 생산수단의 집중과 그에 따른 노동의 사회화가 자본주의의 외피를 "파열"시키며 "수탈자가 수탈당한다"(이 책의 3장에서도 인용한 바 있다)고 했던 것에 근거한다. 즉, 혁명적 단절은 공장에서 노동자들의 집중과 사회화가 진척됨에 따라 혁명적 노동자계급의 손으로 이루어진다는 것이다. 그러나 마르크스주의자인 데이비드 하비(David Harvey)가 관찰했듯이, 파리코뮌부터 1917년의 레닌그라드, 1918년 시애틀 총파업, 그리고 1968년의 파리에 이르기까지, 실제 과거의 역사적인 "단절적" 투쟁에서 혁명적 운동은 "협소하게" 공장의 노동자계급에 의해 이루어지기보다는 "광범위한 도시"를 중심으로 했다(Harvey, 2011: 242~243). 하지만 잠재적인 급진적 노동자와 도시민 등으로 범위를 확대시킨다 하더라도, 그 집단으로부터 일관된 반체제적 "단절" 행동을 어느 정도까지 기대할 수 있을 것인가? 그리고 우리는 그 집단에 누구를 포함시켜야 할 것인가?

  이 질문에 대한 한 가지 접근 방식은 1장에서 언급했던 최근의 계급 구조 변화에 대한 이해를 토대로 한다. 가이 스탠딩(Guy Standing)은 그의 영향력 있는 저술에서 신자유주의 세계경제는 "마르크스주의적 의미에서 아직 대자적 계급은 아닐지라도 새롭게 형성 중인 계급"인 "프레카리아트

(precariat)"를 낳았다고 말한다(Standing, 2011: 7). 이 "프레카리아트"는 정년을 보장받고, 비록 줄어들긴 했지만 사회적 권리도 유지하고 있는 "황금기"의 "전통적" 노동자계급과는 다르다. 이른바 "대지의 저주받은 자들"이나, 마르크스의 용어로 보면 룸펜프롤레타리아(Lumpenproletariat)와도 다르다. 스탠딩이 말하는 "프레카리아트"는 비록 내부는 다양하지만, 대체적으로 일자리의 유연성·불안정성·비공식성·임시성과 궁극적인 불확실성으로 인해 과도한 노동과 생활의 불안정에 시달리는 사람들이다.

스탠딩이 이 책의 용어를 사용한 것은 아니지만, "프레카리아트" 현상의 기저에 자리한 경제적 변화에 대한 그의 서술은 지금까지 우리가 논의했던 것, 즉 전 세계에 걸쳐 다국적기업과 선진 경제권의 생산이 외재화·분절화·탈구되었다는 내용과 맞아 떨어진다. 특히, 중국의 농촌 지역으로부터 수많은 임시 노동자들이 도시로 유입되어 국제적 가치사슬을 위한 생산에 투입되는 현상에 대해 스탠딩은 그 임시 노동자들이 "국제 프레카리아트의 엔진"이라고 단언한다(Standing, 2011: 106). 필자는 자본이 신자유주의 수십 년간 세계의 틈새로 후퇴하면서 노동력을 상품으로 유지할 필요성 역시 줄어들었다는 점을 제기해왔다. 가치의 "형태들"에 대한 명확성이 왜 그렇게 중요한지에 대한 이유다. 상품화된 노동력은 단순히 임금노동을 의미하는 것이 아니기 때문이다. 노동력이 상품화되기 위해서는 노동자들이 주어진 역사적 조건하에서 하나의 계급으로서 생계를 재생산할 수 있도록 임금이 보장되어야 한다. 그러나 국제적 가치사슬에 복무하는 제3세계 노동자들에게는 그 조건이 충족되지 않는다. 젊은 노동자들은 착취당한 뒤 자신들의 생계를 부분적으로 담당했던 농촌으로 다시 버려지고, 이는 그들이 결코 산업노동계급으로서 재생산될 수 없음을 보여준다. 노동의 임시적·비정규적 성격이 점점 강화되면서 생겨나는 불확실성에 대한 스탠딩의 논의는, 제3세계와 달리 농촌으로 다시 돌아가는 선택지가 없다는 것만 빼면 전 세계에 걸쳐 선진국에서도 벌어지고 있는 비슷한 일들을 떠오르게 한다. 그러나 한 사회집단 혹은 형성 중인 계급이 그 생계를 재생산할 수 없다면 결코 계급으로 "형성"될 수 없으며 "대자적으로" 행동할 수도 없다. 틀림없이, 이것은 국제적 생산 체계가 탈구된 원인 중 하나였다!

"프레카리아트"의 존재가 주요 경제국에서 노동조합의 역할에도 중요한 영향을 미쳤다는 점 또한 지적해야 할 것이다. 물론 노동조합들은 20세기 내내 노동자들의 전통적·조직적 기관이었으며, 노동하는 모든 사람의 이익을 위해 자본과 수많은 중요한 대결을 펼쳐왔다. 그러나 루크 쿠퍼와 사이먼 하디의 말처럼, 신자유주의를 거치며 노동조합 구조 내에 특유의 이분화가 자리 잡았다. 그 구조의 "밑바닥"을 보면 이것은 단순히 노동조합이 결성되었던 산업 체계가 탈구되어 조직률이 급감하고 임금이 정체·하락하며 배고픈 프레카리아트가 밖을 배회하는 문제가 아니다. 한편으로는 직장에서의 계층화가 심화되면서 노동자들의 "무기력"이 만연해지고 단결이 무너지는데, 이를 통해 노동자들이 "집단적인 사회적 행위자가 아닌 개인들"이 되도록 만들었다. 다른 한편, 쿠퍼와 하디는 노동조합이 그 어느 때보다 평조합원으로부터 "멀어졌다"고 주장한다. 2차 대전 이후 노동조합이 관료화되면서, 신자유주의 시기에 "상층"의 노동조합 지도자들은 조합원 평균임금을 상회하는 수준을 넘어 상위 1%의 생활을 영위하는 수준의 엄청난 봉급을 받았고, 그와 함께 노동조합 내부의 관리주의는 강화되었다(Cooper and Hardy, 2012: 63~73).

데이비드 하비는 반체제적 사회 집단들을 더 폭넓게 포괄한다. 하비는 초기 저작에서 신자유주의의 특징을 "강탈을 통한 축적"이라고 명명했다.[3] 이 개념은『자본론』1권 가운데 자본의 "시초 축적"에 관한 논의에서 뽑아낸 것이다. 마르크스는 시장에서의 "교환"과 노동 분업의 증가로 자본이 평화롭게 탄생했다는 애덤 스미스 식의 부르주아적 신화를 타파하고자 했다. 마르크스가 보기에 자본은 약탈, 노예제와 식민주의, 그리고 다른 사악한 "수탈"을 통해 태어났다. 그러나 마르크스는 그런 방법을 통해 세계로부터 추출해낸 부가 서유럽과 영국의 중심부로 흘러들어 초기 자본 축적을 이루었으며, 이것이 새로운 형태의 "소유"를 만들어냈다는 점을 분명히 했다. 그리고 부르주아의 생산수단에 대한 "소유"가 노동력 상품화를 통해 궁극적으로 인간의 부를 창출하는 근원을 종속시키고 "소유"하게 되었을 때, 그것은 재생과 자기 팽창의 원천을 내재화하게 된 것이다. 물론 노동과 생산과정을 잉여가치 생산에 종속시킨 뒤에도 자본은 그 주변부에서 기회가 있을 때마다 약탈과 식민화를 멈추지 않았다. 그러나 더 이상 이 후자가 자본을 규정하는 것은 아니었다. 하비가 신자유주의를 정의하는 특징으로 일종의 시초 축적 혹은 "강탈을 통한 축적"을 제시한 것은 자본이 그 중심부에서 역사적으로 공고화되기 이전 시대와 유사하다는 것으로서, 현재의 "대리 경제"에서 자본이 자신의 발생지인 세계의 틈새로 후퇴하고 있다는 필자의 주장을 사실상 재확인하는 것이다.

하비에 따르면, 국제적 "강탈"은 새로운 "계급"의 범위를 확장시킨다. 토지와 자원에서 "해방된" 토착민들부터 2008~2009년의 붕괴 이후 온갖 방법으로 재산과 저축을 "강탈"당한 사람들, 그리고 지적재산권이 음악문화부터 유전자 자원까지 약탈해가는 과정에서 발생한 피해자들까지 포괄된다. 하비는 이렇게 말한다.

노동운동과 정치경제적·문화적 자산을 강탈당한 사람들의 다양한 투쟁을 정치적으로 통합하는 것은 인간 역사의 경로를 변혁하기 위한 그 어떤 운동을

---

3) 뒤에 이어지는 내용은 필자의 책(Westra, 2009: 128ff)에서의 논의를 바탕으로 한다.

위해서도 핵심적인 문제다. 그 꿈은 모든 곳에서 빼앗기고 강탈당한 모든 자들의 거대한 연합이 될 것이다(Harvey, 2011: 244~247).

하지만 그런 거대한 "단절적" 연합의 전망이 밝은 것은 아니다. 오히려 하비는 반체제적 운동들이 각각의 "강탈"에 맞서기 위해 분산되는 것을 목격한다.

그가 언급하는 하나의 사례는 신자유주의 시대가 시작되면서 급증한 비정부기구(non-governmental organization: NGO)들이다. 세계사회포럼(World Social Forum)의 역할에서 볼 수 있듯이, NGO는 주요 이슈에 대해 사회적 개선을 촉구하는 중요한 작업을 수행하지만 변화에 대한 그들의 요청은 울림이 제한적이다. 하비는 "NGO에 의한 혁명적 변화는 불가능하다"고 말한다. 두 번째 사례로는 "자율주의"적·무정부주의적인 풀뿌리 조직들(grassroots organization: GRO)이 있다. 여기에는 연대 경제(solidarity economies), LETS, 집단농장(collectives) 등 앞서 거론되었고 다시 언급하게 될 "수평적 네트워크" 조직들이 포함된다. 하비는 이들의 "자기조직력"이 "모든 반자본주의적 대안"을 위해 필요한 요소라고 본다. 또한 직접적, 심지어 폭력적으로 현재의 국가 권력 구조와 맞서는 몇몇 집단의 급진적 경향에 대해서도 언급한다. 그러나 하비는 이 무정형의 반대 집단들을 "조직적 형태로 규합해서 활동을 확대하고 국제적 문제들과 맞설 수 있도록 하는 것"이 불가능하며, 바로 이 점이 변혁운동으로 나아가는 데 심각한 골칫거리가 된다고 말한다. 셋째로, 하비는 브라질의 무토지 농민운동(Landless Workers' Movement: MST) 같은 사회운동을 발견하는데, 이러한 사회운동은 종종 안토니오 그람시(Antonio Gramsci)가 말한 "유기적" 지식인이 지도하며 투쟁의 확대를 위해 다른 운동과도 연합할 수 있다. 넷째로, 여성, 게이, 인종 등등의 "정체성" 운동이 있다. 마지막으로, 비록 하비가 특별히 낙관적인 전망을 갖고 있지는 않지만, 노동운동이 있다. 그리고 위의 논의에 따르면 하비의 시각은 정당화된다. 결국, 앞선 장에서 언급했듯이 그는 미래의 새로운 사회주의 건설에서 탈중심성을 추구하지만, 잠재적인 반체제 운동들을 검토한 뒤 "국가권력을 포위하지 않고는 반자본주의적 사회질서를 건설할 수 없다"는 말로 결론짓는다(Harvey, 2011: 251~258). 물론 이는 "단절" 전략에 대한 회의를 불러온다. 왜냐하면 노동운동을 제외하고는 앞에서 언급된 운동들은 정당과의 조직적 연계를 꺼리는데, 이 정당들이야말로 전통적인 시각에서 보면 국가를 "포위"할 수 있는 수단이기 때문이다.

하지만 변혁운동에 대한 하비의 입장은 "강탈에 의한 축적"이라는 그의 개념을 생각해보면 다소 어리둥절한 점이 있는데, 그가 스스로의 분석이 함의하는 바를 충분히 이해하고 있지 못한 것 같기 때문이다. 결국 마르크스주의 이론에서 국가권력의 "포위"는 국가가 "실물경제" 위에 위치한다는 사고에 입각해 있다. 그 실물경제는 자본의 시장 원리에 의해 작동하는 생산 중심 경제였다. 그리고 19세기 말부터 20세기 중반의 "황금기"에 이르기까지 자본의 시장 원리가 지배적이었을 때, 국가의 계획 원리는 자본을 지원하면서 사회의 물질적·경제적 재생산을 담보하기 위해 점점 확대되었다. 적어도 실제 역사 속에서 "단절적" 사회주의 혁명들이 발생했던 시기에 주로 중공업과 기본 계획에 근거한 생산 중심 경제의 "포위"가 이루어졌고, 5장에서 인용한 바 있는 노벨경제학상 수상자 조지프 스티글리츠(Joseph Stiglitz)는 국가계획 원리의 범위를 확장함으로써 사회주의자들이 사회를 변혁할 수 있는 "짧은 순간"을 제공했다고 말했다.

하지만 현재의 "대리 경제"에서 자본주의 시대의 거대하게 통합된 산업과 제조업 체제는 파괴되었고 전 세계에 걸쳐 탈구되었다. 더군다나 국제적 화학비료산업이 득세하고 워싱턴 합의(Washington Consensus)를 통해 부유층을 위해 제3세계 농업자원을 징발하게 되면서, 국제적 식량 공급

역시 "식료품 유통망(cool chains)"을 통해 탈구되어 우리 모두는 거대한 다국적기업들의 국제적인 식량분배 네트워크에 더욱 휘둘리게 되었다. 1970년대 이전까지만 해도 세계 식량생산의 90%가량이 생산된 국가 내에서 소비되었다는 점을 기억하자(Westra, 2012: 200). 오늘날 사정은 완전히 바뀌었다. 신자유주의를 거치며 인간의 물질적 생존에 대한 자본의 장악력이 약화되면서, 경제생활의 일반적 규범들이 자본의 시장 원리에 의해서는 충족되는 바가 점점 더 적어짐에 따라 인간 사회의 물질적·경제적 생존 능력은 점점 의문시되었다. 국가의 계획 원리가 자본의 약화된 장악력을 보충한 것도 아니었다. 앞서 언급한 감옥·안보·군사 산업복합체를 위한 것이 아닌 이상 재정정책은 신자유주의 국가에게 금기와도 같다. 신자유주의 국가는 오로지 카지노 게임을 조장하고 그 뒤처리를 하면서 게임을 연장시키는 데 모든 힘을 쏟아붓는 것이다. 하지만 하비 식으로 진보적인 세력이 국가권력을 잡는다 하더라도, 과거 한때 거시적 재정정책을 통해 중앙에서 조정할 수 있었던 경제는 더 이상 존재하지 않는다.

다시금 말하자면, 신자유주의 시대에 다양한 종류의 반체제적 지역 투쟁, 운동, 풀뿌리 조직들이 늘어나는 이유는 더 이상 공동체의 생존을 보장해주지 못하는 자본의 시장 원리나 국가의 계획 원리 같은 물질적 재생산의 경제적 원리들을 호혜나 "일상적 공산주의(baseline communism)" 같은 원리로 대체하기 위함이다. 자본의 시대에 토착·농민 사회가 축출되거나 "강탈"당하면서 수공업적 작업 형태와 공동체들이 파괴되었고, 자본은 구심력을 발휘해 쫓겨난 이들을 축적과 가치 증식의 쳇바퀴 속으로 빨아들였다. 오늘날 존재하는 것은 "축적" 없는 순수하고 단순한 "강탈"이다. 이 점에서 하비의 용어는 오해의 소지가 있다. 자본은 세계의 틈새로 후퇴하면서 원심력을 발휘해 생산은 분리시켜 "특별경제구역(special economic zones: SEZs)"이라는 고립된 장소로 들어가도록 강요하고, 다국적기업의 부는

"역외" 조세회피처로, 민간 금융기관(private financial intermidiaries: PFIs)과 다국적은행의 자금은 "그림자 은행(shadow bank)"으로 보내 실물경제상황과 부를 창출하는 나머지 세계에 대한 치고 빠지기(hit and run) 공격을 하도록 했다. 계속될 경우 인류의 살을 다 발라먹을 것이라는 의미에서 필자가 수탈과 지대추구를 위한 "베니스의 상인" 동학이라고 부른 것을 하비는 "강탈"이라는 말로 아주 정중하게 표현한 것이다.

　"단절" 전략과 관련된 복잡한 문제가 하나 더 남아 있다. "단절적" 변혁을 위한 구상이라는 상당히 과장되어 있는 마이클 하트(Michael Hardt)와 안토니오 네그리(Antonio Negri)에 대한 것이다. 가이 스탠딩의 "프레카리아트"처럼, 하트와 네그리는 집단적인 투쟁과 의식을 통해 즉자적 계급이 역사유물론의 과업을 수행하는 대자적 계급으로 나아간다는 마르크스의 개념을 차용해 "다중(multitude)"이라는 자신들의 개념으로 바꿔놓는다. 하트와 네그리에 따르면, "첫 번째는 영원의 관점에서 본(sub specie aeternitatis) 다중이다. … 이 다중은 … 존재론적이다. … 다른 하나는 역사적 다중, 혹은 정확히 말해서 아직 아닌 다중(not-yet multitude)이다"(Hardt and Negri, 2004: 221). 1장에서 인용했던 하트의 언급에 드러난 요점을 보면, 하트와 네그리에게 "세계경제 도처에서 노동의 다양한 형태들은 오늘날 공통적 나타난다. …… 공통적인 생산은 공동생산의 가능성을 보여주며, 그 자체로 다중 형성의 조건이다"(Hardt and Negri, 2004: 338). 그리고는 마르크스가 『자본론』 1권에서 생산에 내재한 사회화가 자본주의의 외피를 파열시키고 "수탈자의 수탈"로 나아간다고 했던 말을 되뇌면서 하트와 네그리는 이렇게 선언한다. "주권은 … 언제나 피지배자의 동의와 복종에 근거한 관계였다. 이 관계의 균형이 피지배자 쪽으로 기울고, 그들이 사회적 관계를 자율적으로 생산할 능력을 갖추며 다중으로 등장하면서, 단일한 주권은 불필요해진다"(Hardt and Negri, 2004: 340).

새로운 세련된 언어로 단장했지만 이러한 시각은 여전히 자본이 새로운 형태의 "소유"를 형성하면서 사회적 부가 축적되었던 시기, 즉 상품경제의 힘이 중앙집중적 힘을 보여주었던 역사적 시기에 머물러 있다. 특히 소비에트 시대의 초기 혁명가들은, 3장에서 인용한 에릭 홉스봄(Eric Hobsbawm)의 표현을 빌리면, 자신들이 "몇 가지 대략적인 구조적 원리들"의 흐름을 따르고 있다고 믿었는데, 이는 "사회주의적 희망에 역사적 불가피성의 확신"을 부여했다. 그리고 반세기가 넘도록 과거의 잘못에 대한 반성이 이루어지지 않음에 따라, 새로운 형태의 자본주의적 "소유"에서 "공통성"의 발전이 사회주의로 가는 대기실이라고 여겨지게 되었다. 또한 이러한 믿음은 물질적·경제적 생존과 인류 번영을 위한 미래의 진보적인 사회주의 사회의 제도적 구성에 대해 사회주의자들이 창조적 사고를 할 수 없도록 만들었다. 하트와 네그리는 "세계경제 도처에서 노동의 다양한 형태들은 오늘날 공통적으로 나타난다"고 주장하면서 똑같은 엉터리 물건을 팔고 있다. 무엇보다 그들의 말은 사실과 다르다. 실제로는, 자본이 세계의 틈새로 점점 후퇴하면서 "노동의 형태들"은 직접생산자들의 "공통의" 생계와 그들의 사회를 재생산하는 것과는 거의 상관이 없는 방식으로 착취당하고 있다. 하트와 네그리의 정치적 예언들도 마찬가지다. 파나요티스 소티리스(Panagiotis Sotiris)는 이렇게 말한다.

> 노동력 구성의 최근의 측면들을 주어진 것으로 간주하고 그것이 급진적인 정치적 구성으로 곧바로 변화할 수 있을 것이라 생각하는 것은 오산이다. … 현대의 노동자들의 집단적인 실천·요구·열망 속에 담긴 "공산주의의 흔적들"은 다양한 형태의 이데올로기적 오인과 함께 파편화, 불안정, 불확실성이 만연한 것과 관련되어 있다(Sotiris, 2014).

마지막으로, 에릭 올린 라이트가 "틈새적 전략"이라고 불렀던 세 번째 전략 유형을 보자. "틈새적 전략"이라는 개념은 앞서 언급했듯이 화폐, 가격, 임금, "시장" 같은 자본의 형태들이 고대 세계에서도 전(前) 자본주의 사회의 재생산양식 외부에서 존재했던 것에 관한 마르크스의 논의에 근거한다. 인간과 자연 사이의 보편적인 물질대사 교환이 자본에 종속되는 과정은 대변동을 수반하지 않았다. 그보다는 전 자본주의적 봉건경제가 역사적 한계에 도달하고, 상업적 "화폐"경제가 가치 형태들을 잠식하면서 봉건적 외피를 부식시키는 이중의 경로로 진행되었다. 가치 형태들의 외부성이 사회에 의해 내면화되고 노동력이 상품으로 전환되었을 때 비로소 우리는 자본이 경제의 시장 원리와 함께 인간 사회를 추상적인 가치 증식의 부산물로 만들면서 역사적으로 안착했다고 말할 수 있다.

과거의 신기원을 이룬 역사적 변혁들의 경우와 마찬가지로, 인간 사회와 그 물질적 생존의 재생산능력은 일종의 중간지대에 빠지게 된다. 즉, 구래의 사회는 역사적 역할을 소진했지만 새로운 사회의 요소들은 이제 막 뿌리내리기 시작한 상태인 것이다. 하지만 최근의 변화는 주목할 만한 차이점들을 수반한다. 봉건적 질서가 부패하면서 국왕의 신성한 권리에 대한 이데올로기는 부르주아들에 의해 발전된 과학을 당해낼 수 없었다. 하지만 오늘날에는 자본이 이미 역사적 역할을 소진했음에도 신자유주의 경제학의 과학성과 함께 대안은 없다(there is no alternative: TINA)는 신자유주의자들의 날카로운 구호가 강력한 힘을 발휘하면서 과거의 이데올로기들이 결코 해내지 못했던 방식으로 아편처럼 사람들을 마취시키고 있다. 또한 봉건적 방어벽이 무너지고 지배·예속 관계를 통한 재분배의 경제 원리가 사회에 대한 장악력을 상실했을 때 자본의 시장 원리는 재빠르게 그 빈자리를 채웠다. 반면 오늘날에는 자본이 세계의 틈새로 후퇴하면서 국가의 계획 원리가 자본주의 없는 자본가들에 의해 도입되어 "베니스의 상인" 방식의 수탈 기제를 만들었고 인류로부터 실질적 부를 마지막 한 방울까지 뽑아내가고 있다. 마지막으로, 국가의 명령으로 수행되는 활동들은 인간의 생활을 유지시켜온 생태계 자체를 파괴시키고 있다.

이런 관점에서 볼 때, "틈새적 전략"은 자본이 구(舊) 세계의 틈새로 후퇴해 추상적인 가치 증식의 마지막 몫을 움켜쥐고 있는 것과 유사하게 보일지도 모른다. "틈새적 전략"은 현대 "대리 경제"의 틈새들에서 인간의 물질적·경제적 공급과 생존, 생태적 지속 가능성, 그리고 인간 번영의 구체적인 목표를 위해 호혜, 소규모 교환시장(small-m market) 등의 다양한 원리들로 수행되는 모든 노력의 강화를 수반한다. 앞선 논의에서 확인했듯이 LETS, "연대 경제", 풀뿌리 조직, 협동조합 등은 전 세계에 퍼져 있다. 가 알페로비츠(Gar Alperovitz)가 보여주듯이, 심지어 미국에서도 "인구의 40%에 달하는 1억 3000만 명이 하나 이상의 협동조합에 가입해 있다. 이제 이 전통적인 조직 형태는 1930년대 시작된 농업조합, 많은 지방에 널리 퍼져 있는 전기조합, 보험조합, 식품조합, 소매조합 … 보건조합, 예술가조합, 신용조합 등등 수많은 형태를 포괄한다"(Alperovitz, 2013: 35). 알페로비츠는 미국 전역에서 에너지의 25%가 현재 "지역적으로 소유하는 공공시설과 협동조합으로부터 공급된다"고 지적했다. 또한 이러한 "사회주의적" 경제 형태들은 광대역 인터넷 같은 고품질 서비스를 제공할 뿐 아니라 환경적 존엄성의 선두에 있다(Alperovitz, 2013: 58ff). 알페로비츠는 자신의 뛰어난 저작에서 진정한 참여민주주의의 부활을 위해 경제생활을 소규모 지역공동체로 재구성할 것을 주장하는 머레이 북친(Murray Bookchin) 같은 무정부주의자들과 교감한다. 알페로비츠는 미국을 공동체들의 집합으로 재구성하는 것을 "다원주의적 연합(pluralist commonwealth)"이라고 부른다. 그에 따르면, 이연합은 지역사회 전체의 안정화 노력뿐만 아니라 협동조합, 노동자 소유의 기업, 이웃 회사, 중소 규모의 독립 기업, 지역공동체 사업, 공공의료, 새로운 방식의 은행과 투자, 지역 에너지, 그리고 특정 주요 지역에서는 공기업과 민주적 계획 능력까지 포함한다(Alperovitz, 2013: 144~145).

하지만 안타깝게도 알페로비츠는 "다원주의적 연합"을 운영할 구체적인 경제적 원리들에 대해서는 고려하지 않는다. 앞선 장에서 필자는 물질적 재생산, 진보, 대중권력, 생태적 지속 가능성 각각의 계통에 대해 그 조직과 상호관계 측면에서 이들이 인류 번영을 일으키고 모든 종류의 노동 소외를 근절하는 사회주의적 목적을 실현시키는 방향으로 통합되는 것을 설명하면서 바로 그 모델을 제시했다. 특히, 나는 북친 같은 무정부주의자나 알페로비츠 같은 진보적 문필가들이 미래 공동체의 토대를 방어하는 것과 비슷한 이유로 사회주의 사회의 토대로서 질적인 사용가치 **공동체**(qualitative use value community)를 강조한다. 물론 공동체의 경제적 하부구조의 작동 방식과, 그 경제가 다른 공동체나 조직 형태들과 관계 맺는 방식에 대해 필자가 명시한 점에서 중요한 차이가 있다. 하지만 알페로비츠는 내가 미정인 채로 남겨두었던 한 가지 문제를 다루고 있다. 나는 앞서 내가 제시했던 사회주의 사회의 3부문(tri-sector) 모델을 운용하기 위한 지리 공간적 규모로 "주(州)"나 "구(區)"를 거론했지만 그 이상 구체적인 논의는 하지 않았다. 그 이유 중 하나는 상당 부분이 사회주의적 변혁이 이루어지는 조건들에 의해 결정될 것이기 때문이었다. 하지만 여기에서의 "틈새적 전략"에 대한 논의에서 그 전망은 매우 중요하다.

알페로비츠는 미국의 사례에 천착하면서 지역적 탈집중화 유형에 대한 구상이 오랜 역사를 통해 이어져왔음을 언급한다. 그중에는 심지어 미국 정부의 주요 인사들에 의해 제기되었던 것들도 있다. 특히 1930년대 대공황 시기에 선도적인 학자들은 경제생활과 정치권력을 주나 지역으로 이양하는 것이 어떻게 위기 상황을 개선하는 데 가장 도움이 될지 고심했다(Alperovitz, 2013: 145, 153). 또한 가령 버몬트 주에서는 미(美)연방으로부터 분리독립하려는 운동이 오래전부터 지속되었다. 이 운동의 법률적 논지는 연방에 대한 각 주의 최초 가입에 대해 좀 더 자발적인 특성을 부여했던 미국 헌법의 기초 문헌들에 근거한다. 더 중요한 것은, 이 운동의 경제적 논지가 버몬트에서의 공동체 생활의 고유성과 연대에 근거한다는 점이다. 또한 이들은 "세계화"라고 완곡하게 표현된 약탈적 경제가 공동체 생활을 고사시키고 버몬트에서의 물질적 재생산 능력을 박탈하고 있다고 생각한다(Naylor, 2008). 버몬트 주의 도시들은 "새로운 경제모델"을 비롯해 공공은행 같은 새로운 공동체적·주립(州立) 기관들에 대한 구상에 앞장서왔는데, 이는 "월가(Wall Street)를 점령하는 게 아니라 우회하기 위한 것이다"(Johnston, 2013). 세계화와 단절하고 탈출구를 모색하는 것은 버몬트만이 아니다. 체코와 슬로바키아는 성공적으로 분리되었고, 캐나다에서 영국에 이르기까지 분리독립운동은 넘쳐나고 있으며 스페인도 마찬가지다(Naylor, 2008: 98~99). 실제로, 스페인 마리날레다(Marinaleda)의 사회주의적 협동조합은 현시점에서 자유의 왕국이 작은 부분으로나마 실현된 살아 있는 표본이다.

좌파 사이에서도 세계화에서 벗어나 사회주의의 미래를 건설하는 일은 이제 어떤 유형으로든 "틈새적 전략"으로 시작해야 할 것이라는 인식이 확산되고 있다. 파나요티스 소티리스는 이렇게 선언한다.

상품과 화폐의 국제적 이동, 그리고 자본의 세계화 과정으로부터 단절하자는 요구는 종종 헛된 고립 시도로 취급되었다. 자급자족의 측면에서 아마도 불가능할 것으로 여겨졌기 때문이다. … 일정 수준의 자급자족, 탈중심성과 지역성은 모든 잠재적인 사회주의적 정책에 필수적인 요소다.…

　우리는 국제주의의 의미에 대해 다시 생각해볼 필요가 있다. 전 세계적 반란이나 혁명에 대한 환상은 결국 좀 더 책임 있는 국제 공동체를 요청하는 개혁주의로 쉽사리 전환되어버린다. 그보다는, 잠재적으로 "약한 고리"에서 결정적인 사회정치적 단절을 만들어내는 것이 국제주의의 가장 중요한 형태이며 국제적으로 정치 구조의 전환을 전파하고 흐름을 창조하는 잠재력을 가진다(Sotiris, 2014).

　여기서 제시한 "소규모"라는 개념이 실제로는 그렇게 작지 않다는 점을 명확히 하자. 현재 미국이나 캐나다의 연방 구조를 떠올려보면, 유럽의 국가는 여기서 지리 공간적으로 물질과 자원 등의 장치를 사용하는 하나의 거대한 주(州)에 해당한다. 이런 점에서 볼 때 주는 규모와 자원 보유에 따라 하나 이상의 3부문 공동체 모델을 실현할 충분한 영역을 손쉽게 제공할 것이다. 양적인 재화 부문(quantitative goods sectors)까지 포함되어 있는 이러한 3부문 공동체는 의료서비스, 재생 가능 에너지, 공공 교통과 통신 인프라 등을 제공할 물질적 수단을 보유할 만큼 충분히 거대하며, 이런 서비스는 아무도 포기하고 싶어 하지 않는 문명사회의 지주를 이룬다. 또한 최근 라틴 아메리카에서 쿠바와 베네수엘라에 의해 미주 대륙 볼리바르 대안(Bolivarian Alliance for the Americas: 이하 ALBA)이 만들어지고 남미은행(Bank of the South)이 설립된 것처럼 사회주의 공동체들은 하나 이상의 3부문 공동체가 필수 자원의 부족에 직면한다면 빠르게 지역적 상호 지원 체계를 구성할 것이다. 마틴 하트-랜즈버그(Martin Hart-Landsberg)는 ALBA를 "현재의 경제적 왜곡과 취약함을 극복하는 조정된 계획과 생산"을 위한 일종의 "절충적" 단절 전략이라고 본다(Hart-Landsberg, 2013: 180).

　분명, 좌파 가운데 반성 없는 레닌주의자들 외에 일부 생태주의자들처럼 넓은 의미에서 잠재적인 변혁의 지지 집단 가운데서도 국가 구조를 포함하지 않는 변혁에 대해 회의적인 사람들이 있다. 예컨대 데이비드 오어(David W. Orr)는 빌 매키벤(Bill McKibben)의 입장에 분명하게 반대하면서 이렇게 말한다.

> 우리는 속담처럼 진퇴양난에 빠져 있다. 안전이 심각하게 축소되고, 자유지상주의가 횡행하며, 모두가 총으로 무장한 무질서 상태 — 토머스 홉스(Thomas Hobbes)의 악몽보다 더 심각한 상태 — 에 빠지길 원하지 않는 이상, 장기 비상시대(long emergency)에 작은 정부를 추구할 아무 이유가 없다. 오히려 해수면 상승이나 사막화를 피해 사람들을 이동시키는 것, 대규모 태풍 이후 질서를 회복하는 것, 점점 줄어드는 물, 식량, 자원을 둘러싼 갈등을 관리하는 것 등 장기 비상시대의 더욱 끔찍해지는 문제들을 다루기 위해 국내적·국제적으로 정부를 확대하는 것이 필요할 것이다 … (Orr, 2013: 287~288).

우리가 분명 진퇴양난에 빠진 것은 사실이다. 하지만 실제로 홉스의 "악몽보다 더 심각한 상태"는 바로 요새화된 "안전지대"에 살고 있는 초부유층의 집중된 부와, 국제 공급 체계의 목을 조르는 "거대 다국적기업과 다국적은행"을 보호하는 군사화되고 권위주의적인 "리바이어던(Leviathan)"과 같은 국가다. 이것은 다른 책의 주제가 되겠지만, 국가에 대한 애착은 어디서나 쉽게 발견된다. 자본주의 시대를 거치며 부르주아 국가는 시민권의 중추가 되었고, 그에 따라 우리의 여권을 발행하거나 다른 나라와 정치적 협상을 하고, 대중에게 시민권을 부여하며 마침내 교육, 의료, 노후보장 등의 책임까지 맡는다는 것이다. 그러나 자본주의가 소진되면서 예전의 부르주아 국가 역시 더 이상 존재하지 않는다. 라이트는 국가를 여전히 자본주의라는 늙은 악마 위에 군림하는 "자본주의 국가"로 보기 때문에 스스로 "틈새적 전략"을 일축한다(Wright, 2010: 335~336). 하지만 지금 까지의 선진 자본주의 국가들이 부르주아적 법적 절차에 따라 시민권의 모든 것을 서서히 포기하면서 불길한 조짐은 이미 보이고 있다. 위력적이 며 완전무장한 리바이어던은 무엇이 "비상사태"이고 무엇이 아닌지, 그리 고 누가 부족한 수자원을 이용할 수 있고 누가 이용할 수 없는지를 결정한 다. 장-끌로드 페이(Jean-Claude Paye)에 따르면 다음과 같다.

> 제국의 구조는… 생활의 총체를 에워싸고 있으며… 사회와 국가의 관계는 역전되었다. … 국가의 정당성의 원천이었던 인민주권의 원리는 낡은 것이 되 었다. 정부는 시민권을 부여하거나 박탈하며, 사회를 합법화시켜 복종하게 하 거나 혹은 필요하다면 불법화하기도 한다.
>
> 인민주권의 통제와 기구에 근거한 국민국가의 특성인 유기적 주권은 사라 졌다. 그 자리를 대체한 것은 거버넌스라는 개념이 상징적으로 보여주는 기계 적 계기와 외부적 계기의 분리였고, 미국의 행정권력을 구성하는 정치군사적 명령 구조였다(Paye, 2007: 252).

그리고 시간이 절대적으로 중요한 문제다. 이 제국에서 미국의 황제에 게는 "실물"경제가 없다. 그리고 그 시종들은 경제를 점점 월가의 "베니스 의 상인" 동학의 카지노 게임과 수탈에 노출시키면서 더욱더 스스로의 책 무를 포기할 것이다. 기억해야 할 것은 국가와 "큰 정부"를 포함한 전체 체계가 1장에서 인용했던 리처드 던컨(Richard Duncan)의 말대로 이제는 히 말라야 산맥처럼 어마어마하게 쌓인 부채와, 지폐에 근거한 신용 발행에 의해 지탱되고 있다는 점이다. 던컨이 보기에 필자가 "대리 경제"라고 부 른 이 신용·명목화폐 기반의 구조는 쇠약해진 채 붕괴의 끝에 와 있다. 사 실, 던컨에게는 이미 "긴축은 붕괴를 의미한다"(Duncan, 2012: 170). 그에 따르면 이런 상황에서는 국가가 가령 취약한 중산층과 소규모 사업자의 주택과 토지에 대한 재산권을 유지시켜줄 것이라는 보장이 없다. 미국의 몇몇 도시에서는 이러한 재산의 "재분배"가 이미 이루어지고 있다. 따라서 사병과 준(準)군사 조직을 보유하고 감옥·안보·군사 산업복합체의 다국적 기업들과 연결되어 있는 초부유층과 달리, 우리가 생존을 위해 의지해야 할 곳은 국가가 아니라 공동체와 이웃(우리는 그들을 알고 있기는 한가?)이다. 생태주의자, 생태-무정부주의자, 생태-마르크스주의자, 생태사회주의자 등에 의해 추진된 진보적이고 생태적으로 지속 가능한 인간 번영을 목표로 하는 새로운 지역경제공동체 시도들은 궁극적으로 여기에 기초한다.

6장의 끝부분에서 언급했듯이, 변혁을 위한 가장 합리적이고 최적화된 프로그램은 일단 리처드 던컨과 토머스 세키네(Thomas T. Sekine)의(Sekine, 미출간) 제안을 결합한 것으로부터 시작할 수 있다. "큰 정부"가 부채와 차입을 통한 카지노 게임을 조장하는 데 돈을 찍어낼 것이 아니라, 인간 번영을 증대시키기 위해 설계된 재분배적이고 생태적으로 지속 가능하며 재생 가능 에너지에 기반을 둔 사회주의적 3부문 공동체를 구축하는 계획이 준비된 진보적인 지역과 공동체를 지원하기 위해 돈을 찍어내라는 것이다. 라이트가 말한 "공생적 변형"과 "틈새적 변형"의 결합이기도 하다. 하지만 월가와 그 국제 위성기구들이 버티고 있고 감옥·안보·군사 산업복합체가 카지노 게임을 보호하기 위해 투자된 상황에서 던컨이 "큰 정부"의 투자 방향을 재설정하자고 제안한 것은 전망이 그리 밝지 않다(Duncan, 2012: 121ff). 이것은 우리가 "틈새적 전략"과 잠재적인 "단절적" 변혁의 결합으로 다시 돌아오게 한다. 하지만 이 모든 것은 빠르게 이루어져야 한다.

참고문헌

Albo, Greg. 2012. "The Crisis and Economic Alternatives." *Socialist Register 2013: The Question of Strategy*. Pontypool, Wales: Merlin Press.

Alperovitz, Gar. 2013. *What Then Must We Do? Straight Talk about the Next American Revolution*. White River Junction, VT: Chelsea Green Publishing.

Broll, Simon. 2012. "Making Money: New Currency Brings Hope to Debt-Stricken City." *Spiegel Online*, 16 March 2012. http://www.spiegel.de/international/zeitgeist/theater-group-launches-local-currency-in-german-city-a-821769.html.

Cooper, Luke and Simon Hardy. 2012. *Beyond Capitalism: The Future of Radical Politics*. Winchester, UK: Zero Books.

Hardt, Michael and Antonio Negri. 2004. *Multitude: War and Democracy in the Age of Empire*. New York: Penguin Press[네그리·하트. 2008.『다중』. 조정환·정남영·서창현 옮김. 세종서적].

Hart-Landsberg, Martin. 2013. *Capitalist Globalization: Consequences, Resistance, and Alternatives*. New York: Monthly Review Press.

Harvey, David. 2011. *The Enigma of Capital and the Crises of Capitalism*. Oxford: Oxford University Press[하비, 데이비드.『자본이라는 수수께끼』. 이강국 옮김. 창비].

Itoh, Makoto. 2012. "From the Subprime to the Sovereign Crisis: Why Keynesianism Does Not Work?" The Uno Newsletter. http://www.unotheory.org/files/2-9-1.pdf.

Johnston, Warren. 2013. "Toward a New Economic Model: Vermont Aims for More Loca, Sustainable System." *Valley News*, 10 November 2013. http://www.vnews.com/home/9206399-95/toward-a-new-economic-model-vermont-aims-for-more-local-sustainable-system

Klein, Naomi. 2008. *The Shock Doctrine: The Rise of Disaster Capitalism*. New York: Metropolitan Books[클레인, 나오미. 2008.『쇼크 독트린』. 김소희 옮김. 살림Biz].

Naylor, Thomas H. 2008. *Secession: How Vermont and All the Other States Can save Themselves from the Empire*. Port Townsend, WA: Feral House.

Orr, David W. 2013. "Governance in the Long Emergency" in Worldwatch Institute, *State of the World 2013: Is Sustainability Still Possible?* Washington DC: The Worldwatch Institute, 2013.

Paye, Jean-Claude. 2007. *Global War on Liberty*. New York: Telos Press Publishing.

Sarkar, Saral. 2014. "Krugman's Illusion: We Becoming Richer, But Not Damaging The Environment." *Saral Sarkar's Writings*(blog), 28 April 2014. http://www.eco-socialist.

blogspot.jp/2014/04/krugmans-illusion-we-becoming-richer.html.

Sekine, Thomas T. "Fiat Money and How to Combat Debt Deflation." 미출간.

Sotiris, Panagiotis. 2014. "From Resistance to Hegemony: The Struggle Against Austerity and the Need for a New Historical Bloc." *The Bullet*, Socialist Project E-Bulletin No.988, 26 May 2014. http://www.socialistproject.ca/bullet/988.php#continue.

Standing, Guy. 2014. *The Precariat: The New Dangerous Class*. New York: Bloomsbury Academic[스탠딩, 가이. 『프레카리아트』. 김태호 옮김. 박종철출판사].

Stonestreet, John. 2012. "Spain Barter Economy Wins Followers in Grip of Crisis." *Reuters*, 20 February 2012. http://www.reuters.com/article/2012/02/20/us-spain-barter-idUSTRE 81J0NJ20120220.

Westra, Richard. 2009. *Political Economy and Globalization*. London: Routledge.

Westra, Richard. 2012. T*he Evil Axis of Finance: The US-Japan-China Stranglehold on the Global Future*. Atlanta, GA: Clarity.

Wolff, Richard. 2012. *Democracy at Work: A Cure for Capitalism*. Chicago, Il: Haymarket Books, Chapter 6 and 7.

Wright, Eric Olin. 2010. *Envisioning Real Utopias*. London: Verso[라이트, 에릭 올린. 2012. 『리얼 유토피아』. 권화현 옮김. 들녘].

지은이

패트릭 본드(Patrick Bond) 남아프리카공화국 콰줄루-나탈 대학교(University of Kwazulu-Natal) 교수

김어진 경상대학교 사회과학연구원 연구교수

장대업 서강대학교 국제한국학과 교수

마틴 하트-랜즈버그(Martin Hart-Landsberg) 미국 루이스 앤드 클라크 대학교(Lewis and Clark College) 교수

김영수 경상대학교 사회과학연구원 연구교수

리처드 웨스트라(Richard Westra) 일본 나고야 대학교 교수

경상대학교 사회과학연구원 경상대학교 사회과학연구원은 사회과학 전 분야의 유기적 연계와 협동을 통해 노동문제를 비롯한 주요 사회문제와 국내외 문제를 연구하고 있으며, 매년 수행한 공동연구와 학술대회 및 워크숍의 연구성과를 '사회과학연구총서'[한울엠플러스(주) 간행 단행본 시리즈]로 간행하고 있다. 경상대학교 사회과학연구원은 2001년도에 한국학술진흥재단 중점연구소로 지정되어 전임연구교수를 중심으로 공동연구를 수행하고 있으며, 전문학술지 ≪사회과학연구≫와 ≪마르크스주의 연구≫[한울엠플러스(주)]를 정기적으로 발간하고 있다.

인터넷 홈페이지 http://iss.gnu.ac.kr

이메일 iss@gnu.ac.kr

한울아카데미 1940
경상대학교 사회과학연구원 사회과학연구총서 47

대안사회경제를 향한 여정

ⓒ 김영수 외, 2016

엮은이 l 경상대학교 사회과학연구원
지은이 l 패트릭 본드·김어진·장대업·마틴 하트-랜즈버그·김영수·리처드 웨스트라
펴낸이 l 김종수
펴낸곳 l 한울엠플러스(주)
편 집 l 조인순·최은미

초판 1쇄 인쇄 l 2016년 11월 25일
초판 1쇄 발행 l 2016년 11월 30일

주소 l 10881 경기도 파주시 광인사길 153 한울시소빌딩 3층
전화 l 031-955-0655
팩스 l 031-955-0656
홈페이지 l www.hanulmplus.kr
등록번호 l 제406-2015-000143호

Printed in Korea.
ISBN 978-89-460-5940-5 93330

* 가격은 겉표지에 표시되어 있습니다.

이 책은 경상대학교 사회과학연구원이 수행하는 한국연구재단의 중점연구소 지원 연구
과제, '대안사회경제모델 연구'의 3단계 과제(NRF-2013S 1A5B8A01055117)의 2015년도
(2014.12~ 2015.11) 연구결과를 엮은 것입니다.